ACREDITE EM VOCÊ!

JAMIE KERN LIMA

ACREDITE EM VOCÊ!

PARE DE SE SUBESTIMAR E SE TORNE INABALÁVEL

Tradução
Eduardo Rieche

1ª edição

BestSeller
Rio de Janeiro | 2025

TÍTULO ORIGINAL
Believe It: How to Go from Underestimated to Unstoppable

TRADUÇÃO
Eduardo Rieche

CIP-BRASIL. CATALOGAÇÃO NA PUBLICAÇÃO
SINDICATO NACIONAL DOS EDITORES DE LIVROS, RJ

L698a Lima, Jamie Kern
Acredite em você! : pare de se subestimar e se torne inabalável / Jamie Kern Lima ; tradução Eduardo Rieche. - 1. ed. - Rio de Janeiro : BestSeller, 2025.

Tradução de: Believe it: how to go from underestimated to unstoppable
ISBN 978-65-5712-505-2

1. Coragem. 2. Motivação (Psicologia). 3. Liderança. 4. Autorrealização (Psicologia). I. Rieche, Eduardo. II. Título.

25-98568.0 CDD: 153.8
CDU: 159.947:316.46

Carla Rosa Martins Gonçalves - Bibliotecária - CRB-7/4782

Texto revisado segundo o novo Acordo Ortográfico da Língua Portuguesa.

Impresso no Brasil

ISBN 978-65-5712-505-2

Seja um leitor preferencial Record.
Cadastre-se e receba informações sobre nossos lançamentos e nossas promoções.

Atendimento e venda direta ao leitor:
sac@record.com.br

Para os amores da minha vida: Wonder e Wilder.

E para cada pessoa que me ajudou a acreditar…
em mim mesma, numa missão maior do que eu, em Deus
e no grande potencial que cada um de nós tem
para ajudar a curar a humanidade por meio do amor.

SUMÁRIO

INTRODUÇÃO

O maior risco que podemos correr é sermos vistos como somos de verdade.

— CINDERELA

"NÃO. NÃO VAMOS investir na sua empresa. Para ser sincero, não tenho certeza se as mulheres vão comprar maquiagem de alguém como você. Quer dizer, de alguém com o corpo como o seu." Foi isso que um investidor em potencial me disse, pessoalmente, em um dos dias mais difíceis da minha jornada como empreendedora. E como mulher. Ao observar a boca dele se movendo e ouvir aquelas palavras, me senti inundada pela dor de uma vida inteira de luta contra minhas inseguranças e dúvidas sobre o meu corpo. Ao mesmo tempo, fiquei preocupada: parecia que era tudo ou nada, e que a sobrevivência da minha empresa estava nas mãos dele. Ainda demoraria mais um ano até que eu conseguisse me sustentar, pois, naquela época, eu basicamente só comia macarrão lámen, cachorros-quentes de 1 dólar no balcão da Costco, e amostras de frozen yogurt de uma loja na mesma rua.

Alguém já lhe disse algo tão ofensivo, que você precisou fazer tudo ao seu alcance para parar de pensar naquilo? Aquele foi um dos muitos momentos em que precisei aprender a lidar com alguém que não acreditava em mim, ao mesmo tempo que aprendia a acreditar em mim mesma.

Respirei fundo, olhei nos olhos dele e, com muita benevolência, ouvi aquelas palavras de rejeição. Então, me vi diante do meu próprio medo e soube que precisava, de alguma forma, superá-lo através da fé. Embora o meu lado racional se perguntasse se aquele homem estava certo, no fundo, uma intuição avassaladora me dizia que não. E eu também sabia que, para provar que ele não podia estar mais errado, primeiro eu teria que aprender a realmente acreditar nisso.

Estou animada para conduzi-lo pelo meu processo nas próximas páginas, com a esperança de que, nesta jornada caótica, cheia de cumes vitoriosos e abismos devastadores, você descubra insights inspiradores que impactem a maneira como acredita no seu próprio poder e nos seus sonhos. Já li muitos livros nos quais senti que o conselho vinha de um pedestal distante e que o lado humano, real, genuíno e confuso de toda situação era deixado de lado. Eu ficava me perguntando qual era a versão não oficial daquela história. E de que forma eu deveria me conectar com aquilo e entender como aplicar as lições à minha vida *real*.

Neste livro, espero que você sinta que o seu VERDADEIRO EU é bem-vindo aqui. Porque vou lhe mostrar o meu VERDADEIRO EU. Não falo apenas da pessoa célebre que, praticamente sem dinheiro, abriu uma empresa na sala de estar da própria casa, vendeu-a por mais de 1 bilhão de dólares, se tornou a primeira mulher CEO de uma marca na maior empresa de cosméticos do planeta, ajudou a mudar a forma como a indústria da beleza retratava as mulheres em todo o mundo e agora aparece em páginas de revistas sofisticadas, na lista da *Forbes* e em programas de TV. Eu me refiro também à pessoa cujas verdadeiras lutas, histórias e lições estão por trás das manchetes. O verdadeiro eu que tem lutado contra a ansiedade, a insegurança, as dúvidas sobre o corpo e sobre a religião. O verdadeiro eu que, em inúmeras noites, se debulhou em lágrimas, quando parecia que ninguém acreditava em suas ideias. O verdadeiro eu que luta contra o sentimento de não ser boa o suficiente, inteligente o suficiente ou __________ o suficiente.

DEPOIS DE VER tantas vezes os melhores e mais sedutores momentos da minha trajetória na imprensa e na internet, geralmente na forma de um *case* de sucesso, e receber inúmeras cartas, e-mails e mensagens, percebi que, no nosso mundo movido por manchetes e posts de redes sociais, raramente temos acesso à verdade. A história que a imprensa conta sobre mim parece um conto de fadas. Parece que deve ter sido fácil. Ou que simplesmente tive muita sorte. Ou que sou uma *daquelas pessoas*, ou alguma espécie de unicórnio biônico. Isso me fez perceber como é importante contar a *verdade* por trás das manchetes chamativas, a história que talvez lhe permita ter consciência de que não está sozinho.

SER VULNERÁVEL É difícil, mas aprendi que é só oferecendo o nosso verdadeiro eu, imperfeito e autêntico, que a conexão e o amor reais podem acontecer. É a única maneira de assumir todo o poder e todo o propósito na nossa vida.

Neste livro, parte memórias, parte manifesto, vou compartilhar as mais íntimas dificuldades, conquistas, riscos, aprendizados, fracassos e vitórias da minha vida pessoal e profissional que me ajudaram a aprender *como* acessar todo o meu poder. As lições de negócios que ofereço renovaram a forma como exerço a maternidade e como demonstro amor. E os aprendizados que compartilho são a chave de como transformei um sonho numa empresa bilionária. Esta é a história de como tudo realmente aconteceu, e de como quase não aconteceu. Espero que ela desperte a consciência de que o poder está dentro de você, neste exato momento, para acreditar em si e também nos seus sonhos, e então vivê-los verdadeiramente! Este livro é para você que já se sentiu subestimado ou que já se subestimou.

Acredito que cada um de nós carrega uma luz dentro de si — uma luz que pode destruir a insegurança e iluminar o caminho à nossa frente, que nos dá o poder e a confiança para nos manifestarmos com autenticidade e sermos vistos. Espero que, ao revelar a minha jornada para encontrar e acender a luz da confiança e do propósito dentro de mim, *você* se inspire a fazer o mesmo, ainda que pela primeira vez, ou pela primeira vez em muito tempo. Quando alguém é capaz de iluminar o próprio caminho (e de celebrá-lo!), não ajuda apenas a iluminar o mundo, mas também incentiva outros a seguirem seus passos, assumindo a liderança.

Se você comprou este livro, não acredito que tenha sido mero acaso ou uma coincidência. Acredito que você e eu devemos ter essa conexão. E acredito que todos nós temos o poder de encontrar a própria luz e de saber que temos valor exatamente como somos. Quando admite isso você consegue se alinhar ao seu eu verdadeiro e autêntico e assumir o propósito e o chamado da sua vida. Tudo de que precisa está dentro de você. Já está tudo aí. Meu objetivo é criar um espaço com as palavras e histórias aqui compartilhadas, para que você aceite isso mais plenamente.

Apenas um aviso: as histórias contidas nestas páginas vão se revelar muito íntimas. Então, quando imagino você abrindo este livro, me sinto abrindo a porta da minha casa para você, estendendo os meus braços para lhe dar um grande abraço e convidando-o a entrar, pois coloquei alguns cookies de chocolate para assar — e até sobrou um pouco de massa crua na tigela, caso, assim como eu, você goste de comer. Tem uma caneca de café com uma frase inspiradora ou engraçada esperando por você, mas também posso servir uma taça de vinho, como às vezes me sirvo. E sei que você não vai me julgar por esperar você na porta com o meu moletom favorito. Até tenho um sobrando, se você precisar. Você é bem-vindo, pertence a este lugar e encontrará amor aqui, não importa como você seja.

Minha esperança é que estas páginas se tornem o seu lar por um tempo. Acredito que estamos todos conectados e que, muitas vezes, compartilhamos os mesmos sentimentos, inseguranças, mágoas e necessidade de amor. E o que damos uns aos outros automaticamente damos a nós mesmos.

Neste livro, divido algumas das maiores lições pessoais e profissionais que aprendi, desde momentos em que me senti no fundo do poço — como quando fui massacrada por *haters* — até pontos altos tão mágicos, que pareciam contos de fadas — como a oportunidade de conhecer algumas das mulheres mais incríveis e influentes do mundo e como isso me incentivou. Desde quase perder tudo, ouvir "não" atrás de "não" e encontrar um jeito de seguir em frente, até perder muitos "amigos" no dia em que desafiei toda a indústria da beleza a mudar. Desde superar o perfeccionismo e a necessidade de agradar as pessoas, até aprender que ser corajosa é mais importante do que ser querida. Desde ser entregue para adoção ainda bebê, até aceitar a ideia de que Deus me criou do jeito que sou, de propósito. Aprendi lições poderosas sobre acreditar em mim, seguir a minha intuição e correr riscos. Lições sobre como crescer mais do que jamais imaginei que poderia, porque o lugar de onde alguém vem não determina para onde vai; e sobre se conectar com outras pessoas (como estamos fazendo aqui!), pois a vida não foi feita para ser vivida sozinha.

Embora este livro seja um canal pelo qual compartilho minhas histórias, fracassos, lutas e vitórias, este livro é seu. Apesar de ainda não nos conhecermos pessoalmente, escrevi a partir de um sentimento de puro amor, de mim para você. Minha intenção é que tudo o que vivenciei, aprendi e compartilhei nestas páginas lhe seja, de alguma forma, útil e valioso. Uma das minhas frases favoritas é "Que Deus me use, que o amor me use". Dito isso, vamos começar esta carta de amor! Aqui vamos nós...

Beijos,
Jamie

P.S. 1: Eu amo vocês.
P.S. 2: Vocês são dignos de amor.

PARTE UM

ACREDITE

CAPÍTULO UM

Quando a sua intuição conversar com você, *acredite*

Aquilo que chamamos de intuição?
É a sua alma. Pode confiar nisso.

— ANÔNIMO

"RESPIRE FUNDO, QUERIDA, você está indo bem", disse a apresentadora do canal QVC ao segurar firme o meu braço trêmulo. Estávamos em plena TV aberta e, como uma verdadeira profissional, ela assumiu o controle do ao vivo enquanto eu me esforçava para parecer confiante e lutava para não tremer. Por dentro, eu me perguntava se os telespectadores de todo o país viam algo além do meu rosto vermelho e dos braços nervosos. Eu me perguntava se as pessoas podiam sentir o meu medo. Somando meu saldo bancário pessoal e corporativo, eu estava com menos de mil dólares, que só cobririam mais algumas semanas de despesas antes de ter que fechar as portas. E se naquele momento transformador, em que tudo estava em risco, o fato de eu ter seguido a minha intuição em vez do que os especialistas haviam me recomendado, acabasse dando errado?

Antes de ficar ali tremendo em rede nacional, antes de ter a ideia de criar uma empresa de maquiagem e cuidados com a pele, eu trabalhava como âncora e repórter de um telejornal. Amava tanto o meu trabalho, que tinha certeza de que continuaria fazendo aquilo a minha vida toda. Meus pais trabalhavam muito quando eu era criança, então os programas de entrevistas (além da MTV, que eu não tinha permissão de assistir) me faziam companhia durante o dia quando eu ficava sozinha em casa. Oprah, em particular, foi uma enorme influência. O meu maior sonho, desde que me conheço por gente, sempre foi apresentar meu próprio programa diurno, em que eu pudesse fazer o que amava: entrevistar outras pessoas e compartilhar as histórias delas com o mundo.

Sabe aquele famoso ditado que diz que a vida é o que acontece enquanto você está fazendo outros planos? Bem, um pouco antes dos 30 anos, ainda como âncora de um noticiário matinal, comecei a desenvolver no rosto uma doença de pele chamada rosácea. É hereditária e costuma causar manchas vermelhas, às vezes com textura irregular, parecida com uma lixa e, de vez em quando, até do tamanho de uma maçã. Estranhos no supermercado me perguntavam se eu estava com queimadura de sol ou se estava me sentindo bem, tudo porque as minhas bochechas ficavam supervermelhas em certos dias. Comecei a ficar inibida. Os dermatologistas me explicaram que não havia cura comprovada, apenas alguns cuidados para tentar limitar a gravidade dos surtos.

Na esperança de cobrir a rosácea, passei a gastar tempo e dinheiro experimentando todas as bases e corretivos que encontrava. Não apenas as maquiagens de farmácia, mas também quaisquer marcas de lojas de departamento. E, mesmo sendo caro demais para mim, eu economizava para comprá-las e testá-las. Os âncoras do horário nobre contavam com maquiadores profissionais, aos quais pedi ajuda, e experimentei todas as soluções ou produtos de que eles tivessem ouvido falar. Nada funcionava. Ou o produto não dava cobertura suficiente ou, se desse, parecia que eu estava usando uma máscara. Houve momentos em que eu estava apresentando o noticiário e ouvia o produtor no meu ponto: "Tem alguma coisa no seu rosto. Dá para você limpar?" Mas eu sabia que não dava. Era a rosácea se deixando entrever pelas rachaduras da maquiagem, que derretia sob as fortes luzes do estúdio. Era muito constrangedor, me causava tanta insegurança! A voz na minha cabeça dizia coisas que eu nunca diria a outro ser humano: *Você não é bonita*, ou *Isso vai prejudicar a sua carreira*, ou ainda *Os espectadores podem mudar de canal quando virem você*, ou *Os índices de audiência vão cair e você vai ser demitida*. Ah, aquele crítico interior que todos nós temos. Você não o ama?

Eu precisava resolver essa questão da maquiagem. Acabei notando que o que mais existe são produtos que ficam bem numa pele que não tem nada a ser coberto, mas, caso seja ultrassensível ou tenha pigmentação e textura irregulares, é difícil achar algo que funcione.

Tive o que Oprah chama de estalo — foi quando me dei conta de que, se eu estava passando por essa dificuldade, deveria haver muitas outras pessoas por aí com o mesmo problema. Pessoas que, talvez, simplesmente tivessem desistido de tentar. E não se tratava apenas de encontrar a base certa. Também percebi que nenhuma das inúmeras empresas de beleza se comunicava com mulheres como eu, com problemas reais de pele, tampouco contratava modelos que se parecessem comigo, para vender seus produtos. Todas as fotos pareciam super-retocadas e manipuladas, criando mulheres praticamente inatingíveis. Essas mulheres "desejáveis" das campanhas publicitárias não apenas eram irreconhecíveis, como nem sequer eram reais. Quando eu as olhava, não me sentia bonita nem suficiente.

Ao me ver no meio disso tudo, percebi que, desde menina, passei muito tempo me sentindo insegura em relação ao meu corpo, fazendo alguma dieta, concentrada em ser "bonita", sem nunca acreditar que fosse. Quanto mais fui notando todo o tempo que perdi com isso, *mais* e *mais* brava fiquei. Ao mesmo tempo, eu me enchi de gana para mudar essa situação. O benefício de tudo isso foi que acendeu uma chama em mim.

Minha intuição me dizia que as mulheres estavam cansadas de ver imagens retocadas de pessoas que não se pareciam com elas, promovendo produtos que não funcionavam de verdade.

E foi aí que nasceu a ideia da IT Cosmetics. Visualizei a criação de uma maquiagem que funcionasse para todos os tipos de pele e cobrisse as imperfeições quando necessário, mas sem parecer uma máscara. E, ao contrário de praticamente todas as marcas de beleza existentes na época, eu queria modelos de todas as idades, tamanhos, tons e problemas de pele. Eu realmente acreditava que havia demanda por esse tipo de produto, mas, mais do que isso, sentia que fazia parte de uma causa maior, em nome de todas as mulheres: mudar a cultura em torno das imagens que a indústria da beleza costuma apresentar como "desejáveis".

Uma coisa é ter um sonho, outra é realizá-lo.

Em 2007, eu me casei com Paulo, que conheci no primeiro ano da pós-graduação, nas aulas de estatística (super-romântico!). Jamais esquecerei o momento em que o vi pela primeira vez. O professor escreveu uma equação enorme no quadro para toda a turma resolver com as nossas calculadoras financeiras (o clima de romance continua…), e, então, ouvi um cara que estava sentado algumas fileiras atrás de mim deixar escapar a resposta. Quando me virei para ver quem era, nosso olhar se cruzou. Brasileiro, ele tinha olhos castanhos brilhantes e uma *vibe* de nerd descolado — só faltava um porta-canetas no bolso. Na mesma hora, senti que tínhamos alguma afinidade.

Aos 5 anos, Paulo imigrou do Brasil para os Estados Unidos com a família. Ele cresceu numa cidade pequena nos arredores de Manhattan, onde enfrentou muita discriminação. As crianças perguntavam se ele morava em árvores no Brasil e o mandavam voltar para o buraco de onde tinha saído. Sua família acabou se mudando para a cidade grande, que se mostrou muito mais receptiva. Ele foi criado em meio a diversas culturas, tinha viajado bastante e se destacava na escola.

Antes de conhecê-lo, sempre me sentia atraída pelos *bad boys*, que sempre partiam o meu coração, ou pelos atletas, que também sempre partiam o meu coração. Mas naquele dia, quando nossos olhares se cruzaram na aula de estatística, me peguei apaixonadinha pelo cara superinteligente. Eu não quis esperar para saber se o sentimento era mútuo, então perguntei se ele gostaria de estudar comigo. Ele disse que sim, marcamos data e hora... mas ele nunca apareceu. Nunca ligou. Nada.

Quando o vi na faculdade no dia seguinte, ele percebeu que eu estava chateada. Mais tarde se desculpou e me explicou que, por ser brasileiro, não percebeu que era um compromisso de verdade, pensou que fosse apenas modo de dizer. *Hã? Você não mora nos Estados Unidos desde os 5 anos de idade?* De qualquer forma, até hoje ele diz que foi o melhor erro que já cometeu. Realmente acha que me dar um bolo chamou a minha atenção e me deixou ainda mais interessada.

Paulo era diferente de qualquer namorado que eu já tivera. Ele não ligava para a aparência — nem dele nem de ninguém. Tinha apenas uma calça jeans havia mais de dez anos, mas conhecera vários países (muitas vezes, com aquela mesma calça), o que me entusiasmava. Naquele ponto da minha vida, eu não havia tido muitas oportunidades de viajar. As sobrancelhas dele quase formavam uma monocelha, e ele nem reparava nisso. Que liberdade! Hoje celebro as sobrancelhas selvagens e livres dele, mas na época nem tanto. A certa altura do nosso namoro, ele me deixou separá-las. Pareceu uma vitória! Olhando para trás, acho que talvez essa tenha sido a sua introdução ao mundo da beleza. Ele era completamente desligado da moda ou da aparência, mas era MUITOOO inteligente, e eu descobri que achava isso MUITOOO sensual! Eu estava muito, muito caidinha por ele.

Depois de um tempo namorando, algo começou a atrapalhar os meus sentimentos por ele. Desde pequena, presenciei na minha vida e no mundo muitos exemplos de mulheres que ofuscavam a própria luz para fazer homens felizes. Mulheres que davam apoio às custas do próprio poder e dos próprios sonhos. Até mesmo na pós-graduação, os homens faziam a cansativa piada de que o título que as mulheres estavam ali para obter era o de esposa. Aquele não era o meu plano. Cresci acreditando que os homens tolhiam as mulheres e estava decidida a não me casar. Muitas das minhas amigas sonhavam com o casamento desde pequenas. Eu não! Eu queria construir um império.

Paulo e eu estávamos namorando havia cinco anos. Pouco antes de ele me pedir em casamento, lembrei-o da minha vontade e disse que não estava pronta para isso, apesar de não saber exatamente o porquê (eu sei, eu sei, é a história mais romântica de todas!). Mesmo assim, uma semana depois, ele me pediu em casamento. Acho que ouviu a própria intuição. Sua confiança e convicção foram inspiradoras. "Eu amo você de todo o coração", disse ele. E eu realmente o amava. Tinha orado por aquilo. Quando oro, muitas vezes uma vozinha em que confio vem até mim disfarçada de intuição. No fundo da minha alma, eu sabia o que era certo, mas, naquele momento, a minha intuição me deu um chacoalhão. Ela não estava alinhada com o meu lado racional, mas deixei para trás o medo e a dúvida, para segui-la. Casar com Paulo parecia a coisa certa, então aceitei.

A cerimônia foi cheia de amor, mas a parte mais romântica aconteceu na nossa viagem de lua de mel para a África do Sul, quando criamos juntos o plano de negócios da IT Cosmetics. Eu me preocupava muito com a possibilidade de um homem me impedir de realizar os meus sonhos, mas começamos nosso casamento nos dedicando, a todo vapor, a realizar um deles. Embora com o tempo, eu tenha aprendido que trabalhar junto nem sempre é o melhor pontapé inicial para um casamento, uma das vantagens era aliviar aquele medo. Foi um presente tê-lo comigo no projeto.

Quando voltamos para casa, nós dois pedimos demissão e abrimos a empresa na nossa sala de estar. Fiquei triste por desistir do sonho de apresentar um *talk-show*, mas senti um chamado ainda mais forte numa direção diferente. Às vezes, saber o momento de abandonar um sonho é tão importante quanto saber o momento de persegui-lo.

Saber o momento de abandonar um sonho é tão importante quanto saber o momento de persegui-lo.

Investimos todo o nosso tempo e todas as nossas economias na contratação de químicos e fabricantes, na criação do produto, na montagem do conselho consultivo e no lançamento da empresa.

Para criar a primeira embalagem, implorei pela ajuda de um amigo do telejornal que fazia os infográficos que iam ao ar, como os mapas que mostram locais de cenas de crime. Paguei por hora para que ele viesse à nossa casa cedo, antes de ir para o trabalho, às 8h. Todos os dias, ele tirava o computador do porta-malas do carro e o instalava no chão da minha sala. Então, nos sentávamos lado a lado e criávamos. Ele nunca tinha feito embalagens antes, nem eu, é claro, mas demos o nosso melhor.

Paulo e eu não conhecíamos ninguém na indústria da beleza, então tínhamos uma tarefa difícil pela frente: muita pesquisa no Google, muitas ligações inesperadas para pessoas que não conhecíamos, uma enxurrada de conselhos ruins e uma coleção de erros.

De imediato, enquanto vasculhava tudo o que eu conseguia encontrar no Google e aprendia aos trancos e barrancos, precisei me acostumar a trabalhar com fabricantes e lidar com os problemas que surgiam. Certa vez, recebemos um lote inteiro de pincéis de maquiagem em que a ponteira (o anel de metal que conecta as cerdas ao cabo) se soltava logo após o primeiro ou segundo uso. Não recebemos reembolso, pois éramos um cliente pequeno. E, se brigássemos com esses fornecedores, corríamos o risco de perdê-los.

Também recebi lições difíceis sobre design de embalagens. Só porque conseguimos ampliar bastante a arte da caixa numa tela de computador, não quer dizer que os clientes vão conseguir ler quando estiverem passando por ela na prateleira de uma loja, a dois metros de distância. Depois desse erro, passei a passei a aprovar os designs usando protótipos em tamanho real, que pudessem ser testados de verdade antes de entrarem em produção. Também aprendemos que havia uma linha tênue quando se tratava do tamanho do recipiente — atenção, compradores de maquiagem! Se a embalagem fosse muito pequena, as pessoas diziam que o produto estava caro, mesmo que durasse um ano. Se fosse muito grande, reclamavam que não vinha cheio. Houve inúmeras outras lições — daquelas que, às vezes, eu preferia não saber, porque não consigo fazer compras no supermercado sem me preocupar ou ver erros nas embalagens de marcas recém-lançadas, ainda tentando conquistar seu espaço nas prateleiras.

Estávamos com pouco dinheiro, então tomávamos como nossa qualquer tarefa que nós mesmos pudéssemos executar. Paulo assumiu a criação do site e comprou um livro enorme de capa amarela chamado *HTML for Dummies* [*HTML para leigos*, em tradução livre]. Eu confiava tanto no poder da nossa missão e do nosso produto — o qual, depois de vários ajustes na fórmula, funcionava de verdade —, que estava certa de que, assim que lançássemos o site, a procura seria enorme! E estávamos contando com a pré-venda on-line para pagar as contas.

Nunca esquecerei o dia em que fomos ao ar. Naquela manhã, eu estava explodindo de entusiasmo e expectativa. Mas… nada aconteceu. Nenhum pedido. Achei que pudesse demorar um pouquinho até que as pessoas descobrissem o site. Então, esperei o segundo dia — nenhum pedido novamente. Depois, o terceiro, o quarto, o quinto… e nada. Foi aí que caí na armadilha em que é tão fácil cair quando se trabalha com o cônjuge. "O site está com problema. Você não fez direito!", disse a Paulo. Passamos algumas semanas sem fazer nenhuma venda, até que, em um desses dias, uma onda de adrenalina percorreu todo o meu corpo: era o nosso primeiro pedido! Pulei da cadeira em comemoração e corri pela casa como uma criança na noite de Natal. "Paulo!!! É o nosso primeiro pedido!!! Acabou de chegar!!!" — eu estava eufórica.

Paulo sorriu para mim e disse: "Fui eu. Acabei de fazer esse pedido para provar que o site não está com problema."

Eu acreditava que bastava transformar uma ótima ideia em um produto incrível e ele começaria a vender. Certo? Nossa, como eu estava errada! Eu sabia que o nosso produto mudaria vidas se chegasse às mãos de mulheres reais em todos os lugares, mas como fazer isso acontecer de fato? Por meio de lojas físicas e em compras on-line, certo? Mas e se todos os varejistas dissessem *não*? E se as mulheres nem soubessem da existência do site? Para alguém entrar em lojas de varejo, uma pessoa precisa acreditar em você, e dizer *sim*. E para promover um site é preciso dinheiro. E isso nós também não tínhamos.

Nossa, eu não sabia mesmo onde tinha me metido! E, quanto mais aprendia, mais percebia o quanto ainda não sabia! Trabalhei muito a vida toda, mas não tinha ideia do quanto é difícil ser empreendedor, não dá para simplesmente bater o ponto e largar o serviço no fim do dia. Quando o negócio é seu, a pressão, o estresse e a preocupação não tiram folga. Estão com você 24 horas por dia, sete dias por semana. Isso começou a dominar todas as outras áreas da minha vida. Pela primeira vez, descobri que era quase impossível viver o presente sem que as preocupações com a empresa assumissem o controle. *Como vou ganhar dinheiro e sobreviver? Algum dia os varejistas vão atender minhas ligações? Por que ninguém menciona o produto na imprensa? Será que isso tudo é um grande erro? E se a minha intuição estiver errada? E se eu acabar gastando todas as nossas economias?*

Os dois primeiros anos da nossa empresa acabariam ficando entre os mais difíceis pelos quais já passei. Trabalhávamos mais de cem horas por semana, enviávamos o nosso produto para todos os varejistas e ouvíamos *não* atrás de *não* de quase todos. *Não* de todas as lojas de departamento, *não* da ULTA Beauty e da Sephora (as duas maiores varejistas de beleza do país, onde, ao contrário das lojas de departamento, os produtos não ficam atrás de um balcão e não é preciso falar com um vendedor para comprá-los), e *não* do QVC. Recebemos alguns *sins*, mas não vendemos bem com eles e nunca tivemos lucro. Apesar da minha carreira na televisão, não conseguimos vender bem nem mesmo durante a nossa breve aparição na TV, em um canal de compras norte-americano chamado HSN (que o QVC acabou adquirindo). Eu não entendia por que o nosso produto estava ficando encalhado nas prateleiras.

Meu primeiro pensamento foi que precisávamos de outros cosméticos. Mais uma vez, recorri à minha própria experiência, em busca de inspiração. Como âncora de um telejornal, eu vivia em apuros por causa da oscilação do meu peso. Para disfarçar essas mudanças, aprendi a fazer contorno muito bem. Contornar é usar iluminação e sombreamento no rosto e no corpo para destacar suas formas e características. Então, achei que, se lançássemos paletas de contorno facial e corporal, talvez elas vendessem.

Eram produtos superinovadores e foram os primeiros do mercado. Mas ser o primeiro nem sempre é bom. Não conseguimos vender. (Observação: cinco anos depois, contorno virou uma grande tendência, e várias marcas muito maiores tiveram sucesso lançando versões quase idênticas de alguns dos nossos primeiros produtos.)

Nossa empresa só conseguia sobreviver — e mesmo assim, com muita dificuldade —, por causa de duas coisas. A primeira era o The Shopping Channel Canada, um canal de TV de compras ao vivo com sede nos arredores de Toronto. Não estávamos lucrando muito com isso, mas eles acreditaram em nós e continuaram nos chamando. A segunda era o boca a boca das clientes. A melhor parte de criar um cosmético que realmente funciona e cumpre o que promete é que as pessoas divulgam *mesmo*. Mulheres reais começaram a postar as próprias fotos de antes e depois usando o nosso produto. Embora recebêssemos apenas dois ou três pedidos por dia no site, aquelas primeiras defensoras da marca nos mantiveram na ativa.

Depois de algum tempo vendendo no The Shopping Channel, finalmente conseguimos dar um novo passo e contratar o nosso primeiro funcionário assalariado em tempo integral. Até então, trabalhávamos apenas com freelancers ou funcionários em meio período, ou contávamos com a generosidade de amigos, a quem muitas vezes implorávamos por ajuda.

Nossa primeira contratação foi uma das minhas melhores amigas, Jacqueline, que estava grávida de seis meses na época. Não podíamos nem nos dar ao luxo de oferecer benefícios, mas ela decidiu assumir o risco, porque acreditava no que estávamos construindo. Assim, Jacquie vinha trabalhar todos os dias, sentando-se comigo e com Paulo nas mesas baratas da sala de estar da nossa casa. Nós três cobríamos todas as funções da empresa: empacotamento, finanças, operações, relações públicas, marketing, redes sociais, TI, desenvolvimento de produtos, embalagem, vendas, treinamentos, atendimento ao cliente e muito mais. Na maioria das vezes, não tínhamos ideia do que estávamos fazendo, mas, quando se é empreendedor e não se tem dinheiro para contratar quem entende do assunto, o jeito é descobrir.

Desde o início, eu acreditava, do fundo do meu coração e da minha alma, que o que estávamos fazendo era maior do que nós mesmos!

Depois de incontáveis (incontáveis mesmo) ajustes na fórmula do produto, finalmente criamos um corretivo que funcionava para uma pele como a minha. Eu acreditava que a nossa mensagem e a nossa visão eram necessárias. Acreditava que as mulheres estavam cansadas de ver modelos que não se pareciam com elas. Nossa missão enquanto empresa era empoderar todas as mulheres, para que se enxergassem como valorosas e bonitas, e mudar a cultura da inclusão na indústria da beleza. Porque mudar isso... mudaria tudo. Era uma ambição grande para alguém que sempre ouvia dos maiores varejistas de cosméticos que sua ideia não funcionaria, alguém que vendia apenas dois ou três pedidos por dia no site. Mas eu acreditava piamente na nossa missão, e focar isso foi, em vários dias, literalmente a única coisa que me dava coragem para sair da cama, mesmo quando tudo em mim gritava para eu desistir.

O DINHEIRO ESTAVA ACABANDO, e comecei a cancelar a impressão do extrato toda vez que sacava dinheiro de um caixa eletrônico, porque não tinha estômago para ver o saldo. Precisávamos de um *sim*. Eu não entendia por que todas aquelas lojas de beleza incríveis, que vendiam centenas de marcas, estavam dizendo *não* para nós. Enviei um pacote atrás do outro de amostras grátis dos nossos produtos pelo correio, não apenas para todos os varejistas e lojas de departamentos mas também para todos os funcionários dessas empresas que consegui encontrar na internet. E... nada. Fazia uma ligação atrás da outra. Enviava e-mail direto, mas não recebia resposta nem retorno algum. Era *muito* difícil impedir que a falta de interesse deles se traduzisse em insegurança na minha cabeça.

Todo empreendedor precisa fazer o que deve ser feito. Não tínhamos condições de contratar mais ninguém e mal conseguíamos remunerar o conselho consultivo e Jacquie, a nossa única funcionária em tempo integral. E continuávamos sem dinheiro para anunciar. Quando se é aguerrido, é preciso ser criativo. Decidimos que *determinação* era o nosso apelido. E, por falar nisso, o meu nome do meio verdadeiro é Marie. Então, adivinha só? Marie@ItCosmetics.com ganhou seu próprio endereço de e-mail e virou a nossa chefe de relações públicas. Às vezes, também atendia o cliente. Marie enviava incansavelmente e-mails para todos os jornalistas de beleza e programas de TV, informando que a nossa fundadora, Jamie, estava disponível para entrevistas. Marie era desenrolada. Olhando para trás, fico orgulhosa da nossa determinação, mas ainda surpresa com o quanto éramos ingênuos. Mas acontece que, às vezes, a ingenuidade também é uma força. Na verdade, a persistência imbatível e a disposição para tudo começaram a dar resultado.

Muitos jornalistas de beleza concordaram em testar o produto e depois escreveram sobre ele. Isso gerou um burburinho e mais pessoas passaram a experimentar, e isso fez com que ainda mais gente o divulgasse. Sempre que saía uma matéria sobre o nosso produto na imprensa, eu mandava um e-mail para todos os compradores que conhecia, em todos os revendedores de cosméticos, e informava que a notícia estava se espalhando, tentando despertar entusiasmo suficiente para que eles fizessem uma reunião comigo. E então, finalmente... ACONTECEU! Uma compradora da Sephora concordou em me receber na sede da empresa, em São Francisco!

Eu pensei: "É AGORA! Ela vai se apaixonar pelo produto e nos dar uma chance nas lojas." Eu tinha certeza de que aquela seria a minha salvação! A minha capacidade de pagar os salários. O *sim* de que precisávamos para avançar a todo vapor com a nossa visão. Na época, a Sephora tinha mais de duzentas lojas em todo o país. Por meio delas, pessoas de todo o mundo poderiam nos descobrir. Havia alguns anos, antes mesmo de entrarmos no mercado, eu me encontrara com uma amiga que trabalhava lá na sede. Ela disse que as minhas ideias eram promissoras, mas, para a minha decepção, acabou saindo da empresa antes de lançarmos os nossos produtos. Nos anos seguintes, eu enviei várias amostras grátis e e-mails, mas o pessoal das lojas nunca demonstrou interesse. Até aquele momento!

Eu me preparei como uma louca para a reunião. Juntei fotos de antes e depois que as mulheres que haviam usado os produtos tinham postado. Fiz apresentações no PowerPoint, imprimi e encadernei em apostilas com espiral e capas de acetato transparente. Gastei míseros 99 centavos por página colorida, pois chamava mais atenção. Os gráficos que o meu velho amigo, designer do telejornal, me ajudara a elaborar me pareciam *muito* bons.

Virei o meu armário do avesso até encontrar a roupa mais simpática que me servisse (àquela altura, eu estava trabalhando vinte horas por dia na sala da nossa casa, usando um moletom, então moda era a última coisa que passava pela minha mente). Fiz uma mala com as apostilas e amostras grátis, caso eles não tivessem mais nenhuma das dez milhões de unidades que eu já tinha enviado. E então peguei um avião para São Francisco. Quando entrei nos escritórios da Sephora, era como se uma guerra estivesse acontecendo dentro de mim. Queria ser eu mesma, mas, ao mesmo tempo, sentia que estava entrando na sede do "clube dos populares" — e precisava provar que eu era digna de ser aceita como membro.

Fui recebida por uma moça gentil na recepção, que me pediu para aguardar no saguão. Naquele instante, me dei conta de que eu era alguém que havia fundado uma empresa, lançado ótimos produtos e sido convidada para uma reunião real e presencial na Sephora. Fiquei *muito* grata por estar ali, mesmo que na sala de espera, enquanto absorvia tudo ao redor: as belas obras de arte, as luminárias elegantes, o clima divertido, os móveis chiques. Eu estava me sentindo um pouco como a Andy de *O diabo veste Prada*, como se eu fosse uma estranha entrando naquele mundo de conto de fadas.

Cerca de 15 minutos depois, uma assistente me conduziu à sala de reuniões, que logo foi ocupada por cinco ou seis representantes da Sephora, todos gentis, sorridentes e curiosos. Comecei a apresentação falando sobre o nosso corretivo Bye Bye Under Eye [Adeus, Olheiras, em tradução livre]. Desde o primeiro momento, percebi que eles estavam encantados pelos produtos, mas também notei que a compradora principal, aquela que tomava as decisões, não estava tão interessada. O olhar dela passou rapidamente pelas minhas roupas antes de se deter no produto que eu havia colocado sobre a mesa. Todos pareciam estar torcendo por mim, menos ela. Você já foi apresentado a alguém e sentiu que não rolou química? Eu sabia que precisava arrumar um jeito de conquistá-la, já que seria ela quem bateria o martelo.

"Eu realmente acredito que o seu público vai adorar o produto e que ele vai vender muito bem, e também sei que fará a diferença na vida das clientes que o experimentarem, especialmente pessoas como eu, com problemas de pele", falei, ressaltando as fotos reais de antes e depois das nossas consumidoras.

De repente, a compradora principal me interrompeu. "As mulheres não compram cosméticos de luxo que têm imagens como essas. Você vai se sair melhor vendendo para a massa." Por massa, queria dizer mercado de grande consumo. Ela estava dizendo que os nossos produtos poderiam vender melhor em farmácias. Tentei não demonstrar o quanto aquilo me aborrecia. Minha sensação era que ela estava dizendo que mulheres reais não tinham dinheiro para gastar. Talvez essa afirmação fosse verdade até aquele momento, mas simplesmente porque a indústria da beleza vinha fazendo tudo do mesmo jeito há muito tempo. Entendi por que ela estava falando aquilo; só queria mostrar que era possível fazer diferente.

Estávamos desenvolvendo fórmulas de alta qualidade, respaldadas por testes clínicos. Como era caro fazer isso, tínhamos que cobrar na mesma faixa de preço dos produtos encontrados na Sephora, na ULTA e em outras lojas de departamento. Normalmente, as farmácias não vendem cosméticos com preço alto, então não havia outra escolha a não ser vender em lojas que oferecessem a mesma qualidade e os mesmos preços que nós.

"Na verdade, acredito que as mulheres vão comprar, sim, cosméticos com imagens de mulheres que se pareçam com elas. Há um grande burburinho entre jornalistas de beleza e mulheres reais que estão experimentando o produto", respondi.

Nunca vou me esquecer o que aconteceu em seguida. Senti que ficou um climão na sala, quase como se aquilo fosse uma perda de tempo, e a paciência dela comigo tivesse se esgotado. Ela me olhou no fundo dos olhos e respondeu, em tom ríspido: "Se as pessoas estivessem comentando sobre esse produto, eu teria ouvido falar sobre ele. E eu não ouvi."

Meu coração disparou. Meu rosto ficou vermelho e quente. Eu me lembro de torcer para que o modelador Spanx absorvesse o suor que senti escorrer pelo corpo. A ansiedade deu um nó no meu estômago, como se eu tivesse levado um soco. Depois de acreditar tanto que bastaria dar o primeiro passo para fechar a venda, a Sephora estava me dando outro *não*. Mas eu queria um *sim* e *precisava* demais daquele *sim*. Se não fosse pela adrenalina que percorria o meu corpo — do tipo que os lutadores de UFC devem sentir quando se recusam a desistir mesmo quando estão machucados —, acho que eu teria desmaiado. Queria explicar a ela que a indústria da beleza precisava mudar e que ela poderia fazer parte dessa mudança. Queria salvar a reunião e conseguir um *sim*, e queria salvar a minha empresa conseguindo esse sim. Fiquei arrasada — principalmente porque o dinheiro estava acabando, e, com ele, o meu sonho.

A reunião chegou ao fim. Tentei manter a calma enquanto arrumava as minhas coisas e agradecia a todos pelo tempo dispensado. Então, fui pegar o elevador para ir embora. O mesmo elevador no qual eu tinha acabado de subir, cheia de esperanças e sonhos de uma grande chance, agora parecia uma viagem ao fundo do poço. Eu fazia o possível para conter as lágrimas. Afinal, eu era uma CEO, o que me fazia sentir que precisava ser impassível e profissional o tempo todo. Desci no elevador cercada por outras pessoas, que provavelmente eram funcionárias da Sephora. Quando as portas do elevador se abriram, saí apressada, e atravessei direto as portas do saguão até a Market Street, e virei uma esquina depois me escondi atrás de uma parede do lado de fora de um fast-food e chorei de soluçar. Eu não sabia o que fazer dali em diante. Eu estava apavorada só de pensar em ligar para Paulo e Jacquie para dizer que a resposta tinha sido não. De novo.

Nas semanas seguintes, já de volta ao escritório, foi difícil entender como tudo aquilo daria certo. A rejeição dói muito, especialmente quando vem de pessoas cujas opiniões você valoriza. Uma das minhas melhores amigas, Natasha, disse algo que me ajudou a superar aquele período: "Você está colocando essas pessoas em um pedestal. E o único que você deveria colocar em um pedestal é Deus. É Ele quem decide quais portas se abrem e se fecham e quando, e a sua confiança deve estar somente nEle. Em mais ninguém." E, mesmo sabendo que ela estava certa, fazer isso parecia muito difícil.

Por pura resiliência, continuávamos insistindo. Então me ocorreu que, como o meu desejo era mudar a indústria da beleza, era de se esperar que alguém *da própria* indústria da beleza não gostasse da minha visão. Afinal, ela não estava alinhada com a dela. Ou, pelo menos, com o que ela tinha certeza de que poderia vender bem. Foi uma constatação importante, mas eu ainda precisava descobrir como permanecer no mercado.

A batalha continuava. E continuava. E continuava. Enviei e-mail atrás de e-mail e deixei mensagem de voz, atrás de mensagem de voz com muita paixão e entusiasmo em cada recado, como se fosse a primeira vez que entrava em contato com aquela pessoa. Procurava os assistentes de pessoas importantes no LinkedIn ou em outras plataformas on-line e também entrava em contato com eles. A rejeição se repetiu continuamente, por anos. Da Sephora, da ULTA Beauty, da Nordstrom e de todas as principais lojas de departamento. Então, certo dia, *finalmente* consegui falar com a assistente de Allen Burke. Na época, ele era o chefe de cosméticos do QVC, o maior canal de TV de compras dos Estados Unidos. Burke é uma lenda. Ele foi o responsável por modernizar aquela fórmula antiga e, muitas vezes, cafona de vender produtos na TV, tornando-se conhecido por convencer empresas de cosméticos de luxo a firmarem parcerias com o canal. Sob a liderança dele, quase todas das mais cobiçadas lojas de departamento começaram a anunciar produtos no QVC — e continuam fazendo isso até hoje. Como eu acreditava que as mulheres estavam cansadas de cosméticos que não funcionavam para elas, achava que o QVC seria o lugar perfeito para mostrar, ao vivo, que os nossos produtos realmente eram feitos para mulheres reais. Quase implorei à assistente para marcar uma chamada com ele. Ela me prometeu que repassaria o meu recado e que ele me ligaria de volta caso o QVC tivesse algum interesse. Na sequência, enviei (mais) um pacote de amostras grátis de produtos e cópias de matérias sobre os nossos produtos na imprensa.

Nas semanas seguintes, vivi em estado de tensão, vigiando obsessivamente o telefone, do jeito que fazemos quando tivemos o melhor encontro romântico de todos os tempos, tentando resistir à tentação de ser o primeiro a mandar mensagem ou ligar. Eu não conseguia pensar em mais nada — a não ser no fato de que eu não conseguia parar de pensar em *todo* o resto. As despesas cada vez maiores e a nossa exaustão também. Meu medo de perder não apenas todas as nossas economias, mas também a pequena quantia de dinheiro que havíamos conseguido com três investidores que eram amigos e familiares nossos. E a possibilidade devastadora de ter que desistir daquele sonho. Então, o telefone tocou!

"Olá, Jamie, aqui é Allen Burke, do QVC." Meu coração disparou, mas reuni toda a minha confiança e o cumprimentei com entusiasmo. Ele foi direto ao ponto e disse que tinha avaliado os nossos produtos e embalagens com a sua equipe de compradores de cosméticos e o consenso foi que "não éramos a opção certa para o QVC ou para o cliente do QVC". Sem mais nem menos, em questão de segundos, outro angustiante não. Meu coração ficou apertado. Enquanto eu andava pelo quarto do nosso apartamento/escritório, lágrimas escorriam pelo meu rosto. Eu sabia que ele não podia vê-las e esperava que também não pudesse senti-las. Perguntei-lhe quais seriam os seus comentários e sugestões, e apresentei uma contraproposta, afirmando que eu acreditava, mesmo que os clientes deles adorariam os nossos produtos. Ele me agradeceu pela admiração ao QVC, mas confirmou outra vez que era um *não*. Agradeci a ele pelo tempo. Depois que desligamos, me enfiei embaixo das cobertas e comecei a chorar. E chorei. E chorei. E orei. E chorei mais um pouco. Então, uma sensação estranha tomou conta de mim: percebi que, por mais difícil que fosse, eu não iria desistir. Eu simplesmente não iria desistir. Não fazia sentido na minha cabeça, mas fazia sentido no meu âmago. A minha intuição ainda me dizia para continuar.

Uma das melhores coisas que já fiz foi construir uma caixa de ferramentas, um conjunto de recursos aos quais posso recorrer sempre que enfrentar um baque, quando tiver que encarar a rejeição ou precisar lembrar quem sou e por que estou fazendo o que estou fazendo. Um mundo repleto de ferramentas que me ajudam a acreditar em mim mesma, mesmo nos momentos em que parece que ninguém mais está acreditando. É uma caixa de ferramentas imaginária, repleta de histórias, mensagens, citações e orações da vida real que posso usar para enfrentar desafios. Eu mantenho essa caixa na minha mente, em documentos no meu computador e, às vezes, no aplicativo de notas do meu telefone. Não custa nada e é algo que fui desenvolvendo e editando ano após ano. Se isso parece algo que você precisa ter e ainda não tem, uma maneira fácil de começar é selecionar citações ou histórias que o impactem e salvá-las em um lugar que você possa consultar sempre que quiser.

Essa caixa de ferramentas ajuda a explicar como, mesmo naquele momento em que estava debaixo das cobertas chorando pela dolorosa rejeição do QVC, eu tinha consciência de que não iria desistir. Li várias citações que me inspiraram e me lembraram de que quase todas as grandes aspirações enfrentam resistência. Li histórias que tinha guardado para momentos como aquele, relatos de azarões que superaram a rejeição e, apesar de tudo, triunfaram. Orei por clareza sobre continuar ou não, apesar de toda a rejeição. E me concentrei no meu PORQUÊ. Sei que muitas pessoas definem metas e até usam um diário para defini-las e acompanhá-las, mas aprendi que, para mim, isso não é suficiente. Acredito que é preciso atribuir um PORQUÊ a qualquer objetivo, e esse PORQUÊ deve ser tão significativo, que, não importa o tamanho dos desafios, a sua crença nele será poderosa o bastante para resistir aos tempos difíceis, quando as coisas não acontecerem do jeito que você queria.

Deitada debaixo das cobertas, me lembrei da dor profunda que sentia quando era menina, ao ver imagens de beleza que me faziam chegar à conclusão de que eu não era boa o suficiente. Estava determinada a mudar aquilo, por toda as meninas que estavam começando a duvidar de si mesmas e por todas as mulheres adultas que ainda o fazem. Eu estava determinada a usar cada pedacinho de mim e toda bravura, antes de desistir daquela missão. Naquela noite, antes de adormecer, escrevi estas palavras e mandei por mensagem para mim mesma, prometendo lê-las todos os dias até não precisar mais do lembrete: *Saiba o seu porquê, e então voe, menina, voe.*

A FEIRA CEW AWARDS estava se aproximando, e me inscrevi para fazer uma demonstração do nosso produto. A CEW, que significa Cosmetic Executive Women [Mulheres Executivas de Cosméticos, em tradução livre], é uma organização com mais de 10 mil membros. A adesão é aberta a qualquer pessoa da indústria da beleza, desde os assistentes até tomadores de decisão que patrocinam os eventos, sendo a maioria mulheres. Uma vez por ano, centenas de produtos são expostos e demonstrados para todos os membros. Imagine uma grande feira com produtos de maquiagem e cuidados com a pele. Minha esperança era que, se outras mulheres da indústria experimentassem o nosso corretivo Bye Bye Under Eye, perceberiam a qualidade e votariam em nós para ganhar um dos cobiçados prêmios para marcas estreantes.

Recebi uma mesinha de demonstração com cerca de um metro de comprimento, e, quando as portas da exposição se abriram, fui rapidamente cercada por uma multidão de mulheres do setor, testando cada um dos produtos. Eu apresentava com entusiasmo o corretivo, explicando por que ele era especial, quando, ao olhar para o fundo do salão, notei um estande enorme do QVC. *Nossa! O QVC está aqui*, pensei. Sempre que o movimento reduzia, eu ia de fininho até lá, na esperança de encontrar alguma compradora. Como as mesas de demonstração não podiam ficar desassistidas, se percebesse que os representantes do QVC estavam ocupados, voltava correndo para o meu lugar e continuava trabalhando. Então, a fundadora de outra marca passou para me cumprimentar. Quando comentei o quanto eu estava animada com a presença do QVC, ela me apontou a compradora e me aconselhou a conversar com essa mulher. Escapei da minha mesa várias vezes para procurá-la pelo estande, até que finalmente ela ficou livre. Fui me apresentar direto. Ela foi supergentil, disse que se lembrava dos meus produtos e me deu seu cartão de visita. Aproveitei para falar que adoraria compartilhar mais informações. Ela concordou em marcar uma reunião no futuro, mas eu não sabia se ela só estava sendo educada. Com o coração na boca e a cabeça nas nuvens, voltei para a minha mesa de um metro e continuei a demonstrar o corretivo para milhares de mulheres que passavam por ali.

Então, quase duas horas depois que a feira tinha começado, uma moça veio até mim. Mal sabia eu que ela mudaria a minha vida para sempre. Disse que era apresentadora de um programa no QVC e que já havia conversado comigo no início da noite. Fiquei em choque por não tê-la reconhecido quando nos falamos antes. De qualquer forma, ela ficou tão impressionada com o corretivo, que comentou: "Acho que os nossos clientes do QVC iriam adorar! E quero que você saiba que acabei de falar isso para a compradora que está no estande!"

"Significa muito para mim que você tenha feito isso", respondi, com lágrimas brotando dos olhos. Isso pegou a apresentadora de surpresa, que logo esclareceu: "Querida, não sou eu que decido se eles aceitam ou não um produto; só queria lhe dizer que o seu é ótimo." Agradeci e tentei me recompor.

Entrei em contato com a compradora do QVC e marcamos uma reunião! A sede do QVC fica a cerca de trinta minutos da Filadélfia. A sala de reuniões ficava em um longo corredor, largo o suficiente para passar um carro, com várias portas idênticas em ambos os lados. Entre as portas havia quadros exibindo marcas de sucesso e fotos dos centros de distribuição em todos os Estados Unidos e no mundo. Eu queria acreditar que o meu lugar era naquele corredor e naquela parede, mas era difícil quando tudo o que eu tinha ouvido antes era *não*. A sala de reuniões era pequena. Eu pensei: *Ah, não, será que isso é um mau sinal?* Paulo e eu pegamos as apostilas cheias daquelas páginas coloridas de 99 centavos que encadernamos no correio, com capas de acetato.

Eu estava empolgada, mas anestesiada. A anestesia era, provavelmente, um escudo para me proteger de sentir e expor as minhas inseguranças. Eu não queria que eles sentissem o abatimento pelo qual eu passara. Os compradores precisam acreditar que você vai gerar lucro. E eu não tinha dados para sustentar nenhuma promessa de vendas. Sabia que a minha chance de vender dependeria da minha energia e convicção, e que elas precisavam ser contagiantes, e não de dados. Só que, no passado, nem isso havia funcionado. Eu não queria que a compradora me perguntasse por que não estávamos em nenhuma loja. Se ela perguntasse, eu precisaria contar a verdade: porque todas tinham me dito *não*. Além disso, não havia esquecido a ligação de Allen Burke, menos de um ano antes, em que ele me dizia que era *consenso* que não tínhamos o perfil dos clientes do QVC. Tentei abafar essa memória o melhor que pude. No fim da apresentação, houve uma pausa, quase uma trégua. Eu me preparei para algumas perguntas difíceis, mas elas não vieram. Sorrindo, ela disse: "Ótimo, gostaríamos de lhe dar uma chance."

RECEBEMOS UM *SIM*! Um *sim*! Esperei por anos para ouvir essa palavra e só agora, neste ponto do livro, posso finalmente escrevê-la. Então aqui vai de novo: recebemos um *sim*!

Se você é o tipo de pessoa que desconta o estresse na comida, como eu, recomendo fazer um lanche e uma pausa rápida, porque, acredite, as coisas vão começar a piorar da maneira mais estressante possível.

O que não percebi foi que aquele *sim* e a forma como lidaríamos com ele me renderiam uma das maiores lições de negócios e de vida que já tive. E tudo se resume a acreditar no poder da intuição.

A questão é a seguinte: o QVC estava nos dando a oportunidade da nossa vida — uma única aparição ao vivo no canal. A participação estava programada para durar dez minutos, e, nesse intervalo, precisávamos vender mais de 6 mil unidades do corretivo. Seis mil unidades em apenas dez minutos! Era um acordo de consignação, o que significava que nós bancaríamos a fabricação do corretivo e a entrega no QVC, e só seríamos reembolsados posteriormente, pelo número de unidades vendidas. Tudo o que não fosse vendido voltaria conosco para casa... sem recebermos nada. Lembre-se: naquele momento, estávamos recebendo apenas de dois a três pedidos por dia no site.

Estávamos com menos de mil dólares na conta bancária da empresa, que também era a minha conta bancária conjunta com Paulo. *Observação aos empreendedores*: uma das mais importantes práticas comerciais é NUNCA aceitar uma encomenda cuja venda você não possa se dar ao luxo de perder! E aquela era uma encomenda que nós não podíamos deixar de vender em hipótese alguma. Mas, depois de anos ouvindo *não*, assumimos o risco. Gastamos todo o dinheiro do caixa (além de pedir um pouco emprestado), fabricar os corretivos, custear todos os testes clínicos e cumprir os requisitos legais exigidos pelo QVC. Todos os bancos rejeitaram os nossos pedidos de empréstimo, exceto o último, um pequeno banco independente na Califórnia, que nos concedeu um por sermos uma microempresa. Era o suficiente para cobrir as nossas despesas e fazer valer aquela oportunidade. Quando o produto chegasse às nossas mãos, tudo dependeria daqueles dez minutos ao vivo na TV. Se aquele único programa não desse certo, eu não fazia ideia de como pagaríamos o salário de Jacquie. E, àquela altura, com quase três anos de empresa, Paulo e eu ainda não tínhamos conseguido nos remunerar, apesar de trabalharmos cem horas semanais sem descanso e vivermos à beira da exaustão. Para piorar, se tudo corresse muito mal e tivéssemos que recolher o estoque, estaríamos falidos. Eu estava prestes a colocar a minha intuição à prova numa das maiores decisões da minha vida.

PARA NOS PREPARARMOS PARA aqueles dez minutos, nos reunimos com alguns consultores especializados em vendas pela TV, profissionais que ganhavam a vida orientando empresas sobre como ter sucesso nesse formato. Um por um, todos me deram o mesmo conselho. Eles me disseram que a única maneira de ter sucesso seria usar um seleto grupo de modelos para fazer a demonstração do produto. Modelos com 20 e poucos anos e pele impecável. Fiz algumas perguntas a esses consultores, como: "Certo, mas qual é o sentido de testar um corretivo em alguém que tem pele perfeita?", "E se alguém que estiver assistindo tiver problemas de pele como eu? Como vai saber se o produto realmente funciona?" ou "Se eu, aos 70 anos, estou sentada em casa e vejo este produto sendo usado em alguém de 20, como posso saber se vai servir em mim?".

Eu queria demonstrar os produtos em modelos diversas, de idade, tom e tipo de pele diferentes, para que as espectadoras pudessem se identificar. Eu comentei com os consultores que estava disposta até a aparecer ao vivo sem maquiagem, expondo o meu rosto marcado da rosácea, para demonstrar como o corretivo era eficaz e como eu estava empolgada com o produto. Eles desaconselharam veementemente a ideia, argumentando que a única fórmula de sucesso que já havia funcionado era a que eles estavam me recomendando. Eu não poderia me dar ao luxo de tentar das duas maneiras. A sobrevivência da empresa estava em jogo. Eu tinha apenas dcz minutos e uma única chance!

Nas semanas que antecederam o programa, fiquei me sentindo mal com a decisão que precisava tomar. Eu não conseguia dormir. Os consultores insistiam que a minha visão sobre como apresentar o produto jamais funcionaria. No entanto, a minha intuição me dizia que as mulheres mereciam mais do que ver apenas imagens inatingíveis de beleza que não se pareciam com elas. Peguei um avião uma semana antes do programa e dirigi todos os dias até o estacionamento do QVC em um carro alugado. Estacionava a trinta metros da entrada principal e ficava ali sozinha por horas. Olhava para a entrada e para a enorme placa do QVC em frente a ela, observando as pessoas entrando e saindo. Eu sabia que, da próxima vez que passasse por aquelas portas, teria sucesso ou, literalmente, seria varrida do mercado. Durante aquelas horas, planejei o que gostaria de fazer e dizer nos dez minutos e mentalizei o sucesso. Da mesma forma que um atleta olímpico imagina aterrissar de um duplo twist carpado ou subir ao pódio com uma medalha de ouro, eu me imaginava vendo o aviso de ESGOTADO subindo na tela. Porém, ao passar todos os dias sentada naquele carro alugado no estacionamento, encarando a entrada da sede do QVC, também senti cada vez mais a pressão, a sensação de que tudo estava por um fio.

Eu me lembrei de uma história que Oprah contou no seu programa, sobre como ela queria participar do filme *A cor púrpura*, a ponto de não conseguir tirar isso da cabeça. Certo dia, correndo na esteira e cantando a música “I Surrender All”, ela orou pedindo a Deus que a libertasse daquela obsessão, pois estava difícil demais de aguentar. Bom, foi exatamente isso o que fiz naquele carro. Aquele peso que estava nas minhas costas era insustentável, então orei, pedindo a Deus que me libertasse daquilo. Clamei a Ele que me dissesse o que fazer. Deveria seguir os conselhos dos especialistas? Afinal, eram especialistas por algum motivo. Ou deveria seguir a minha intuição e tentar mudar a indústria, redefinindo a concepção de beleza? Alguns chamam isso de intuição ou instinto; outros, de Deus ou Universo. Mas, naquele carro alugado, depois de dias orando e tentando ouvir a resposta, tudo ficou claro para mim.

Tomei uma decisão. Eu iria expor a minha foto de cara lavada para mostrar como o produto funcionava em todos os tipos de mulheres. Mulheres que se pareciam com a minha mãe e avó, com as minhas irmãs e amigas, com as atendentes da cafeteria e do correio. Mulheres reais. Mesmo que não desse certo e eu perdesse aquela oportunidade, não iria abrir mão de defender uma causa, de mostrar às mulheres que acredito que elas são lindas e merecem se sentir bonitas. Eu usaria a minha única chance para mostrar a elas que toda mulher pode ser uma “modelo linda”. Arriscaria todas as fichas, colocaria tudo em jogo. Se as únicas imagens que veem são de modelos que não se parecem com elas, então como poderiam se sentir bonitas? Decidi que, não importava o que acontecesse, eu tinha um único objetivo para cada uma das telespectadoras: fazer com que todas as mulheres se sentissem bonitas. Quero que cada pessoa se sinta bonita. Mesmo que pela primeira vez, ou pela primeira vez em muito tempo.

Quero que cada pessoa se sinta bonita. Mesmo que pela primeira vez, ou pela primeira vez em muito tempo.

Eu estava a poucos minutos do que parecia ser o maior momento da minha vida. Coloquei o meu melhor vestido, fiz uma oração com Paulo, coloquei o microfone e segui pelo longo corredor até o estúdio. Entrei no cenário, vi as câmeras e observei os segundos se passando na contagem regressiva que era exibida no ar. Em instantes, estaríamos ao vivo, sendo transmitidos para mais de 100 milhões de lares em todo o país. Era como se meu coração fosse sair pela boca. Tive que abafar a voz dos consultores me dizendo que eu estava louca, que estava cometendo um grande erro. Tive que ignorar a possibilidade de a minha empresa falir. E tive que me conformar com coisas que, naquele momento, eram irrelevantes, como o fato de o meu vestido parecer um tanto justo. Em vez disso, me concentrei em lutar pelas mulheres de todo o país, que mereciam ter uma *nova* fonte de inspiração. Mulheres que, como eu, sempre ouviram que não eram suficientes. Elas não eram magras o suficiente, nem bonitas o suficiente. Isso, se você pensar bem, inclui praticamente todas as mulheres. Mulheres que, assim como eu, ouviram isso tantas vezes que acabaram acreditando, criando uma prisão na própria mente. Mulheres como eu, que *desperdiçaram* MUITA energia, todos os dias, carregando essa ideia falsa e insana de que, se pudessem parecer com outra pessoa, seríamos felizes. Eu não iria desperdiçar aquela chance. A luz vermelha com os dizeres NO AR se acendeu, a câmera se aproximou do meu rosto, o relógio começou a marcar dez minutos, e, quando a apresentadora abriu a boca para dizer a primeira palavra, vi o tempo começar a piscar diante dos meus olhos… 9:59, 9:58, 9:57… ESTAMOS AO VIVO… AQUI VAMOS NÓÓÓÓÓS…

No primeiro minuto, me senti fora do meu corpo, quase inconsciente e incrédula de que aquilo estava realmente acontecendo. Preparei uma apresentação para mostrar que o nosso corretivo não rachava nem craquelava. No pulso, eu aplicava o nosso ao lado de dois dos mais vendidos do mercado. Pratiquei essa demonstração no espelho do banheiro várias vezes antes do programa. Eu ficava na frente do espelho e dobrava o pulso para frente e para trás. Em até vinte segundos, os outros dois corretivos craquelavam como uma argila do deserto. O nosso se mantinha uniforme. Isso não era pouca coisa. Quando os corretivos criam rachaduras e linhas que a pessoa nem tem, eles estão fazendo o oposto do que deveriam fazer: destacando o que era para ser coberto, entregando que é maquiagem, e não uma pele real.

Minha apresentação demonstrava exatamente o que havíamos alcançado, e eu estava empolgada para realizá-la.

Assim que entramos ao vivo, os corretivos fizeram a parte deles, mas o meu corpo não. Eu não fiquei tensa por estar na TV, mas por tudo o que estava em jogo. Tão tensa, que o meu braço e a minha mão não paravam de tremer! E não era um leve tremor — era daquele tipo exagerado, igual ao do Scooby-Doo quando via um fantasma. Teoricamente, eu era a especialista; não deveria ficar naquele estado. Foi tão ruim, que, no meio da demonstração, a apresentadora sussurrou "Respire fundo, querida, você está indo bem", agarrou o meu braço com firmeza e, como uma verdadeira profissional, tomou as rédeas, falando sobre como ela havia adorado o produto. E aí chegamos no momento que mudaria a minha vida para sempre: a foto em que eu estava de cara lavada, com a rosácea, apareceu na tela.

DESDE QUE A minha batalha contra a rosácea começou, aos 20 anos, eu raramente saía de casa sem maquiagem. Era a única maneira de evitar as inúmeras pessoas que vinham perguntar se eu estava passando mal, se havia me queimado de sol, se era por causa do vento frio ou simplesmente "O que é isso no seu rosto?". Como cresci sendo perfeccionista, passei a vida toda aprisionada às minhas próprias expectativas sobre como meu corpo deveria ser. Até buscava oportunidades que, em grande parte, valorizavam minha aparência, como ser escalada para um episódio da série de TV *Baywatch* (sim, corri em câmera lenta usando um maiô vermelho) ou ganhar o Miss Washington USA e competir no Miss USA, ambas experiências incríveis, e as primeiras na minha vida em que eu me perguntava: "Isso está acontecendo de verdade?!" Na faculdade, me apaixonei por um arremessador da Liga Principal de Beisebol que sempre me dizia o quanto eu era "gostosa" (a propósito, que *desastre* foi aquele relacionamento). Eu fazia dietas pouco saudáveis desde os 14 anos e *até hoje* luto para não descontar as emoções na comida. E, como acontece com muitas de nós, quanto mais magra eu ficava, mais elogios recebia, especialmente das mulheres bem-intencionadas e de bom coração que conviviam comigo. Onde quer que eu fosse, havia mensagens subliminares de que o amor e a validação estavam ligados à aparência, de modo que ter rosácea destruía minha autoconfiança. Quando descobri que não havia cura, fiquei me fazendo perguntas que tenho vergonha de admitir, como "Os homens vão me achar atraente?", "Isso vai prejudicar a minha carreira no telejornal?" e "Será que vou me sentir bonita de novo?". Estive naquela prisão mental da beleza por toda a vida, e os meus pensamentos não conseguiam ir além da cela que eu havia criado. No entanto, naquele momento no QVC, eu me arrisquei e deixei de ser uma mulher que não saía de casa sem cobrir o rosto com camadas de maquiagem para ser uma mulher que aparecia de cara lavada, com a rosácea bem avermelhada, em rede nacional.

A vida pode mudar em um instante. E a minha mudou. O que haviam me dito era que os meus "defeitos" seriam ampliados para *telas grandes de TV* na sala das pessoas em todos os lugares. Respondo com duas palavras: *alta definição (HD)*. Se tivesse me permitido pensar, isso não teria mais saído da minha cabeça. Mas aquilo em que eu acreditava, e que mais tarde pude confirmar, é o seguinte: não dá para fingir autenticidade. Se eu dissesse que toda mulher é bonita, mas estivesse focada nas minhas inseguranças, as pessoas não se conectariam comigo, e seria um fracasso. Mas eu sabia que não se resumia a mim, era algo muito maior. E, por não se resumir a mim, consegui me libertar.

Enquanto as minhas fotos de antes e depois eram transmitidas, eu falava, mas não conseguia sentir o meu corpo. Era como se eu estivesse pairando no ar, levitando no céu. Em seguida, apresentei as modelos: mulheres reais com problemas de pele reais. O relógio estava voando, parecia uma cena de filme em que tudo acontece em câmera lenta e rápida ao mesmo tempo. Então, percebi que restavam apenas alguns minutos na contagem regressiva. Em vez de uma trilha sonora emocionante, era eu que estava falando sem roteiro, sem teleprompter, guiada apenas pelo meu coração — o maior risco que já corri, em um dos momentos mais importantes da minha vida. E eu não tinha ideia de como estava me saindo. De repente, a apresentadora anunciou: "Começamos com 6.200 unidades, e a 'tonalidade média' acabou. Da 'clara' restam 900. Da 'escura' restam 200, e da 'bronze', apenas 200 também!" Senti como se os meus sonhos estivessem se tornando realidade bem diante dos meus olhos. O coração estava batendo forte. A adrenalina estava a mil.

Eu precisava continuar transmitindo a minha mensagem, mas a apresentadora disse que as tonalidades estavam esgotando! Isso significava mais para mim do que o fato de que a minha empresa iria sobreviver. Significava que mulheres reais estavam usando a sua voz, o seu tempo e o seu dinheiro suado para dizer a mim, ao QVC e ao mundo que elas não queriam nem precisavam ver imagens inatingíveis de beleza para comprar quaisquer cosméticos. Elas estavam dizendo ao mundo: "Já estamos cansadas disso. Queremos produtos concebidos para nós, demonstrados em mulheres que se pareçam conosco, para que saibamos que funcionam mesmo em nós." Antes que eu pudesse respirar, o relógio já marcava os últimos segundos, e o aviso de ESGOTADO apareceu na tela. A apresentadora se virou para mim, disse "Venha aqui, irmã" e me deu um abraço apertado. A câmera cortou para outra coisa, e, finalmente, eu chorei.

Com o rímel escorrendo pelo rosto (como fui me esquecer de usar rímel à prova d'água?), ouvi a produtora, pelo ponto eletrônico, me perguntar se eu estava bem. Outra produtora entrou correndo pelas portas duplas do estúdio com um olhar de preocupação, dizendo que poderia me ajudar a voltar para o camarim. Eu estava confusa. Aparentemente, as pessoas na sala de controle estavam com medo de eu desmaiar, o que já havia acontecido antes com outras pessoas que se apresentaram pela primeira vez em rede nacional. É muita pressão. No mundo das compras pela TV, cada minuto conta. Ter que levar para casa todo aquele estoque encalhado não é o único risco. Se você não atingir uma determinada meta de vendas, conhecida no meio como "dólares por minuto", não é convidado a voltar. No jogo de tabuleiro das vendas de cosméticos, é o equivalente a ir à falência sem direito a fiança e sem coletar os 200 dólares. Vi que Jacquie também estava chorando, e logo depois Paulo entrou correndo no estúdio. Nunca vou esquecer a expressão no rosto dele. Nós nos abraçamos, e ele disse: "Não vamos falir!"

Não apenas vendemos as 6 mil unidades do corretivo em dez minutos, como a demanda foi tão grande, que mais de 3 mil pedidos adicionais foram colocados na lista de espera. Fomos convidados a voltar ao QVC. Mais de uma vez. E mostrei o rosto sem maquiagem em rede nacional todas as vezes. Solicitei às agências de modelos que fizessem uma seleção de elenco com a qual elas não estavam acostumadas: mulheres de todas as idades, corpos e tamanhos, com acne ou outros problemas de pele, que estivessem dispostas a mostrar o rosto sem maquiagem ao meu lado. Contratamos modelos com tons de pele e idades variadas, como Helen, que está na casa dos 70 anos; Alisha, que tem uma pele acneica; Sheila, que tem hiperpigmentação, como a maioria de nós; e Desiree, que tem olheiras hereditárias, lutou contra a acne a vida toda e nunca saía de casa sem maquiagem, quando a conheci. Jacquie, a nossa única funcionária, foi ao ar para mostrar como, além de esconder a hiperpigmentação, o nosso corretivo cobria a enorme tatuagem no braço dela, com as palavras "DJ Jacquie Jack" (ela trabalhara como DJ quando era mais nova). Ela fez essa demonstração tantas vezes que, depois de um tempo, começamos a brincar que a tatuagem estava dando ataque de estrelismo, exigindo um aumento e um camarim exclusivo. Juntas, não parecíamos com nada que a indústria da beleza já havia visto antes. Juntas, mostramos o rosto sem maquiagem e como o produto funcionava ao vivo. Juntas, éramos modelos de uma empresa de beleza. Juntas, acreditávamos de verdade que toda mulher é bonita.

Fizemos cinco aparições ao vivo naquele primeiro ano, em 2010. No ano seguinte, mais de cem aparições. Então, mais de 150 em 2012. Crescemos exponencialmente e, todo ano desde então, participamos de mais de duzentos blocos e programas ao vivo no QVC. A IT Cosmetics se tornou a marca de maquiagem número um do canal e, posteriormente, a marca de beleza número um em todas as categorias. Hoje, enquanto escrevo estas palavras, somos a maior marca de beleza da história do QVC.

O QVC NOS disse *não* por muitos anos. Então, quando conseguimos um *sim*, todos os consultores afirmaram que a minha estratégia nunca iria funcionar. Se eu tivesse levado todos aqueles anos de rejeição para o lado pessoal, talvez não tivesse tido a confiança para continuar tentando. No momento em que as opiniões dos melhores especialistas não se alinhavam com a minha intuição, a coisa mais segura e tentadora a fazer teria sido ouvi-los, afinal eram mais experientes, tinham um histórico. Uma das grandes lições que aprendi foi que, quando você tem uma ideia, um produto ou uma visão inovadora, é de se esperar que os especialistas não acreditem que possa dar certo. Simplesmente não há provas de que dará. Como haveria? *Aquilo nunca foi feito antes.* É muito comum que especialistas bem-intencionados nunca tenham criado nem concebido algo por conta própria. E, embora acreditem ser visionários, muitas vezes não conseguem enxergar o sucesso de algo que nunca viram antes. Se, como empreendedora, eu tivesse compreendido isso mais cedo, teria me poupado de muitas noites em prantos.

É muito comum que especialistas nunca tenham criado nem concebido por conta própria.

Para nos aventurarmos em terras desconhecidas, às vezes precisamos tirar os especialistas do pedestal que criamos para eles na nossa mente e colocar a intuição no lugar. Precisamos ter serenidade e ouvir aquela voz suave e cristalina dentro de nós, que nos diz o que fazer. E, então, ter a confiança e a coragem para segui-la até o fim. Esses são os momentos que nos definem. Se eu tivesse escutado os consultores, talvez tivéssemos atingido uma meta de vendas. Talvez até fôssemos uma das poucas marcas convidadas a voltar. Mas estaríamos fazendo o que todo mundo faz, em vez de honrar a nossa missão, que era muito maior do que as vendas. Agir com cautela significaria colocar o medo em um pedestal, e não o amor. E, como em tudo na vida, quando deixamos o medo ou a opinião alheia ditar as nossas decisões, muitas vezes isso vem à custa de tudo o que realmente importa.

À medida que o nosso negócio crescia no QVC, continuei procurando todos os outros varejistas de cosméticos que nos haviam dito *não* até aquele momento. Pouco a pouco, acabamos conseguindo um *sim* de cada um deles. Três anos após o primeiro programa no QVC, o primeiro *sim* veio da ULTA Beauty, que lançou nossos produtos nas lojas do país inteiro com grande empenho e parceria. Eles adotaram o conceito e seguiram em frente conosco. Chegamos até a criar uma linha de pincéis de maquiagem juntos, associando as marcas. Com os pincéis e os nossos produtos de maquiagem, crescemos até nos tornar a marca de luxo mais vendida nas lojas ULTA em todo o país. Que loucura, não é? De muitos *nãos* até a marca mais vendida! Então, preparado para a próxima? Seis anos após a reunião em que eles nos rejeitaram, conseguimos um *sim* da Sephora!

Imagine: eu estava fazendo muito sucesso no QVC, mas ainda passaria muitos longos anos ouvindo não da Sephora, mesmo com números concretos de vendas. Se fosse um namorado, as amigas diriam: “Ele não te merece. Você precisa deixar isso pra lá. Ele não está a fim de você.” E isso seria o que elas diriam em um dia bom. O sentimento de rejeição pode exaurir a alma. Especialmente se a rejeição for percebida como algo pessoal. Mas não dá para levar para o pessoal quando se trata de negócios. Não se você quiser um *sim*, e se quiser vencer a longo prazo. Esse é um erro que muitos empreendedores cometem. É preciso manter o foco. É difícil, mas, quando a vitória aconteceu para nós, tudo valeu a pena. E a Sephora é, de verdade, uma parceira incrível. A compradora principal, que não tinha sido muito legal comigo, já havia deixado a empresa e a indústria da beleza fazia tempos. Os compradores e a equipe com quem trabalhamos hoje em dia são de alto nível — solidários, gentis, inteligentes, e sempre dispostos a incentivar e apoiar novos empreendedores na indústria da beleza. Enquanto compartilho esta história com você, somos uma das marcas líderes na categoria de cuidados com a pele da Sephora em todo o país. Depois de anos ouvindo *não* para, enfim, nos tornarmos uma empresa de destaque e construímos uma parceria divertida e bem-sucedida. O lugar onde você está hoje não determina para onde pode ir no futuro. Não deixe que as dúvidas de outras pessoas sobre você ou sobre o seu sonho entrem na sua cabeça. E também não se deixe abalar pelos *nãos* ao longo do caminho. Isso é superimportante. É da natureza humana ficar ressentido quando alguém nos magoa ou não acredita em nós. Mas, se eu tivesse guardado rancor contra alguém que uma vez me rejeitou, nunca teria transformado *nãos* em um glorioso *sim*!

Não deixe que as dúvidas de outras pessoas sobre você ou sobre o seu sonho entrem na sua cabeça.

TOMAR A DECISÃO de confiar na minha intuição quando tudo estava por um fio abriu todas as outras portas. Aquele momento singular foi o grande responsável por transformar um sonho que comecei na sala da minha casa numa empresa bilionária. Eu acredito que a nossa intuição é um dos maiores superpoderes que existem. E todos nós temos uma! Você tem neste instante! Porém, um dos maiores desafios que costumamos enfrentar é quando ela nos diz algo completamente diferente do que a cabeça, o coração, as outras pessoas, os especialistas, os *haters* nas redes sociais, os amigos, a família, os companheiros ou os colegas de trabalho — e temos que decidir a quem dar ouvidos. O segredo está em reconhecer o que nos impede de confiar na nossa intuição: erros do passado, insegurança, opiniões alheias. Essas coisas podem tirar a nossa clareza, mas, quando nos tocamos disso, ainda há tempo de recuperar o nosso potencial. Todos nós temos um sexto sentido e, quanto mais nos treinamos para ouvi-lo, mais conseguimos acessar o nosso eu autêntico e todo o nosso poder.

E é importante ter paciência consigo mesmo. Às vezes, aprender a desenvolver a própria intuição e, depois, a confiar nela, é um processo demorado. Pode exigir que cuidemos de nós mesmos enquanto nos lembramos de onde viemos, do quanto já percorremos e de como tivemos que ser fortes para chegar aonde estamos. A rejeição, os fracassos e até mesmo os momentos em que a intuição se mostra equivocada são dádivas na jornada da vida. Não desperdice essas lições valiosas. Podemos usá-las para refinar os instintos e a intuição, o que é fundamental no treinamento para diferenciarmos os conselhos sensatos da insensatez dos opositores. Então, sempre que aqueles que duvidam de nós enxergarem apenas obstáculos, o nosso sexto sentido nos guiará até as soluções. Quanto mais fazemos esse exercício, melhor nos tornamos em ouvir e acreditar nele quando nos sussurra algo. Isso constrói uma autoconfiança e, ao longo do tempo, uma certeza de que a sua intuição é mais poderosa do que o conselho de qualquer pessoa.

A sua intuição é mais poderosa do que o conselho de qualquer pessoa.

CAPÍTULO DOIS

Acredite que o lugar de onde você vem não determina para onde você vai

Você não chegou até aqui apenas para chegar até aqui.

— ANÔNIMO

Alguma vez já te decepcionaram ou puxaram seu tapete de tal forma que você questionou tudo o que acreditava ser verdade? Talvez tenha descoberto que um relacionamento era baseado em mentiras, ou que certas crenças e histórias de família se mostraram falsas. Bem, foi isso o que aconteceu comigo no dia em que um segredo foi revelado por acidente. Um segredo que durou quase três décadas na minha família. Os conflitos que se seguiram me ensinaram que, quando puxam o seu tapete, a maneira como você lida com a incerteza causada por essa atitude pode, por si só, mudar o rumo da sua vida.

Na infância, aprendi a me virar sozinha e a sonhar acordada para passar o tempo. Meus pais se divorciaram quando eu tinha 6 anos. Meu pai, Mike, era um homem gentil e carismático, que lutava contra o alcoolismo e, até então, tinha trabalhado só como *chef*. Só que um restaurante onde o álcool era onipresente e a responsabilidade era pouca estava longe de ser o melhor ambiente. Quando o expediente acabava, meu pai costumava ficar bebendo por horas e, muitas vezes, não voltava para casa. Certa vez, ao ouvir sem querer conversas que uma criança não deveria escutar, descobri que o meu pai traía a minha mãe com muitas mulheres — *muitas* mesmo.

Tenho várias lembranças boas e nem tão boas dele. Quando pequena, nos dias em que ele deveria cuidar de mim, era comum que dormisse até depois do meio-dia. Hoje entendo que era por causa da bebida. Mas, na época, eu só sabia que teria que ficar sentada no chão ao lado da cama dele por horas, observando os ponteiros do relógio rodando devagar e imaginando todas as coisas que poderíamos fazer juntos quando ele acordasse. A minha tarefa era ficar segurando uma latinha de cerveja, porque eu sabia que isso o deixaria feliz quando acordasse. Era um combinado nosso, que nunca contei para a minha mãe. Quando os números do relógio finalmente chegavam ao horário combinado para chamá-lo (por exemplo, 10h), eu ficava muito animada, com a cerveja em mãos, pronta para brincar. Muitas vezes eu sussurrava "Papai, papai, está na hora de acordar", e aí ele mudava os planos, dizendo que era para esperar dar 11h ou 12h. Então eu ficava lá, ao lado dele, vendo aqueles minutos passarem.

Quando estava acordado e sóbrio, era a pessoa mais gentil e engraçada do mundo. Nunca foi malvado e jamais me castigou por motivo algum. Apesar das limitações causadas pelo alcoolismo, ele me amava tanto quanto qualquer pai poderia amar. Colecionávamos figurinhas de beisebol juntos, e eu adorava ficar no colo dele enquanto assistíamos ao seu time de futebol favorito, o San Francisco 49ers, vencer vários Super Bowls nos anos 1980. Ele me ensinou a andar de bicicleta, a encher um bote inflável e a nadar de volta para a margem caso o bote rasgasse no meio de um lago. Sem querer, ele também me transmitiu uma crença profunda de que as mulheres são mais fortes do que os homens, mas são tolhidas por eles, e de que precisam ser supermulheres e fazer tudo sozinhas.

Minha mãe, Nina, era exatamente isso: uma supermulher. Ela acordava cedo todos os dias para me levar à creche ou à escola, depois ia trabalhar, cuidava das contas, resolvia todas as tarefas da casa e assumia todas as responsabilidades familiares. Ela fazia tudo isso e ainda dava um jeito de manter a compostura toda vez que meu pai a decepcionava e quebrava as promessas dele. Após quase vinte anos de casamento, ela já estava farta e colocou um ponto-final em tudo.

Depois do divórcio, meu pai arranjou um emprego sindicalizado numa fábrica de vidro, inspecionando a linha de produção de potes e de garrafas de vinho. Era um trabalho braçal, com turnos rotativos que mudavam semanalmente: uma semana, ele ficava das 7h às 15h; na semana seguinte, das 15h à meia-noite; na outra, da meia-noite às 7h; e então começava tudo de novo. Por causa disso, ele nunca dormia bem e estava sempre cansado. Mas é de se admirar que, em vez de sair para beber todo dia e priorizar a vida noturna, ele deu uma guinada completa e virou um eremita, raramente saindo de casa.

A tempestade do divórcio nunca é fácil, mas Deus definitivamente me trouxe muitas coisas boas quando me deu minhas novas famílias. Meu pai se casou com a minha madrasta, Laura, que era gentil, sensível e amorosa, e ela assumiu o papel de supermulher na casa deles. Ficamos muito próximas, e, anos depois, quando eu tinha 16 anos, ela e o meu pai tiveram uma filha juntos, minha irmã Karly, que se tornou um dos amores da minha vida. Meu pai também tinha muito carinho pela Karly, e um dos benefícios de ter virado um eremita é que ele foi um pai muito mais presente para ela do que foi para mim.

Desde o primeiro dia, a minha madrasta e toda a sua família me amaram como se eu fosse da família. E, na cabeça deles, eu era. E ainda sou, até hoje. Os pais de Laura, Betty e Dick, me acolheram com o tipo de amor incondicional que faz uma neta se sentir especial e escolhida. Quando eu tinha 15 anos, a irmã de Laura, tia Terri, me ensinou a dirigir seu Mazda 626 prateado dos anos 1980, com câmbio manual. Eu acabava com as marchas, sacrificando o sistema de transmissão do carro, mas ela me ensinava com toda a paciência do mundo. Durante a faculdade, a família inteira me enviava uma cestinha de produtos com bastante *mac 'n' cheese* congelado e o que mais estivesse em promoção no Walmart. Uma das outras irmãs de Laura, tia Karen, me emprestou a sua perua durante o meu primeiro trabalho na TV, quando eu ainda não tinha condições de comprar nem alugar um carro. A família de Laura é do tipo que nos recebe com um abraço, uma xícara de café e um muffin da Costco, não importa quem você seja nem como esteja o seu dia. Eles nos convidam para participar do carteado e nos acolhem por completo, mesmo que não estejamos dispostos a jogar. Eles são o sal da terra, pessoas que amam com toda a pureza do coração. Nunca imaginaram que um dia eu alcançaria qualquer sucesso financeiro, mas, quando isso aconteceu, nenhum deles passou a me tratar diferente. Porque a definição que eles têm de riqueza é o amor. E eles estão entre as pessoas mais ricas que conheço.

MINHA MÃE TAMBÉM se casou novamente logo após o divórcio, e eu morava com ela e o meu padrasto, Dennis, que me amou como uma filha desde o primeiro dia. Dizem que Deus nos dá em dobro pelo nosso sofrimento, e, apesar de toda a dor que o divórcio causou, fui presenteada com muito mais do que o dobro: ganhei duas famílias incríveis. Deus também deu em dobro para a minha mãe, já que Dennis é inabalável em lealdade, amor e propósitos. Eles eram tão apaixonados, que faziam questão de usar moletons combinando, e ainda fazem isso. Claro, quando eu era pequena, achava constrangedor. Mas hoje acho fofo!

Durante a minha infância, a minha mãe e o meu padrasto, com quem eu morava, trabalhavam muito. E, quando digo muito, quero dizer *muito* mesmo. Quando eu tinha 7 anos, eles começaram um negócio de custódia juntos. (Todos os meus amigos de infância perguntavam: "Negócio de acompanhantes?" E eu respondia: "Não, não é acompanhante, é custódia.[1] Tipo aquelas pessoas que cuidam do dinheiro enquanto ele passa de um lado para o outro, dos financiadores de hipotecas para quem está comprando ou vendendo uma casa." "Aaahhh", eles diziam.)

Desde o início, aquele pequeno negócio independente os fazia trabalhar sete dias por semana para se manter. (Parece familiar? Era uma ética profissional bastante intensa, que eu acabaria por replicar no meu próprio negócio.) A partir daquele momento, parecia que toda a minha vida passou a girar em torno do mercado imobiliário. Quando o mercado estava em baixa, os meus pais tinham de demitir funcionários e trabalhar ainda mais e por mais horas para manter o negócio, e, quando o mercado estava em alta, eles precisavam contratar mais pessoas e, ainda assim, trabalhar muitas horas para dar conta da demanda. Estavam sempre trabalhando árdua e incessantemente para que eu pudesse participar de atividades como ginástica e acampamentos. Mas isso também significava que eu ficava muito sozinha, às vezes sete dias por semana, me sentindo solitária. Eu me tornei uma grande fã de TV, especialmente da MTV, e levava amigas para casa, e depois garotos, para recriar os passos de dança dos videoclipes na sala de estar. Também fiquei obcecada pelos comerciais da World Vision,

1 A autora explora o trocadilho existente, na língua inglesa, entre as palavras "escrow" (custódia) e "escort" (acompanhante). [*N. do T.*]

que mostravam crianças ao redor do mundo que não tinham o que comer. Implorei aos meus pais para adotarem uma criança que estivesse precisando de uma família e, quando as minhas súplicas não foram atendidas, escrevi histórias e planos sobre como, um dia, eu adotaria essas crianças. Quando tomei conhecimento da política do filho único na China, disse aos meus pais que os bebês do sexo feminino *precisavam* de nós! Embora eles tenham recusado a ideia da adoção, me disseram que eu poderia, certamente, fazer aquilo algum dia. Sempre me fizeram acreditar que eu poderia fazer o que quisesse. Eles me fizeram sentir que nada era impossível e que, se eu sonhasse alto e trabalhasse com dedicação, poderia conquistar o que fosse. Mesmo sendo apenas uma garotinha em fase de crescimento, eu acreditava que, um dia, adotaria alguém.

Durante aqueles anos, eu era a última criança a ficar no treino de ginástica, tarde da noite, sentada no ginásio ao lado do treinador, muito tempo depois de todas as outras crianças e seus pais já terem ido embora, esperando que me buscassem. Muitas vezes, passava das 21h. Eles não conseguiam estar lá para me ver treinar, como os outros pais faziam. Quase sempre, tinham de trabalhar. Em alguns anos, tirávamos férias em família, mas em muitos outros eles não conseguiam sair do escritório para que pudéssemos gozar as férias juntos. Mas faziam o melhor que podiam, e nunca duvidei de que me amavam. E, certamente, herdei deles a ética profissional.

Nos meus primeiros anos no ensino médio, participei de um grupo de rap e canto só de meninas, chamado SOB+1, que significava "Sisters of Blackness Plus One" (Irmãs da Negritude Mais Uma, em tradução livre), e, sim, eu era a "mais uma". Nós nos apresentamos no show de talentos da escola e até gravamos em estúdio (alô, SOB+1!). Eu fazia rap no grupo, dançava e até fui coautora de uma música chamada "Show Me a Man" (que eu juro que poderia ter sido um grande sucesso, se tivéssemos dinheiro ou conexões na época, mas enfim...).

Ao longo da minha criação, sempre fui meio obcecada por meninos bonitos e tive alguns namorados bem legais no ensino médio. O engraçado é que, mesmo naquela época, nunca fantasiei sobre o dia do meu casamento nem sobre me casar. Eu praticamente só fantasiava sobre coisas que não dependiam de homens nem os envolviam, como construir um império, colocar o SOB+1 na MTV, ou resolver a crise das crianças abandonadas, que eu tinha visto naqueles comerciais. A única exceção de que me lembro foi quando eu e Eric, um dos meus namorados daquela época, já estávamos juntos há algum tempo. Ora, o sobrenome de Eric me fazia pensar em casamento o tempo todo. Isso parece ridículo agora, mas eu me preocupava com o que aconteceria se nos casássemos, porque o sobrenome dele era Lard (banha, em tradução livre). Isso mesmo, Lard. No meu cérebro adolescente e ainda pouco desenvolvido, isso era uma preocupação. "Jamie Lard", pensava comigo mesma; foi a única vez que me lembro de realmente fantasiar sobre como seria estar casada. Eu conseguiria usar aquele sobrenome? Meus filhos seriam alvo de zombaria? *Lard*, por si só, não é uma palavra muito atraente, mas Eric era muito bonito. Então, pelo menos teríamos filhos superfofos!

No fundo, a questão é que o sobrenome despertava as já crescentes inseguranças sobre o meu corpo, que eram reforçadas diariamente pelas mensagens que nos rodeavam, de que, de alguma forma, a nossa autovalorização deveria estar ligada à nossa aparência. Quando comecei a namorar Eric, já fazia alguns anos que eu tomava todo tipo de pílula emagrecedora a que conseguisse ter acesso, com a falsa convicção típica da juventude. Eu levava compostos dietéticos líquidos para a escola, escondia-os na bolsa e tomava no banheiro durante a hora do almoço, junto com algumas amigas que faziam o mesmo. A irmã mais velha de uma delas nos fornecia aqueles frascos de pílulas energéticas para perda de peso, comprados em postos de gasolina, que só podiam ser vendidos para maiores de 18 anos. Eu sempre notava as advertências da vigilância sanitária nos frascos e as ignorava. E quanto mais magra eu ficava, mais elogios recebia. Isso me deixava irritada, já naquela idade. Mas elogios podem parecer amor. E, assim, escolhi prejudicar a minha saúde para receber mais daquilo que parecia ser amor. E, falando em amor, depois de mais de um ano de namoro, o romance com Eric esfriou, assim como a minha obsessão com o sobrenome dele. E eu, na verdade, comecei a namorar o meu namorado seguinte, Ethan Hornbecker. Sim, é uma história verídica.

Os anos do ensino médio podem ser um período de autoestima instável e de descoberta difíceis, um tempo de aprender, na prática, o que significam inclusão e exclusão, lidar com rótulos e diferenças, e, muitas vezes, decidir se vale a pena lutar para nos encaixar. Eu já amava produtos de beleza, mas, para mim, naquela época eles significavam adesivos de limpeza de poros da Bioré e cremes com cor da Clearasil — aquele líquido para tratar acne que deixa uma linha rosa de demarcação em toda a mandíbula quando você tenta usá-lo como base.

Eu me relacionava não com um, mas com muitos grupos diferentes e, por volta dos 15 anos, fiquei obcecada por meninos e por começar a estabelecer grandes metas profissionais, sentindo uma ambição desvairada. No entanto... isso não se aplicava exatamente aos trabalhos escolares. Embora a minha imaginação corresse solta com grandes sonhos, passei boa parte do ensino médio mergulhada na procrastinação. Comecei a perder prazos e a entregar trabalhos com atraso. No anuário da escola, fui eleita como a "Maior Procrastinadora". Naquela época, eu desejava que tivessem votado em mim como "Mais Propensa a Ter Sucesso", "Mais Bonita", "Melhor Sorriso" ou "Melhor Astral", mas não foi isso que recebi como homenagem. Demorei muitos anos para superar a vergonha que senti em relação a isso (e, acredite, não foi a procrastinação que me fez demorar tanto). Óbvio que entendia o motivo de aquilo ter acontecido, mas fiquei decepcionada, de verdade. E também despertou algo em mim: uma profunda convicção de que era preciso mudar.

Decidi que não permitiria que aquele rótulo grudasse em mim e se enraizasse na minha mente. Na vida, não somos quem as pessoas dizem que somos; somos quem acreditamos ser. Não precisamos aceitar os rótulos que nos impõem. Também não somos a nossa família, para o bem ou para o mal, nem os erros que cometemos no passado. Não somos um apelido que alguém nos deu, ou um incidente lamentável no qual nos envolvemos por engano. É fácil carregar velhos rótulos e aceitá-los como se fossem permanentes. Mas a verdade é que eles vêm escritos em um Post-it, então não se permita acreditar que possuem uma cola super-resistente! Eles são removíveis! Sim, às vezes há alguma verdade nesses rótulos dolorosos, como o da procrastinação, no meu caso, naquela época, mas temos o poder de nos livrar deles e fazer novas escolhas à medida que amadurecemos. Podemos mudar nossa forma de pensar e as decisões sobre quem somos e como nos apresentamos para nós mesmos, para os outros e para o mundo a qualquer momento, a partir de agora. O lugar de onde viemos não precisa determinar quem somos, nem para onde iremos no futuro.

FALANDO EM IR a lugares: desde que me entendo por gente, eu ficava ansiosa para ter o meu carro e dirigir para onde bem quisesse. Eu sabia que os meus pais não poderiam me dar um e que precisaria me virar para conseguir um. Desde os 11 anos, guardei dinheiro de alguns bicos que fazia e, quando cheguei aos 15 anos, já estava pronta para ter um emprego de verdade, remunerado. Comecei a ensinar ginástica algumas noites por semana e, depois, comecei a trabalhar em dois empregos nos fins de semana. Nas manhãs de sábado, eu vendia pipoca em uma barraca na feira local, em seguida, pegava um ônibus para outra cidade, a fim de trabalhar no Safeway, um supermercado. Empacotava as compras e empurrava os carrinhos no estacionamento. Naquele verão, também convenci os meus pais a me contratarem como recepcionista em tempo integral na empresa deles. Eu tinha quatro empregos ao mesmo tempo e passava praticamente o tempo todo trabalhando. Mas, no fim daquele verão, eu tinha economizado 2.500 dólares na minha conta bancária, e comprei o meu primeiro carro! Não era o que eu desejava, mas já servia. Era um Geo Metro azul brilhante com vidros escurecidos por película. A marcha era manual, e, nos dias de chuva, ele mal conseguia subir as colinas de Seattle ou dos subúrbios das redondezas, onde fui criada. Como o motor tinha apenas três cilindros, as rodas começavam a derrapar sobre o pavimento molhado. Eu precisava esperar todos os outros carros passarem, então dava marcha à ré para descer a colina e descobria uma rota alternativa para chegar aonde eu queria. Mas eu não me importava. Eu tinha um carro! E também estava tendo o primeiro gostinho das recompensas de ser viciada em trabalho. Levaria muitos anos até entender as desvantagens.

Na minha adolescência tardia e nos meus vinte e poucos anos, dei uma guinada completa em relação aos dias de procrastinação. Passei a ser obcecada por conquistas. Por participar de competições para ganhar prêmios e reconhecimento. Por tirar boas notas e ser reconhecida. Aos 22 anos, ganhei o concurso Miss Washington EUA, e os meus pais estavam presentes e ficaram muito orgulhosos. Ralei bastante atendendo mesas no Denny's Diner e arrumei um segundo emprego em outro supermercado, fatiando carne e queijo no departamento de frios para pagar as minhas mensalidades na Universidade Estadual de Washington. Eu me formei como a melhor aluna, com uma média altíssima. Fui a oradora da turma na formatura, coberta de cordões de condecoração, medalhas de honra e fitas ao redor do pescoço, igual ao Mr. T, um dos meus ídolos da infância, e suas correntes. Quando discursei diante do estádio lotado na cerimônia, os meus pais estavam lá, radiantes de orgulho e emocionados. Mais tarde, aconteceu o mesmo na pós-graduação.

Hoje, entendo que precisava conquistar coisas para me sentir digna de amor. Eu buscava reconhecimento para me sentir merecedora da presença dos meus pais, para deixá-los orgulhosos e para mostrar ao mundo que eu tinha importância. Às vezes, expressamos a nossa necessidade de amor e de pertencimento da maneira oposta ao que realmente buscamos, com atitudes e comportamentos autodestrutivos. No meu caso, eu nunca me sentia suficiente. Mesmo quando conquistava algo e era reconhecida por isso, aquilo não parecia bastar. Então, partia para a grande conquista seguinte. Essa necessidade de conquistar coisas e provar o meu valor é uma batalha que ainda travo comigo mesma. Parece uma prisão que criei na minha própria cabeça, e ainda estou trabalhando para me libertar dela.

Também levaria anos para eu entender que, pelo fato de ter passado tanto tempo sozinha, aprendi a só contar comigo mesma. Se havia uma pessoa que estaria presente para me defender, essa pessoa era eu. Quando formava laços, não queria desfazê-los. Isso se manifestaria, mais tarde, nos meus relacionamentos (e até mesmo nas minhas decisões como chefe da IT Cosmetics). Eu não queria que ninguém se sentisse sozinho ou abandonado, mesmo que tivesse agido mal comigo. Isso se expressava de várias maneiras. Sustentei relacionamentos tóxicos por muito mais tempo do que deveria. Ficava com namorados que não me tratavam bem. Mantive amizades com pessoas que não eram boas para mim, só porque elas faziam com que eu me sentisse incluída. Mais tarde, me dei conta de que uma das minhas maiores deficiências como chefe era não demitir as pessoas com a agilidade necessária. Uma das maiores lições que ouvi de outros empreendedores foi: quando perceber que um colaborador é tóxico para a cultura da sua empresa, despeça-o imediatamente. Caso contrário, essa toxicidade se espalhará e tomará conta de tudo, infectando os demais funcionários. Apesar de acreditar nisso, sempre tive muita dificuldade em demitir pessoas. Até hoje, tendo construído uma empresa com mais de mil colaboradores, ainda demoro muito até fazer isso.

O vício no trabalho e as questões de superação e abandono desempenhariam papéis importantes em muitas das minhas escolhas ao longo dos 20 anos, embora, naquela época, eu ainda não tivesse plenamente ciente do poder que elas exerciam sobre mim. E, então, aconteceu algo que mudaria a minha perspectiva sobre tudo o que sabia sobre mim mesma e sobre quem eu era.

NA VÉSPERA DO Natal de 2004, o segundo casamento do meu pai estava acabando, e ele havia acabado de se mudar para um novo apartamento. Enquanto ajeitava o seu novo lar, ele não conseguia encontrar as fotos de quando eu e minha irmã, Jodie, éramos bebês. Aliás, ainda não falei sobre Jodie. Eu sempre soube que, cerca de um ano antes de eu nascer, meus pais tiveram uma filha chamada Jodie. Com apenas 9 dias de vida, ela morreu devido a um sopro no coração. Um ano e meio depois, lá estava eu. Durante a minha infância, os meus pais, mesmo divorciados, sempre mantiveram uma foto minha e uma de Jodie, ainda bebês, em dois pequenos porta-retratos que ficavam sobre as cômodas em seus quartos. E, 27 anos depois, o meu pai não conseguia encontrar a foto de Jodie, e pediu para eu ver se a minha mãe tinha alguma extra que pudesse lhe ceder.

Paulo e eu estávamos noivos e passando as festas com a minha família. O plano era passar a véspera de Natal com o meu pai e a minha irmã Karly, e o dia de Natal com a minha mãe e Dennis. Liguei para minha mãe para avisá-la que iria passar na casa dela naquele dia para pegar fotos extras minhas e de Jodie. Quando Paulo e eu chegamos à casa da minha mãe, ele ficou na sala de estar brincando com o cachorro, enquanto entrei no quarto dela para pegar as fotos. Minha mãe me entregou duas fotos de bebês, as mesmas que eu vi nos porta-retratos sobre a cômoda dela a minha vida toda. Estávamos sentadas na beira da cama conversando, quando virei as fotos casualmente para analisar a parte de trás. A minha dizia "julho de 1977", o mês em que nasci. A de Jodie dizia "março de 1977". Fiz as contas de cabeça e bem rápido: eram apenas quatro meses de diferença. E eu sabia que Jodie tinha vivido apenas nove dias. Quatro meses não era tempo suficiente para engravidar e me dar à luz. Talvez alguém tivesse anotado errado a data de Jodie, e devesse estar escrito 1976 em vez de 1977?

— Mãe, por que no verso da foto da Jodie está escrito março de 1977? — perguntei. — São apenas quatro meses antes do meu aniversário.

Uma expressão que eu nunca tinha visto antes apareceu no rosto dela.

— Há algo que eu venho querendo lhe contar há muito tempo — disse ela, após uma longa pausa. Virou-se para mim e continuou: — Talvez você já tenha suspeitado... mas você foi adotada.

O QUÊ?! *Talvez eu já tenha suspeitado?* Hummm... não, nunca suspeitei. Meu mundo parou abruptamente. *Quem eu era? Toda a minha vida foi uma mentira?*

— O quê? Você está falando sério? — questionei com calma, mas em choque.

— Sim. Achei que talvez você soubesse.

— Como eu poderia saber?

Quando digo que não sabia de nada, é porque realmente não sabia de nada. De. Nada. Até me pareço com Mike, o pai que cresci acreditando ser o meu pai biológico. E veja só: na minha infância, eu sempre implorava para que meus pais adotassem outras crianças. Mais tarde, quando fiquei noiva, não escondi de Paulo que o meu coração estava decidido a adotar algum dia, e queria me certificar de que ele concordava com a ideia. Pensar em adotar uma criança sempre foi algo importante para mim, e isso quando ainda era uma garotinha, mas como poderia saber que *eu* era adotada?! Minha mãe tinha me dado o nome de Jamie em homenagem à personagem Jaime Sommers, a Mulher Biônica, do famoso programa de TV. Claro, a Mulher Biônica tinha poderes sobre-humanos, mas a minha mãe realmente achava que eu também tinha poderes sobre-humanos que me permitissem *saber* algo daquela natureza?

— Sinto muito por ter mantido isso em segredo — disse ela. — Nós adotamos você um dia ou dois depois do seu nascimento, e o seu pai nunca quis que você soubesse.

Fiquei em absoluto estado de choque. Eu estava ali sentada com a pessoa mais próxima a mim em todo o mundo, a minha mãe, e ela acabara de me contar algo monumental, que me fazia questionar tudo o que eu conhecia como verdade até então. Eu não conseguia acreditar que haviam escondido aquilo de mim.

Ela continuou me contando que, quando Jodie morreu, ela retornou ao médico para uma consulta de acompanhamento. O médico se esqueceu do que havia acontecido e perguntou como estava a amamentação. Minha mãe começou a chorar e o lembrou do que tinha acontecido. Após cometer essa gafe monstruosa, o médico ligou para a minha mãe mais tarde naquele mesmo dia, perguntando se ela estaria interessada em adotar (observação: é assim que os milagres de Deus podem agir nas nossas vidas). Ele tinha uma paciente jovem que estava escondendo a gravidez e planejava entregar o bebê para adoção. Meus pais nunca tinham pensado sobre aquilo antes, mas concordaram. Eles nunca conheceram a minha mãe biológica. Não sabiam nem se ela havia usado o nome verdadeiro em alguns dos documentos, e nunca ouviram falar dela durante todos os anos em que me criaram. Tudo o que sabiam era que ela queria manter a gravidez e a adoção em segredo. Não havia muito o que me contar sobre meus pais biológicos, exceto o que estava descrito nos documentos.

Sabe quando estamos escondendo um segredo, e, quanto mais tempo o guardamos, mais difícil é revelá-lo? Minha mãe escondeu aquilo de mim por 27 anos. Sua vergonha preencheu todo o cômodo, como um pesado manto, enquanto ela me contava a história. Ela estava chorando, apavorada com o que eu pudesse estar sentindo, e eu estava atordoada, mas não pude deixar de sentir empatia por ela. Meu instinto foi confortá-la. Comecei a chorar também.

— Mãe, vai ficar tudo bem — falei enquanto estendia os meus braços para abraçá-la.

Depois, ela caminhou até o armário e retirou uma caixa de arquivo à prova de fogo, cheia de documentos. Em meio às lágrimas, examinei os itens que ela ia me entregando. Fui folheando os papéis, a princípio sem saber ao certo o que estava vendo. Observei a minha certidão de nascimento e, em seguida, os formulários com informações sobre antecedentes não identificados. Havia alguns documentos jurídicos que atribuíam um nome à minha mãe biológica e diziam que o pai biológico nunca havia sido informado sobre a gravidez. Então, a minha mãe me entregou um bilhete escrito à mão e um colar de ouro com uma medalha da Virgem

Maria. Desdobrei o papel e percebi que não estava assinado. Era um bilhete que a minha mãe biológica havia escrito para eu ler um dia. Dizia assim: "Estou contente por saber que a minha bebê está nas mãos de pessoas tão maravilhosas. Embora a gente nunca vá se conhecer, gostaria que ela ficasse com algo que é muito especial para mim. Meus pais me deram essa medalha da Virgem Maria quando eu era menina. Talvez você possa dar isso quando ela for mais velha e explicar tudo, e dizer que eu a amo muito. Deus abençoe vocês duas."

Naquele momento, olhei nos olhos da pessoa que eu mais amava e confiava na vida, a mulher que me criou, e senti uma dolorosa confusão em relação a tudo que eu acreditava ser verdade sobre mim mesma. A base de confiança sobre a qual sempre me apoiara tinha desmoronado. Eu me sentia magoada, traída e muito oprimida. Estava dividida entre querer confortar e tranquilizar a minha mãe, e, ao mesmo tempo, me perguntar o que mais eu havia aceitado como verdade sem que fosse. Eu me sentia despedaçada e sozinha. Todo o senso de paz me escapou. Minha mente me levou às sombras escuras da desconfiança e da solidão que sentimos quando alguém muito próximo puxa o tapete sob os nossos pés.

Na vida, não são as nossas experiências que nos tornam únicos, e sim a nossa resposta a essas experiências e as incertezas que surgem daí. O lugar de onde você vem não precisa determinar para onde você vai, mas, definitivamente, molda sua base para seguir em frente. Quando algo difícil acontece e você consegue processar isso emocionalmente, restam, então, algumas escolhas. Você se vitimiza ou se transforma em um guerreiro? Você desiste ou se reergue e acredita? A escolha *é sua*.

Descobrir que o lugar de onde eu vinha era uma mentira foi como ser lançada em uma daquelas máquinas do desenho animado *Os Jetsons*, nas quais você entra e, momentos depois, sai uma pessoa diferente, com uma roupa totalmente nova. Eu sentia que, naquele dia, tinha entrado no quarto da minha mãe vestindo um moletom confortável, plena do nostálgico espírito natalino, e saído mergulhada em lágrimas e surpresa, sabendo, porém, que eu estava em meio ao maior jogo de incertezas do qual já havia participado. E me perguntava se os meus pais estavam realmente do meu lado, e por que eles esconderam a verdade de mim durante todos aqueles anos. Quem eu era? Quem era a minha mãe biológica? Se eu a encontrasse, ela gostaria de estar comigo? E se me visse como uma oponente? O modo como reagimos em tempos de incerteza e o fato de tomarmos decisões baseadas no amor ou no medo podem mudar o curso da nossa vida. Jogos fáceis não moldam campeões. Em qualquer área da vida. Eu não poderia deixar que o medo ou a dor decidissem o meu destino.

Jogos fáceis não moldam campeões.

Naquele momento, eu me dei conta de que talvez a minha mãe biológica nunca tivesse planejado me conhecer, mas eu precisava conhecê-la. Precisava encontrá-la. E precisava descobrir quem eu era e de onde vinha. Então, fui assolada pelo entendimento de que, para voltar a sentir alguma paz, precisaria encontrar todas as peças que estavam faltando.

CAPÍTULO TRÊS

Acredite no poder de assumir a sua verdade

Faça as pazes com os seus pedaços quebrados.

— R. H. SIN

EU ESTAVA EM uma missão obsessiva de encontrar a minha mãe biológica. Passei os dias e as semanas seguintes vasculhando a papelada que a minha mãe havia guardado, em busca de quaisquer informações e pistas que pudesse extrair. Na época, eu trabalhava como jornalista e estava familiarizada com a tarefa de procurar pessoas. A maior parte da papelada era muito vaga, mas havia a menção de um nome e de um sobrenome da minha mãe biológica, *Rosemary Ryan*, embora eu ainda não soubesse se eram reais ou não. Havia alguns detalhes de antecedentes não identificados que, por lei, ela tinha sido obrigada a preencher na ocasião. Eles diziam respeito a algumas informações pessoais, como quantos irmãos ela possuía e o nível de escolaridade dos seus pais. Havia muito pouco sobre o meu pai biológico. A papelada dizia que os dois haviam frequentado a mesma faculdade, a Universidade da Califórnia, em Santa Bárbara, e que ele nunca soube da gravidez. Havia nomes de médicos em alguns dos prontuários e na minha certidão de nascimento. O maior desafio era que, em 1977, todos os registros eram feitos em papel, e 27 anos depois, muitos dos médicos e advogados listados já estavam aposentados ou haviam falecido.

Organizei tudo o que eu tinha e, então, comecei a minha busca com força total. Eu costumava chegar ao trabalho às 4h para apresentar o telejornal matutino. Logo depois que o programa terminava, eu seguia para as locações das reportagens e entradas ao vivo. Geralmente saía do trabalho por volta do meio da tarde, a menos que houvesse alguma notícia de última hora. Passei, então, a dedicar cada minuto livre à missão de encontrar a minha mãe biológica. Pesquisei e tentei entrar em contato com a pessoa por trás de cada médico, advogado e assistente social citados nos documentos, mas aqueles que ainda estavam vivos não se lembravam do meu caso e não puderam me ajudar. Eu sentia que tudo se resumia ao nome da minha mãe biológica. Mas não tinha ideia se aquele nome era realmente verdadeiro: Rosemary Ryan.

Quando não estava no trabalho, eu passava todas as minhas horas acordadas ligando para cada Rosemary Ryan, Rose Ryan e qualquer combinação de um nome feminino que incluísse Rosemary, Rose ou Mary. Cada vez que eu discava para uma nova pessoa, sentia a expectativa de saber que a mulher que atendesse poderia ser ela.

— Oi, é você, Rosemary?

— Quem está falando?

— Meu nome é Jamie. Na verdade, estou procurando uma parente chamada Rosemary.

Toda vez que uma mulher desligava telefone, como se eu fosse uma impostora ou uma vendedora de telemarketing, eu sentia, de certa forma, que poderia ser a minha mãe biológica me rejeitando. E isso acontecia cerca de metade das vezes. Eu entendia e sabia que poderia reagir da mesma forma se recebesse uma ligação assim. Mas não tinha escolha, a não ser continuar apanhando e me levantando novamente. Estava determinada a encontrá-la.

PASSEI OS *CINCO ANOS* seguintes fazendo essas ligações, para qualquer variação do nome que eu conseguisse encontrar pelo país. Depois de um tempo, também comecei a ligar para qualquer mulher com o sobrenome Ryan. Liguei para milhares e milhares de pessoas. Pesquisei em todos os bancos de dados on-line pelos nomes próprios. E dirigi até o *campus* da Universidade da Califórnia, em Santa Bárbara, para vasculhar todos os anuários à procura dela e só então descobrir que, na década de 1970, apenas uma pequena fração dos alunos da UCSB tinha sido fotografada para o anuário.

Essa minha tenacidade (humm… um comprometimento completamente obsessivo) provaria ser muito útil no ambiente de negócios.

À medida que os meses e os anos passavam, eu não conseguia parar de pensar naquilo. Embora tivesse começado a carreira na televisão em uma emissora em Tri-Cities, Washington, àquela altura já havia sido transferida para um mercado televisivo maior, para uma emissora de notícias local em Portland, Oregon. Eu apresentava o telejornal matutino nos fins de semana e fazia reportagens durante a semana. Chegava ao trabalho por volta da meia-noite, ajudava a redigir e a editar as matérias, e depois entrava no ar às 5h para apresentar o meu programa dos fins de semana. Eu também estava planejando o meu casamento, orquestrando tudo, desde os detalhes simples, como convites e flores, até as coisas mais complicadas, como a lista de convidados e o dinheiro que tínhamos disponível. Embora eu estivesse atravessando uma fase muito mais atribulada do que o normal na minha vida, ainda assim me via pesquisando constantemente em qualquer site de pesquisa genealógica, nas páginas sociais de ex-alunos da UCSB e em qualquer lugar que imaginasse que pudesse me levar a uma nova pista para encontrar a minha mãe biológica. Trabalhar no turno da noite e, em paralelo, empreender uma busca infrutífera começou a me afetar. Não conseguia dormir profundamente; estava sempre cansada e nunca me sentia com energia. Comecei a perceber que era um caso mais sério do que apenas exaustão. Algo estava errado.

Fui consultar uma terapeuta. Eu estava muito, muito triste, e não me sentia eu mesma. Comecei a ter ataques de pânico. Se você já teve um, sabe como eles são assustadores. Meu coração disparava, eu sentia que poderia desmaiar a qualquer momento e, mesmo sabendo que se tratava apenas de um ataque de pânico, ainda assim parecia haver uma chance real de morrer. Não tinha certeza se a causa era a agenda agitada e o estresse do trabalho, ou as reportagens em cenas de crime (uma vez, como repórter, tive de permanecer em uma rua coberta de sangue e de pedaços de cérebros espalhados pelo chão, e entrar no ar, ao vivo, logo após um tiroteio, enquanto me equilibrava sobre a calçada manchada de vermelho, sem exagero), ou a minha ansiedade sobre o casamento, ou a minha batalha aparentemente interminável contra a balança e o perfeccionismo, ou a busca infrutífera pela minha mãe biológica — eu não sabia, mesmo, o que estava me causando tantos problemas. Na época, fiquei muito envergonhada de compartilhar isso com qualquer uma das minhas amigas ou familiares. Mas ainda existe um estigma tão grande em torno da saúde mental na nossa sociedade, que sinto ser importante compartilhar esta parte da minha história. Não há vergonha em buscar ajuda profissional, e mal posso esperar o dia em que dizer que se consulta com o terapeuta seja visto como algo tão normal quanto falar que vamos fazer as unhas (exceto que, idealmente, deveria ser uma experiência mais profunda). Meu bom amigo Miles Adcox, CEO da Onsite Workshops, resume isso de forma brilhante. Ele diz que focar a saúde mental e o bem-estar emocional, incluindo buscar ajuda e fazer terapia, "não é o que há de errado com você, é o que há de certo com você".

Minha terapeuta — eu a chamarei de Dra. Z — foi um presente de Deus. Ela entrou na minha vida na hora certa. Em nosso primeiro encontro, compartilhou comigo a única coisa pessoal que acabaria falando sobre si mesma: "Preciso que você saiba que só atendo às segundas, quartas e sextas-feiras. E, se você for cancelar, precisa me avisar com 24 horas de antecedência. Além disso, sou lésbica." Ela disse isso de uma forma tão pragmática, que me fez pensar que aqueles três tópicos deviam ser consistentemente importantes para os seus pacientes. Para mim, a orientação sexual dela era irrelevante, mas me perguntei se ela havia revelado isso porque um relacionamento entre paciente e terapeuta pode se tornar muito pessoal e alguns detalhes importam, ou porque algumas pessoas poderiam discriminá-la. Esperava que fosse pelo primeiro motivo, mas temia que, na realidade, pudesse ser pelo segundo, o que era mais um lembrete de que, como sociedade, ainda temos um longo caminho pela frente.

A Dra. Z tinha cerca de cinquenta e poucos anos e era uma das melhores ouvintes que já conheci. Durante a minha criação, quando coisas difíceis aconteciam, a minha família apenas as processava da melhor maneira que podia, sem buscar qualquer ajuda profissional. Portanto, aquela era a minha primeira vez diante de uma terapeuta. Com a Dra. Z, achava que tinha segurança suficiente para compartilhar em voz alta como eu me sentia realmente, e quais eram as minhas inseguranças. Recomendo a terapia para qualquer um que tenha a bênção de ter acesso a isso. A Dra. Z me ajudou os ataques de pânico e a superar a depressão. Eu me abri com ela sobre tudo. Até mesmo sobre temas profundos e superíntimos, como o fato de que estava começando a duvidar da existência de Deus. Quanto mais eu viajava, morava em lugares diferentes e via o mundo, mais ficava exposta a argumentos científicos sobre a existência ou não de Deus. Quanto mais eu convivia com pessoas que levavam as suas vidas e formavam as suas crenças com base em provas, e não na fé, mais dúvidas começavam a surgir sobre a minha fé cristã. Expliquei-lhe como muitos dos argumentos baseados na ciência faziam sentido. E como eu conseguia vislumbrar a lógica em acreditar apenas em coisas que possamos ver, tocar, ouvir e *provar* — coisas para as quais, evidentemente, nenhuma fé é necessária. E compartilhei com ela como, entre não saber de onde eu vinha e começar, agora, a duvidar do que eu acreditava, me sentia perdida. Durante uma dessas conversas, Dra. Z dividiu comigo algo que mudaria a minha vida e mudaria para sempre meu modo de pensar.

— Se você duvida que Deus existe, diga isso a Ele. E peça para Ele provar que você está errada — disse ela.

— Como assim? O que você quer dizer?

Ora, é preciso ter em mente que, até hoje, não tenho ideia se a Dra. Z acredita em Deus, ou se pratica alguma fé em particular ou, até mesmo, se define a si mesma como uma pessoa espiritualizada. Ela nunca contou nada sobre essa parte da sua vida. Mas, naquele dia, as suas palavras fizeram muito sentido para mim.

— Se Deus criou todo o universo, o que a faz pensar que Ele não consegue lidar com a dúvida? Diga que você duvida, e peça que prove que você está errada. Peça lhe mostre que Ele realmente existe. E, então, veja o que acontece.

E assim eu fiz. Nos dias, semanas, meses e anos seguintes, quando orava, também dizia a Deus que estava duvidando da Sua existência. E pedia que me mostrasse que Ele existe, para que eu tivesse certeza. Há mais histórias sobre como Deus mostrou do que pode caber neste livro.

A DRA. Z me ajudou a me curar de muitas maneiras. E, embora eu tenha conseguido me libertar daquela fase de depressão, as peças do quebra-cabeça que faltavam sobre a minha família biológica estavam sempre pesando como um fardo sobre mim, não importando o quanto eu tentasse ignorá-las, especialmente por saber que era possível que eu nunca obtivesse aquelas respostas.

Depois de lançar a IT Cosmetics e começar aquelas semanas de cem horas de trabalho, eu não dispunha mais de tanto tempo para procurar minha mãe biológica. Mas, sempre que podia, ainda pesquisava. Se você já se embrenhou em alguma plataforma de mídia social, entenderá o que quero dizer quando afirmo que mergulhei de cabeça no vórtice interminável de informações pessoais, portais de busca e sites de pesquisa genealógica. Às vezes, acabava ficando acordada a noite toda procurando. Paulo se preocupava comigo e, quando se levantava para ir ao banheiro no meio da noite, me pegava acordada fazendo pesquisas on-line. "Querida, você precisa ir para a cama", dizia, mas eu não conseguia parar. Também comecei a gravar aqueles programas sobre adoção em que reúnem os pais biológicos e os filhos. Aqueles nos quais ambos correm um na direção do outro em campos de trigo, em câmera lenta, enquanto uma música piegas toca, para, enfim, se jogarem nos braços um do outro e viverem felizes para sempre. E eu sonhava acordada com isso, desejando que acontecesse comigo. Imaginava como eram os meus pais. Será que eu tinha irmãos ou irmãs? Em alguns dias, que eu nunca obtivesse nunca tinha conhecido alguém que fosse realmente meu parente. Era uma sensação bastante estranha e solitária. Eu também estava cada vez mais convicta de que Rosemary Ryan, o nome que a minha mãe biológica colocara nos documentos, não era verdadeiro. Depois de ligar para milhares e milhares de pessoas e passar anos pesquisando nos bancos de dados, estava convencida de que ela tinha usado um nome falso. E isso significava que qualquer mulher poderia ser a minha mãe. Sempre que eu via alguma atriz ou qualquer mulher na TV que tinha características parecidas com as minhas, pesquisava, lia a biografia dela no Google e me perguntava se ela poderia ser a minha mãe. Era avassalador.

Um dos programas de TV sobre adoção incentivava as pessoas a enviar as suas histórias para ter a chance de participar. A ideia era que os localizadores especializados poderiam ajudá-las a encontrar suas famílias. Paulo pediu a minha permissão para entrar em contato com o programa, contando com aquela chance em um milhão de que pudessem ajudar. Isso não era nada típico dele, já que temos gostos opostos quando se trata de programas de TV. Por isso, fiquei surpresa de que ele tivesse, até mesmo, assistido àquele programa que eu vinha gravando, mas concordei e não dei muita importância. Algum tempo depois, recebemos uma ligação avisando que não fui selecionada, mas que, mediante uma taxa, a empresa de localização poderia ser contratada para me ajudar a encontrar minha mãe biológica. Imaginei que não passava de uma fraude, que era uma maneira de eles ganharem dinheiro. Mas, após anos sem nenhum progresso, pagamos a tal taxa, algumas centenas de dólares que não podíamos nos dar ao luxo de perder na época, e arriscamos.

No Ano-Novo de 2010, eu estava trabalhando no escritório da IT Cosmetics, ou seja, na sala de estar da nossa casa em Studio City, Califórnia, quando o celular tocou. Minha vida estava prestes a mudar para sempre (a propósito, o que há comigo que as coisas importantes só acontecem nos feriados?). Atendi a ligação, e era da agência de busca de adoção.

— Acredito que encontramos a sua mãe biológica — disse a mulher do outro lado da linha.

— Sério? Como? Você tem certeza?!

— Certeza quase absoluta. Confira o seu e-mail.

Abri o meu e-mail e encontrei um link para o site de corretores de imóveis Realtor, que mostrava as fotos e os nomes dos agentes imobiliários. Havia uma foto de uma agente chamada Rosemary (cujo sobrenome não era Ryan). Quando vi a foto dela, o meu queixo caiu.

— Ah, meu Deus! Ela se parece tanto comigo — comentei.

— Sim, ela é mesmo muito parecida com você — respondeu a mulher, que prosseguiu, dizendo que, embora a minha mãe biológica não tivesse informado o sobrenome verdadeiro nos documentos, havia respondido corretamente à ordem de nascimento dos irmãos (quantos irmãos e irmãs ela tinha e em qual ordem nasceram). Rosemary era um dos nomes e havia estudado na UCSB. Eram informações suficientes para que eles a encontrassem. Agradeci, desliguei o telefone e fiquei no mesmo e absoluto estado de choque em que me vi quando descobri, pela primeira vez, que tinha sido adotada. Sentei-me com Paulo, incapaz de processar tudo, aturdida. Feliz Ano-Novo. Ah, meu Deus!

NO INTERVALO DE UMA HORA, eu já havia feito uma busca no Google e encontrado o número de telefone e o endereço de Rosemary — e até uma imagem do Google Earth da casa em que ela morava. Continuei e soube que era casada e tinha dois filhos (eu tinha irmãos!!!). Examinei toda a página do Facebook dela, descobrindo tudo o que podia sobre meus tios e primos, e montei um dossiê, no qual reuni as fotos e as informações de todos eles. Ela morava no norte da Califórnia e, quando terminei, eu tinha informações suficientes para entrar no meu carro, dirigir seis horas seguidas e me plantar na porta da casa dela. Finalmente, poderíamos nos reencontrar!

Foi aí que me dei conta de uma coisa. Depois de cinco anos esperando e sonhando, a minha insegurança começou a se manifestar. Não pude deixar de pensar: "E se, na verdade, ela não quiser me ver?" Eu precisava desacelerar e refletir muito bem sobre aquilo. Deveria ligar para ela? Deveria enviar uma carta ou um e-mail? Deveria mesmo simplesmente aparecer na porta da sua casa?

Eram coisas de mais para lidar, então orei para que Deus me ajudasse naquele momento. E senti uma intuição avassaladora de que, primeiro, precisava enviar um e-mail para ela — e foi o que fiz. Contei-lhe a minha história e falei que eu acreditava ser filha dela. Disse-lhe que, embora não tivesse respostas sobre por que ela havia me entregado para adoção, queria que soubesse que, não importando o que acontecesse, eu a amava. Passei o resto do meu dia de Ano-Novo escrevendo aquele e-mail. E orei antes de apertar "Enviar".

Na manhã seguinte, acordei e corri para checar o meu e-mail, para ver se ela havia respondido. Nada. Não sabia se seria forte o suficiente para aguentar o que aconteceu em seguida. De repente, o perfil dela no Facebook desapareceu. Eu sabia o que aquilo significava. Ela estava removendo a sua presença on-line para que eu não pudesse rastreá-la. Meu coração desacelerou. Naquele momento, eu soube que ela não queria me encontrar. Isso me destruiu. Era como se ela estivesse escolhendo me abandonar novamente.

Uma semana depois, de fato, ela me enviou uma resposta por e-mail confirmando isso. Disse que, sim, acreditava que eu fosse a sua filha. E pediu que, por favor, eu respeitasse o fato de ela não desejar que nos encontrássemos.

Fiquei devastada. Esse desfecho não era como o dos programas de TV que eu tinha visto. Ninguém estava correndo na minha direção, me abraçando, dizendo o quanto me amava, nem que havia me procurado desesperadamente por toda a vida. Que me entregar em adoção tinha sido o seu maior arrependimento. Fiquei muito desapontada e magoada. Eu sentia que o meu amor estava sendo rejeitado. *Eu* estava sendo rejeitada.

Tudo o que pude fazer naquele momento foi orar por ela e pedir a Deus que levasse aquele sofrimento embora. De nós duas. Fiquei tentada a entrar no carro e dirigir até a casa dela diversas vezes. Era uma viagem de apenas seis horas, e, mesmo que ela não quisesse me encontrar, eu não conseguiria aguentar aquilo. Sabia quem ela era, sem nunca chegar a conhecê-la, e era muito difícil aceitar isso. Às vezes, parecia dor de mais para suportar. Eu sabia, no íntimo, que Deus tinha planos melhores para mim, e que eu precisava confiar nisso. Em alguns dias, porém, ficava tão magoada, que pensava: "Ela não merece me conhecer. Ela era a mãe, e deveria ter me amado e cuidado de mim." Eu me sentia como uma garotinha abandonada, que passou anos tentando encontrá-la e que estava ali, bem na frente dela, pedindo para ser amada. E ela respondeu que *não*. Tentei adivinhar por que ela reagira daquela maneira e tentei me convencer de que deveria haver uma razão que, um dia, faria sentido. Mas eu ainda não sabia qual era. E também sabia que era possível talvez nem haver uma.

Cinco meses se passaram e, então, um dia, do nada, recebi outro e-mail dela, dizendo que estaria aberta a um encontro. Fiquei surpresa. Eu ainda estava muito magoada pela reação inicial dela e comecei a me ressentir.

No entanto, não consegui resistir ao desejo de saber de onde vim. Tinha uma reunião próxima na Sephora, em São Francisco. (Sim, estava prestes a acontecer outra reunião com a Sephora, na qual novamente diriam *não* à proposta de acolher a IT Cosmetics, mas eu tinha esperanças de que, talvez, *aquela* reunião resultasse em um *sim*.) Decidi me encontrar com a minha mãe biológica enquanto estava na cidade. Ela fez uma reserva para o almoço no Palace Hotel. Tínhamos um horário e um local para nos encontrar. Eu não conseguia acreditar que aquilo finalmente, iria acontecer.

Cheguei cedo ao local combinado e me sentei no saguão do hotel para esperar por ela. Quinze minutos após o horário em que devíamos nos encontrar, ela ainda não havia aparecido. Pensamentos começaram a inundar a minha mente.

"Será que ela vem?", "Como será a aparência dela pessoalmente?", "Como é a sua voz?", "Ela é gentil?", "Como ela trata as outras pessoas?", "O que ela vai pensar a meu respeito?", "Ela vai achar que somos parecidas?", "Ela vai achar que estou acima do peso?", "E se não nos dermos bem?", "E se não formos nada parecidas?", "Ela vai me amar?".

E, então, eu a vi. Ela começou a andar na minha direção com um sorriso caloroso e bonito no rosto e os olhos brilhando de uma empolgação misturada com preocupação ou medo. Transmitia uma energia muito amorosa, mas senti, quase instantaneamente, que ela carregava uma história pesada, que eu ainda não conhecia.

ALMOÇAMOS JUNTAS, MAS mal consegui comer. Aconteceu o mesmo com ela. Conversamos por cinco horas seguidas. Ela me trouxe um pequeno álbum recheado com algumas fotos de família do dia do casamento dela, e outras com os meus irmãos e os pais e irmãos dela. Quando ela me deu aquelas fotos, pela primeira vez me senti reconhecida como parte da sua vida. Ela me mostrou fotos de todos os familiares, pessoas que eu nunca havia conhecido, e a foto que mais se destacava era a da mãe dela, que havia falecido alguns anos antes. Minha avó se chamava Leontia, e nós éramos idênticas. Absolutamente idênticas, mesmo. Rosemary me contou que ela, minha avó, que todos chamavam de Nana, foi a única pessoa que me pegou no colo quando nasci. Rosemary nunca me segurou nos braços. Disse que teria sido muito doloroso. Mas a minha avó Nana foi a única que o fez, antes de eu ser entregue à adoção.

Aquelas palavras ecoariam na minha mente por anos. Mas, naquele momento, continuei ouvindo e fazendo perguntas. Fiquei sabendo que Rosemary e o meu pai biológico, cujo nome ela não se lembrava, estiveram juntos uma única vez. Eles se conheceram em uma festa da faculdade e, depois, foram para a casa dele e dormiram juntos. Em um único encontro, eu fui concebida. Ela escondeu a gravidez de quase todo mundo, inclusive dele. Escondeu de todos os irmãos e amigos. As únicas pessoas que sabiam eram os pais dela.

Nos meses finais da gravidez, quando a barriga começou a aparecer, ela ficou escondida em um apartamento em Novato, Califórnia, uma cidade não muito longe de São Francisco. Seus irmãos achavam que ela ainda estava na faculdade em Santa Bárbara e que tinha decidido apenas aproveitar um pouco mais o verão. Segundo Rosemary, nem suspeitaram.

Ela se escondeu naquele apartamento até me dar à luz, e, depois, retomou a sua vida. Logo após a faculdade, casou-se com Pat, e os dois construíram carreiras bem-sucedidas e continuam juntos até hoje. Eu soube que ela nunca lhe contou nada a meu respeito. E, claro, nunca contou aos dois filhos. Portanto, quando eu a procurei pela primeira vez por e-mail e ela desapareceu por uns dias, antes de responder que não queria me encontrar, foi porque vinha guardando aquele segredo desde então. Àquela altura, já havia vivido mais de trinta anos sem contar nada a ninguém. Não contou ao marido, a nenhum amigo, a nenhum irmão, com os quais tinha uma relação superpróxima. E ela precisava de um tempo para processar tudo e decidir o que fazer.

Ser informada sobre isso me ajudou a entender o que houve. Fiquei imaginando o quanto deve ter sido traumatizante manter aquele segredo por mais de trinta anos. E, quando entrei em contato, ela deve ter ficado preocupada com a reação de todas as pessoas que lhe eram importantes. Quer dizer, como contar ao marido que você teve uma filha há 32 anos e guardou segredo? Como conta aos seus filhos adultos que eles têm uma irmã? Rosemary havia construído uma linda vida na mesma cidade onde ela e os irmãos foram criados, e chegara até a se casar com um homem que conhecia desde a escola primária. E nenhuma daquelas pessoas tinha ideia de que ela carregava um segredo.

Rosemary e eu tínhamos de começar do zero, construir confiança do zero e nos conhecer do zero. Naquele primeiro ano em que nos encontramos, eu a apresentei a Paulo, e ela me apresentou ao marido dela, Pat. Então, alguns anos depois, conheci meus irmãos, Steve e Patrick. Nossa relação foi se desenvolvendo lentamente, em parte porque eu estava muito ocupada na construção da IT Cosmetics. Mas se desenvolveu. Eu os convidei para alguns dos eventos familiares e para passar alguns feriados juntos, e eles nos convidaram para os deles. E, enquanto escrevo este livro, ainda estamos no processo de conhecer todos os integrantes das nossas famílias. Mas fui tão abençoada que, literalmente, todos os que conheci, incluindo o seu marido, são muito acolhedores. Muito amorosos. Muito abertos para me incluir na família. São engraçados, inteligentes, excêntricos e espetacularmente gentis.

Uma das primeiras vezes em que saí para jantar em um restaurante com Rosemary, Pat e a família deles, me preparei para pagar a conta. Pat me deteve e, quando o seu bondoso olhar encontrou o meu, ele disse: "Não permito que nenhum filho meu pague a conta." Eu me emocionei na mesma hora. Ele desfez as minhas preocupações e me aceitou em sua vida. Naquele momento, na frente de toda a mesa, estava me reconhecendo. Não apenas como filha de Rosemary, mas como filha dele também.

Ao longo de todo esse processo, eu me preocupava com a forma como a família que me criou lidaria com o acréscimo de novas pessoas à minha vida. Mike, o meu pai adotivo, faleceu de câncer de cólon e nunca teve a chance de conhecer nenhum dos meus familiares biológicos. Meu padrasto, Dennis, e a minha mãe, Nina, foram mais solidários e generosos do que eu poderia ter imaginado. Inicialmente, eu me preocupava que Nina pudesse se sentir ameaçada ou enciumada, mas, ao conhecer Rosemary, foi o contrário, e ela agradeceu por ter sido a escolhida na adoção. Nina disse que eu era a melhor coisa que já havia acontecido na sua vida, e nós três choramos juntas. Quando elas se encontraram pela primeira vez, Rosemary trouxe um conjunto de três pulseiras douradas que haviam pertencido à sua mãe. Ela deu uma pulseira para a minha mãe Nina, uma para mim, e ficou com uma para si. Nós três colocamos as pulseiras nos pulsos naquele mesmo dia e demos as mãos. Esse foi um dos momentos mais especiais e mais cheios de amor que já vivenciei.

Eu nunca tive aquele momento com o qual sempre sonhei, de atravessar campos de trigo… Mas, juntas, Rosemary e eu passamos a dar aquele mesmo abraço poderoso e cheio de amor, cada vez que nos encontramos. Dizemos que nos amamos ao telefone e somos ambas sinceras quanto a isso. Estamos construindo uma relação passo a passo.

Todos nós temos batalhas para nos tornarmos donos da própria história e nos reconciliarmos com ela. Embora a reação inicial de Rosemary tenha me magoado, sei também que nunca podemos julgar os outros, porque nunca é possível entender a dor e os obstáculos com os quais eles se depararam nos caminhos da vida. Os anos de busca persistente e a disposição de manter o coração aberto, mesmo após uma segunda rejeição, nos ajudaram a chegar a um ponto em que abraçamos as nossas próprias histórias. A verdade me libertou da minha busca e libertou Rosemary do seu segredo. E, agora, podemos nos curar juntas, de peito aberto, abrindo também as portas para uma bela história que continua a se desenrolar.

Mal sabia eu que a busca pela minha família biológica também se tornaria a busca pela minha identidade. Minha busca me levou a descobrir do que sou feita. E isso me preparou para uma nova perspectiva enquanto eu construía a IT Cosmetics, e para ajudar milhões de mulheres que lutavam para assumir as suas próprias identidades e para serem lembradas do que são feitas. Aprendi que o lugar de onde viemos importa menos do que aquilo de que somos feitos. Preste atenção às suas lutas, pois elas podem se tornar o seu superpoder. Muitas vezes, são as partes da nossa história que desejamos apagar ou esquecer, pelo fato de serem dolorosas. Mas, ao encará-las como momentos em que você teve força suficiente para vivenciar, suportar e triunfar, elas também podem se tornar parte do seu propósito maior na vida e parte da mais alta expressão do que você tem a oferecer aos outros enquanto estiver por aqui.

Acredite no poder de assumir a sua história, incluindo as partes complicadas, que, no fim, podem tornar essa história ainda mais bonita. E acredite em amar os outros, que estão vivendo suas próprias jornadas para fazer exatamente a mesma coisa.

Quando olho para nós, vejo três superpoderes femininos se unindo. Enquanto tudo isso acontecia, eu estava prestes a aprender que teria de reunir a força suficiente de uma super-heroína para enfrentar vilões em outra parte da minha vida.

CAPÍTULO QUATRO

Acredite que você é mais forte do que os seus opositores (incluindo as meninas malvadas)

Você não pode se sentar com a gente.

— *MENINAS MALVADAS*, O FILME

"VOCÊ NÃO DEVERIA entrar aqui. Acredite em mim." Essas palavras soaram como uma advertência enquanto uma mulher adulta fechava, bem na minha cara, a porta do espaço em que eu estava prestes a entrar. Se isso tivesse acontecido na escola primária, eu teria corrido para chorar no banheiro. Mas não foi na escola... aconteceu nos camarins *comunitários* do QVC, faltando apenas alguns minutos para eu entrar no ar para vender mais de 100 mil dólares em produtos. Não podia me dar ao luxo de me esconder nem de chorar. Após o enorme sucesso do nosso lançamento, eu estava recebendo, com regularidade, uma nova chance de me apresentar ao lado da equipe titular de fundadoras de empresas de beleza, que tinham a incumbência de atingir as grandes metas de vendas nos programas do horário nobre do canal.

Conforme eu era escalada para mais e mais aparições, a pressão não diminuía. Eu sabia que, todas as vezes em que entrava no ar, precisava atingir a meta de vendas, ou corria o risco de não ser mais convidada. E, todas as vezes em que atingia a meta, nunca sentia alegria; na verdade, sentia apenas alívio. Como se ainda estivéssemos no jogo. Como se o ferro ainda estivesse quente! Eu sentia um medo implacável de que, a qualquer momento, aquilo pudesse mudar. Continuava indo ao ar, expondo o meu rosto sem maquiagem ao vivo, mostrando mulheres reais, e continuava funcionando. Repetidas vezes. Conforme eu mantinha uma média de mil unidades vendidas, o QVC me dava mais e mais tempo de exibição, e o canal também começou a permitir que lançássemos novos produtos ao vivo. Passamos a crescer rapidamente e, em pouco tempo, tínhamos três produtos principais que vendiam muito bem. Embora ainda tivéssemos uma vendedora muito jovem lidando com a nossa conta no QVC, recebíamos um pouco mais de atenção. E, quando se tratava da concorrência, eu estava prestes a aprender que, quando você é pequeno e passa despercebido, costuma ser subestimado e não representa uma ameaça. Por isso, de modo geral, eles são legais com você ou, na pior das hipóteses, indiferentes. Mas é só começar a se destacar, que nem todo mundo vai gostar disso.

Quanto mais tempo de exibição recebíamos, mais eu percebia que duas das fundadoras e uma porta-voz de marcas concorrentes estavam se distanciando de mim no camarim. Procurei ser tolerante, imaginando que todas nós estávamos sob o mesmo tipo de pressão. E eram apenas três mulheres. Então, eu tentava passar o meu tempo com as muitas e muitas outras mulheres e homens incríveis, incluindo fundadores que se mostravam acolhedores. Mas, com o passar do tempo, aquelas mulheres passaram de um mero distanciamento a tentativas flagrantes de me isolar ou me atrapalhar. A princípio, pensei que talvez estivessem usando táticas competitivas para me tirar do jogo. Mas, no fim das contas, aquilo se transformou em um verdadeiro *bullying*.

HAVIA UM CORREDOR com vários camarins comunitários no QVC. Durante os programas, alguém poderia fechar a porta se precisasse trocar de roupa de modo reservado, mas, na maior parte do tempo, elas ficavam abertas e os espaços viviam movimentados, com pessoas entrando e saindo, compartilhando o espelho e as luzes de maquiagem para fazer retoques e se preparando para ir ao ar. Em determinada noite, durante um programa veiculado no horário nobre, aquelas três mulheres estavam reunidas em um camarim. Uma delas fechou a porta assim que me aproximei. Foi um gesto que beirou a grosseria, e acreditei ter notado um olhar de reprovação de uma delas, mas disse a mim mesma que eu deveria estar errada. Elas não iriam me excluir de um camarim! Eu estava indo pegar as minhas coisas e presumi que uma delas precisava trocar de roupa. Quando voltei para o camarim, duas delas estavam saindo para se dirigir ao cenário do programa e apenas uma tinha ficado lá dentro. Entrei para me preparar, mas a que ficou se levantou para me receber na porta. Foi quando ela disse: "Você não deveria entrar aqui. Vai por mim", e fechou a porta na minha cara.

O quê? O que isso queria dizer? Era uma ameaça, um aviso ou um conselho útil? *Sou uma mulher adulta na casa dos trinta anos. Estou sendo intimidada por outras mulheres adultas? Sério? Isso está realmente acontecendo?*, pensei. Pois estava.

De qualquer forma, outro camarim, com muito mais pessoas, finalmente ficou menos lotado, e foi onde me preparei. Senti como se eu estivesse na escola e não fizesse parte do clube das meninas malvadas. E, apesar de não querer fazer parte disso, a rejeição, em quase todas as suas formas, é muito dolorosa. Eu me senti rejeitada. Sabia, lá no fundo, que a única razão para isso estar acontecendo era o fato de eu estar fazendo muito sucesso. As três marcas daquelas mulheres eram muito, muito maiores do que a minha. Talvez elas estivessem se sentindo ameaçadas, temendo que o meu sucesso acabasse reduzindo o tempo de veiculação dos produtos delas (traduzindo: o seu dinheiro). Mas elas sabiam que é o QVC quem determina qual marca ganhará mais tempo de exibição, e que é tudo baseado, objetivamente, em quem está vendendo mais. Tudo é conquistado. Ou seja, o meu sucesso poderia tê-las inspirado a trabalhar mais e melhorar o próprio desempenho, em vez de tentar prejudicar o meu.

O sucesso de uma pessoa não diminui o de outra. Mesmo que o tempo de exibição no QVC seja limitado, no mundo da beleza, e para além dele, há espaço para que todos sejam muito bem-sucedidos de maneira significativa. Abro aqui um parêntesis para um fato que me desperta bastante interesse: quando as mulheres competem umas com as outras, há uma questão mais profunda em jogo. Eis o que quero dizer: os homens crescem competindo entre si, mas, tipicamente, não têm uma mentalidade de escassez quando se trata do que lhes é possível alcançar. Por outro lado, como mulheres, crescemos pensando — e vendo — que há apenas um lugar à mesa. Que apenas uma mulher pode conquistar aquele cobiçado espaço. Vemos salas de diretoria em filmes, e também na vida real, com apenas uma mulher sentada à mesa. Uma vice-presidente do sexo feminino, ou uma mulher que atua apenas em função da representatividade no comitê de líderes. A mensagem está tão enraizada que, muitas vezes, em vez de pensar: "Deixe-me trazer outra mulher para a mesa", pensamos: "Outra mulher na mesa significa uma ameaça ao meu lugar." Parece uma coisa muito antiquada, mas ainda existe. Isso está começando a mudar. Muitas mulheres sonham em criar o seu próprio lugar à mesa, ou em criar a sua própria mesa como um todo, e, mais do que isso, em literalmente levar outras mulheres junto, mas isso ainda não está acontecendo com tanta rapidez quanto deveria e precisa acontecer. Assim, essa forma de supressão de gênero, basicamente autoimposta, continua persistindo, já que as mulheres continuam acreditando que só existem possibilidades limitadas e seguem considerando umas às outras como competidoras diretas.

Independentemente do que estivesse por trás da situação no camarim do QVC, a parte mais difícil era que não havia como eu evitar aquelas mulheres. Com frequência, éramos escaladas para os mesmos programas. No QVC, havia um programa no horário nobre chamado *Friday Night Beauty*, que era um dos programas de maior volume de vendas. Ia ao ar todas as sextas-feiras, à mesma hora, e sempre começava da mesma forma. Eles faziam uma tomada ao vivo do grupo de fundadores de marcas e das apresentadoras que iam participar naquela noite, todos em pé, em um salão montado no palco, socializando e se divertindo, como se estivéssemos reunidos numa festa. Sempre gostei daquela abertura do programa, transmitido ao vivo até hoje para mais de 100 milhões de lares. Todas as vezes em que eu estava no mesmo programa que aquelas três mulheres, elas formavam um círculo fechado para ficar conversando entre si e não me deixavam entrar. Imagine uma festa em que pessoas estão conversando em uma rodinha e você tenta se juntar, ou até mesmo se espremer e abrir o seu caminho, mas fica evidente que você não é bem-vindo. Era isso que elas faziam comigo. Se eu tivesse sorte, haveria outras pessoas naquela abertura encenada, e eu conversaria com elas. Mas houve uma noite em que o círculo formado por aquele trio de mulheres era a única opção, e eu não sabia o que fazer. Elas usavam os próprios corpos para me excluir fisicamente. Então, quando entramos ao vivo em rede de televisão nacional, eu estava sozinha, fingindo estar feliz e animada para o programa, enquanto me contorcia por dentro e segurava as lágrimas.

Tive de seguir para a minha apresentação. Eu me recompus da maneira que imagino que os boxeadores fazem antes de uma luta, quando estão prestes a entrar no ringue e percebem que a autoconfiança está se esvaindo. Dei um jeito, recobrei a coragem e fui para o palco. Eu tinha uma meta de vendas enorme e precisava atingi-la. Mas, honestamente, o que me movia não eram as vendas. E provar algo para aquelas meninas malvadas, definitivamente, também não era o que me movia. Eu não estava ali para que gostassem de mim. O que não saía da minha cabeça era a ideia de fazer algo maior do que eu mesma. Estava ali para que cada mulher que estivesse assistindo soubesse que ela era importante. Soubesse que eu a via. Soubesse que eu *era* ela. Soubesse que eu me identificava com a dor que ela estava sentindo, por não se achar suficiente. Eu imaginava mulheres reais em todo o país. Queria que a mãe solo no Nebraska que estava nos assistindo enquanto dobrava a roupa de cama soubesse que ela também era bonita. Não importava o que estivesse acontecendo na sua vida, ou quem despertasse a sua insegurança, quem quer que a estivesse julgando ou tratando-a de forma injusta ou excluindo-a, talvez a minha mensagem pudesse lhe comunicar algo além da mera maquiagem. Eu queria incluir todas as mulheres e, naquele momento, senti isso mais forte do que nunca. Nem estava me importando se as telespectadoras iriam fazer um pedido ou não. Tudo o que eu queria era que, quando ligassem a TV e me vissem, elas se sentissem de alguma forma, importantes, bonitas, vistas e suficientes! Esse era o meu PORQUÊ. Focar isso era a única chance que eu tinha de não perder o meu poder. Então, entrei naquele estúdio e tirei a minha maquiagem para expor as minhas bochechas vermelhas e mostrei as minhas modelos favoritas. E juntas vivenciamos aquele PORQUÊ.

Quando a apresentação terminou, deixei o prédio do QVC, respirei fundo e… alguém poderia pensar que o brilho de uma conquista é capaz de suavizar a dor da rejeição, mas, de repente, o sofrimento do início da noite me atingiu em cheio. Chorei de soluçar dentro do meu carro estacionado, até desfazer toda a maquiagem. Fiquei me perguntando: "O que fiz de errado?" ou "Por que não gostam de mim?", mesmo sabendo, no íntimo, que aquele era um modo contraproducente de pensar. Era como se tivesse regredido à infância, e as crianças no parquinho não gostassem de mim. Eu precisava me recompor, porque, na manhã seguinte, como em todas as manhãs, tinha de entrar em um escritório e ser uma líder inspiradora para todos os colaboradores que trabalhavam com o maior empenho para desenvolver aquela empresa comigo. Começamos a contratar várias pessoas incríveis e talentosas que apostaram em nós, a ponto de largar seus empregos em outras marcas de beleza, por acreditarem na nossa missão. Eu não podia permitir que elas me vissem derrotada. Mas, por dentro, estava despedaçada.

Eu não queria contar para nenhum dos outros vendedores ou fundadores de marcas que aquele *bullying* estava acontecendo, porque não queria torná-lo ainda maior e correr o risco de que a notícia se espalhasse por meio do boca a boca — mas, principalmente, porque eu estava com vergonha e queria apenas que acabasse. Mesmo sabendo que o QVC nunca aprovaria aquilo, decidi não reclamar. Na época, a única pessoa a quem deveríamos nos reportar era a jovem vendedora responsável pela nossa conta. Embora ela fosse 15 anos mais nova do que aquelas mulheres que estavam me intimidando, eu sabia que elas a incluíam em eventos sociais fora do QVC — talvez porque fosse alguém que tomava decisões ali, talvez porque todas tivessem uma amizade verdadeira. De qualquer forma, não acreditava que aquela jovem vendedora lidaria com o que estava acontecendo corretamente caso soubesse. Então, em vez disso, sentei e chorei. Dói demais quando somos tratados como se não pertencêssemos a determinado lugar. Embora eu tivesse consciência de que só pretendia estar perto de amigos que me valorizassem, ainda assim estava incomodada por me sentir excluída, rejeitada ou menosprezada. Pouco importava como eu explicava isso para mim mesma, pois ainda doía no meu coração.

Uma das minhas verdadeiras amigas foi quem me ajudou a encontrar uma saída para sofrimento. Sentada no estacionamento, liguei para Natasha, uma amiga de todas as horas. Minhas amigas mais próximas são muito diferentes entre si. Têm origens e crenças diferentes. Votam de maneiras diferentes e amam de maneiras diferentes. Natasha é uma das minhas amigas que mais se dedica à oração. Foi ela, na verdade, quem me ensinou a orar. Ela também é a minha amiga mais conservadora e raramente fala um palavrão, se é que alguma vez já falou (não posso dizer o mesmo sobre mim, rs). E é engraçada, do tipo que ri às gargalhadas e "não se importa com o que as pessoas pensam". Uma vez, ela me comprou uma fantasia de Halloween de canguru peludo como presente de aniversário e, de alguma forma, me convenceu a colocá-lo em pleno mês de julho (lembrete pessoal: as bolsas marsupiais não nos favorecem... especialmente quando colocamos uma bolsa em cima de outra, rs). Ela é a amiga que me lembra de não levar a vida tão a sério.

Quando contei a Natasha sobre as meninas malvadas, presumi que ela começaria a orar ali mesmo, ao telefone. Em vez disso, falou: "Menina, você tem colhões, assim como aquela foto do esquilo com os testículos enormes. Então, toda vez que entrar no prédio e passar por elas, precisa dar uma boa chacoalhada nelas!"

Deixe-me contextualizar um pouco. Alguns anos antes, Natasha foi me visitar enquanto eu fazia pós-graduação em Nova York. Estávamos em uma loja de presentes e, de repente, ouvi sua risada estrondosa. Dei uma olhada, e ela estava segurando um pôster com uma foto em tamanho real de um esquilo com testículos enormes. Natasha gritou pela loja: "Este esquilo somos nós! Jamie, somos nós. Somos como esse esquilo. Destemidas. Temos colhões igual a ele!" Lembre-se: esta é a minha amiga mais conservadora.

Desde então, aquele esquilo se tornou o nosso alter ego. Quando Natasha estava se candidatando para estrear um programa de TV batizado com o seu próprio nome no canal HLN da CNN, eu a lembrei de mentalizar o esquilo antes da entrevista. Ela conseguiu o programa. Quando eu estava nervosa antes do lançamento do meu produto no QVC, ela me lembrou de mentalizar o esquilo. E naquele dia, novamente, enquanto eu estava sentada no estacionamento do QVC chorando, ela me lembrou de "dar uma chacoalhada" e de nunca deixar que ofuscassem a minha luz. Ela me tirou daquele estado de autopiedade e me levou diretamente para a risada mais sincera.

Natasha tinha razão. Nunca devemos permitir que alguém nos impeça de "chacoalhar". Até hoje, fico animada ao me imaginar como um esquilo gigante na sala de reuniões, ou num encontro com varejistas, ou numa festa em que eu não esteja me sentindo adequada o suficiente para frequentar. Se você estiver procurando mais ferramentas para adicionar à sua caixinha de confiança, tenho uma verdadeira lição para você, testada ao longo do tempo e respaldada pelos negócios: CHACOALHE BEM!!!

Um esquilo destemido é o meu alter ego e o de Natasha, mas aqui está o segredo: ele é um esquilo abundante. Lembre-se: a mentalidade de escassez é antiquada! O esquilo também pode ser o *seu* alter ego! Se precisar mentalizá-lo, faça isso! Sei que ele tem testículos enormes, mas imagine-os como, sei lá, ovários externos. Ele pode estar em qualquer lugar no espectro de gênero que você quiser. Pouco importa, porque, seja como for, CHACOALHE BEM! Você pode decidir o que o esquilo destemido representa para você. Se isso ajudar, SEJA O ESQUILO!

Natasha me reanimou e, quando cheguei em casa, contei a Paulo o que havia acontecido. Ele percebeu que eu tinha chorado a ponto de borrar a maquiagem e fechou o laptop para me dar total atenção. "Eu não entendo por que elas estão me excluindo assim", disse, me remoendo.

A resposta dele foi de uma genuína perplexidade. "Por que você se preocuparia com isso? O que importa se elas gostam de você?"

Ele não estava dizendo aquilo para me confortar. Não entendia por que eu estava tão magoada, porque, na visão dele, era nítido que elas estavam com inveja do meu sucesso crescente. Além disso, Paulo literalmente não se importa com o que as pessoas pensam sobre ele. Não se importar deve ser realmente muito libertador!

Eu gostaria de ser assim, mas, ainda mais naquela época, não era. O meu lado de tentar agradar as pessoas só queria ser apreciado — mas eu conseguia perceber o quanto Paulo estava certo. Eu tinha passado a minha vida inteira apoiando outras mulheres, então por que me importaria tanto com as que faziam o oposto? Aquelas mulheres me mostraram quem eram, e não eram nada gentis, então por que eu estava lhes dando tanto poder? Se eu deixasse que sugassem ainda mais a minha energia, elas também estariam sugando a energia da minha missão. Queria lhes dizer uma coisa que, no fundo, eu já sabia: "Vocês podem se sentir tentadas a me subestimar, mas deixe-me poupar o tempo de vocês… não façam isso."

Vocês podem se sentir tentadas a me subestimar, mas deixe-me poupar o tempo de vocês… não façam isso.

No entanto, em vez de lhes dizer qualquer coisa, esperando que pudessem mudar, encontrei conforto no reconhecimento de que ser subestimada pode ser um superpoder. Porque elas nunca se dariam conta da minha aproximação. E eu sabia que, embora pudessem estar incomodadas pelo meu recente sucesso, não tinham a menor ideia de quanta *vontade de vencer* e *fé de que é possível* havia dentro de mim. Eu não estava lá para competir com elas. Estava lá para competir com aquilo que Deus me fez capaz de alcançar. Naquele dia, fiz uma promessa a mim mesma de que, um dia, eu faria a minha empresa crescer a tal ponto que a ideia de competir comigo nem cruzaria as mentes daquelas mulheres. E eu acreditava nisso.

Eu não estava lá para competir com elas. Estava lá para competir com aquilo que Deus me fez capaz de alcançar.

Michelle Obama disse a famosa frase: "Quando eles se rebaixam, nós subimos ainda mais." Mas, antes que eu tivesse a chance de provar para mim mesma ou para as meninas malvadas que conseguiria dar a volta por cima em relação àquele tratamento, as coisas tomaram um rumo muito ruim, que eu nunca poderia ter previsto. Eu estava prestes a descobrir como era ser atacada não por indivíduos, mas por uma grande concorrente.

Certa tarde, abri um e-mail do QVC, que também era enviado para todos os clientes, que mostrava prévias de novos itens que seriam lançados e vi algo que era IDÊNTICO a um dos nossos produtos, mas com o logotipo de outra marca na embalagem. O QUÊ???

Não. Não poderia ser verdade.

Meu coração disparou e o meu corpo entrou em estado de choque. Senti que ia passar mal na mesma hora. Ora, nós éramos detentores das nossas fórmulas, e os fabricantes com os quais trabalhávamos não poderiam fornecê-las a mais ninguém. Além disso, eu era obcecada em aperfeiçoar fórmulas, a ponto de testarmos centenas de vezes antes de chegarmos à composição final. Meu perfeccionismo deixava os químicos ensandecidos, mas também significava que as chances de alguém criar algo idêntico seriam remotas. Então, como aquilo tinha acontecido? Havia alguma coisa errada. Eu esperava estar errada, mas suspeitava que aquela marca estava jogando sujo.

Liguei para o nosso fabricante aqui nos Estados Unidos e mostrei uma foto do produto. Estava ansiosa e com raiva, e logo me senti impotente. A princípio, o fabricante negou qualquer envolvimento, mas pressionei o meu contato. Por fim, ele admitiu que haviam vendido para aquela marca, que era muito maior do que a nossa, uma versão "muito semelhante" da NOSSA fórmula. Aparentemente, quando uma marca é muito maior do que a outra, o fabricante das formulações e a instalação de mistura são incentivados a vender uma versão "muito semelhante" do cliente menor, mudando-a apenas o suficiente para alegar que se trata de algo diferente. Isso não é exatamente lícito, mas foi o que o nosso fabricante fez. Eles sabiam que fariam muito mais dinheiro com aquela marca do que conosco e, então, decidiram nos trair.

Aquela marca copiou o nosso produto. Em comparação com ela, éramos pequenos, e o QVC era a nossa única grande conta. Eles já tinham muito mais tempo de programa do que nós. Também estavam em todos os grandes varejistas e lojas de departamento, e iriam lançar uma réplica do nosso produto em todas aquelas plataformas. Tudo o que eu conseguia pensar era em como estavam prestes a usar tamanha exposição para dizer ao mundo que aquele produto inovador era uma criação deles, e em como detinham o alcance e a distribuição para lançá-lo em todos os lugares. Poderiam divulgá-lo rapidamente, até em anúncios de revista. Aquilo era o nosso sangue, suor e lágrimas. Fiquei preocupada que, sem mais nem menos, eles não apenas recebessem o crédito pela inovação, como, de modo ainda mais devastador, destruíssem o nosso negócio junto. E se, algum dia, parecesse que havíamos sido *nós* que tivéssemos copiado *eles*? Todos os piores cenários passavam pela minha cabeça. Eu me sentia como se estivéssemos sob ataque. E em guerra.

Aqui vamos nós de novo, nos embrenhando pela toca do coelho do quanto é difícil ser uma pequena empresa. Poderíamos ter processado o nosso fabricante, mas não tínhamos dinheiro para isso. Para piorar, eles ainda eram os responsáveis pela fabricação da maioria das nossas principais fórmulas. Processá-los poderia levá-los a interromper a produção dos nossos produtos. Quando você tem uma empresa nova, há muitos caminhos que seriam ideais ou justos, mas, se seguir por eles, há uma grande chance de que isso prejudique mais do que ajude — ou pior, que você tenha de fechar as portas.

A próxima opção era ligar para o QVC e alertar sobre aquele produto falsificado, feito com a NOSSA fórmula, prestes a ser lançado no canal deles. Eu sabia que o QVC tinha feito encomendas sem saber de nada, mas talvez, se a produção soubesse, poderia impedir o lançamento.

Liguei para Allen Burke para perguntar o que fazer. Sim, o mesmo Allen Burke que, uma vez, me disse *não* e que os nossos produtos não eram o que o QVC estava buscando (o que me levou a chorar a noite toda, me debulhando em lágrimas e a acordar várias manhãs seguidas chorando novamente, pois eu não sabia como a nossa empresa iria sobreviver).

Bem, depois da nossa primeira aparição no QVC, Allen acabou se tornando um dos meus maiores mentores e queridos amigos. Ele era um grande defensor da autenticidade e da missão da nossa marca, e de como mulheres reais em todos os lugares vinham reagindo a isso. Mesmo depois de se aposentar, continuou sendo um dos meus mentores mais inteligentes e valiosos. Naquele dia, ele nos deu um conselho que, provavelmente, salvou o nosso negócio. Disse que poderíamos fazer o que eu queria (pedir que retirassem o produto da grade de ofertas), mas isso acabaria prejudicando o QVC. Eles haviam alocado tempo de tela para o produto, e a previsão das suas metas de vendas estava ligada àquele lançamento. Provavelmente, uma substituição de última hora atrapalharia a projeção. Explicou também que não havia como o QVC saber que se tratava de um produto falsificado quando o encomendaram da outra marca. Assinalou que aquela outra marca tinha um posicionamento diferente do nosso e que o produto não era condizente com a história de marketing daquela marca. Ele tinha razão. Seria, por exemplo, como se uma marca que vendesse maquiagem divertida de glitter e açúcar passasse, de repente, a oferecer uma descoberta orgânica antienvelhecimento oriunda das profundezas do oceano, apenas porque estava na moda. Era tão drástico quanto isso, e o produto não parecia autêntico perante a imagem que eles possuíam como marca. Provavelmente, estavam apenas imitando e lançando o tal produto porque perceberam que aquela pequena e pouco conhecida marca (nós) estava fazendo muito sucesso com ele. Eu sabia que era um erro pegar carona em um produto que não condizia com o seu perfil apenas porque era badalado e/ou bem-sucedido, pois isso enfraqueceria a confiança do cliente. Mas isso não mudava o que estavam fazendo. Parecia uma história de Davi contra Golias, e aquela marca gigante era um Golias que poderia nos destruir.

NAS SEMANAS QUE antecederam o lançamento do produto daquela outra marca, eu me senti indescritivelmente mal. Você já recebeu uma notícia muito ruim, foi dormir e, pela manhã, quando acordou, esperou que tudo não passasse de um sonho, e se sentiu muito mal por não ser? Bem, isso estava acontecendo comigo todos os dias. Paulo decidiu imitar o programa de TV *Survivor* e espalhou folhas de papel por todo o escritório (também conhecido como sala de estar) com palavras do tipo: "Vencer", "Superar" e "Sobreviver". Também fez camisetas com estampas "Super JJ" para mim. Decidiu que eu precisava ser lembrada de que sou uma super-heroína e, por isso, desenhou um *S* e dois *Js* em um logotipo ao estilo Super-Homem, com marcador preto. Eu usei aquelas camisetas. Muitas vezes.

Optamos por seguir o conselho de Allen. Não notificamos o QVC sobre o que tinha acontecido. Não queríamos prejudicá-los, pois era o nosso principal parceiro de distribuição. Não podíamos correr o risco de estragar aquele relacionamento. E, definitivamente, não podíamos nos dar ao luxo de entrar numa batalha jurídica com o Golias que era a nossa concorrente.

O dia chegou. A marca maior lançou o produto falsificado no QVC e em lojas de varejo em todos os cantos do mundo. O posicionamento dele tinha uma história ligeiramente diferente da nossa, mas a sua aparência e o seu funcionamento eram quase idênticos. Fiquei prestando atenção no balcão de vendas enquanto o produto era apresentado no QVC. Para a minha surpresa, usando as minhas próprias metas de vendas como referência, as coisas estavam indo bem devagar. Não estava vendendo o que deveria! E, quando o encontrei nas lojas de varejo, as prateleiras estavam cheias. A imitação do nosso produto estava vendendo apenas razoavelmente bem! *O quê?* Espera aí, é isso mesmo? Sim, estava vendendo apenas razoavelmente bem. Mal chegara a atingir a meta de vendas. Aquela marca MUITO maior se saiu pior do que nós, com um produto praticamente idêntico. *Por quê?* Pensei em algo que Allen Burke disse durante a nossa conversa ao telefone: "Não se pode fingir autenticidade." Eu sabia e acreditava nisso, mas lá estava a prova. O produto falsificado recebeu ótimas avaliações! As pessoas que o compraram adoraram. No entanto, apesar das ótimas avaliações, como o produto deles não era autêntico em relação ao DNA da marca, não apareceram clientes que se conectassem emocionalmente para comprá-lo pela primeira vez. Mas adivinhe só? O NOSSO produto continuou vendendo INCRIVELMENTE BEM! Porque era algo central para quem éramos, para o que queríamos para os nossos clientes e para o que acreditávamos. Até hoje, depois de centenas de produtos no portfólio, ele ainda é um dos nossos produtos mais amados e mais vendidos.

UM DIA, MUITOS ANOS DEPOIS, tínhamos crescido e nos tornado muito maiores do que a marca que nos copiou. Então, ao me encontrar com os fundadores daquela marca, decidi que era hora de termos uma conversa. Estávamos numa grande área aberta no QVC, que fazia as vezes de um espaçoso camarim, onde alguns fundadores se preparavam. Vi um deles sentado sozinho e fui falar com ele. Não sabia se a interação evoluiria para um desentendimento ou uma reconciliação, se ele iria surtar, assumir a responsabilidade ou, até mesmo, se desculpar.

— Você tem um segundo para conversar? — perguntei.

— Tenho sim — respondeu ele.

Caminhamos até a larga escada acarpetada que liga o espaço dos fornecedores à sala de controle e nos sentamos nos degraus, a cerca de seis metros de todos os demais. A situação era supertensa. Meu coração estava aos pulos. Se falássemos a verdade, talvez pudéssemos superar aquilo.

Lembrei-lhe do lançamento do produto, do nosso fabricante em comum, e expliquei o quanto tinha sido devastador para mim.

— Vocês eram muito maiores do que nós. O que fizeram poderia ter nos levado à falência. Foi realmente muito ruim.

Eu estava em uma posição única — era Davi conversando com Golias. Por muito tempo, aquele embate me parecera enorme, avassalador, intransponível. Mas, àquela altura, eu já tinha encarado dificuldades muito maiores e aprendido que Deus é mais poderoso do que qualquer oponente.

O fundador negou. Expliquei que tinha provas, inclusive do meu próprio fabricante, de que aquilo havia acontecido. O fundador esclareceu, então, que eles tinham mudado alguns ingredientes e a maneira como posicionaram o produto, e que jamais tiveram a intenção de me copiar. Olhei nos olhos dele e não tive receio de dizer o que pensava de falar que eu esperava que eles nunca mais fizessem aquilo com ninguém. Independentemente de como aquela pessoa escolhesse responder, eu não estava mais sofrendo. Não sentia mais nenhum rancor. Honestamente, eu só me sentia vitoriosa. Porque sobrevivi e prosperei. Eu tinha reaprendido a lição do poder da autenticidade e me tornado uma empresária e uma pessoa mais forte por causa daquela experiência.

Ah, e em relação ao fabricante que vendeu a nossa fórmula "muito semelhante" para a marca maior, bem, hoje nós nos tornamos o seu maior cliente. E agora *somos nós* quem eles temem perder.

> *Um dia, as pessoas que nunca acreditaram em você vão falar sobre como o conheceram.*
>
> — ANÔNIMO

E QUANTO ÀQUELAS três mulheres que me intimidaram por algum tempo? Cumpri a promessa que fiz a mim mesma em uma das noites mais tristes no QVC. Minha empresa acabou crescendo tanto, que elas desistiram de me odiar. Duas delas, por fim, se tornaram agradáveis, cordiais e, em grande parte, indiferentes em relação a mim. A terceira acabou tentando fazer amizade comigo. Arrisco-me a dizer que me sinto confortável com o relacionamento que mantemos hoje, que eu chamaria de coleguismo solidário.

Minha experiência com aquelas mulheres me deixou ainda mais grata a todos os outros fundadores de marcas, muitos deles do sexo feminino, que me apoiaram ao longo de toda a minha jornada no QVC. Considero muitas delas grandes amigas até hoje. Temos um profundo respeito uma pela outra, sabendo como a jornada do empreendedorismo é difícil. Mesmo sendo concorrentes, nos apoiamos e agimos positivamente umas nas vidas das outras. Nós nos tornamos competitivas melhorando o nosso próprio desempenho, e não tentando derrubar ninguém.

Até hoje, sempre que vejo outra mulher parada ou sentada sozinha, em uma festa, evento de trabalho ou onde quer que seja, faço questão de ser inclusiva. Vou até ela, cumprimento e pergunto como ela está. E as minhas amigas mais próximas também fazem isso. Então, obrigada àquelas três mulheres, por me ensinarem o que isso poderia significar para alguém que se sente sozinho.

Só mais uma coisa. Mencionei como procurei Allen Burke em busca de conselhos. Bem, quando ele se aposentou do QVC, nós o contratamos para um cargo remunerado no conselho consultivo da IT Cosmetics. Allen, a lenda da indústria da beleza que chefiou e transformou todo o departamento de beleza do QVC, se juntou ao nosso conselho consultivo. O cara que, certa vez, havia me REJEITADO passou a TRABALHAR PARA MIM! Como assim?!

Conforme o nosso negócio foi crescendo, também fui me dando conta de que, na verdade, Allen estava certo quando nos disse *não*. Às vezes, mesmo que receber negativas seja doloroso, trata-se de um presente. Deixe-me explicar. Se o QVC tivesse nos dito *sim* antes, não teríamos sido bem-sucedidos. Naquele momento, não havia como lidar com os bastidores do negócio para atender à demanda de volume, aos cronogramas e aos fluxos de estoque necessários para ter sucesso em uma conta daquele tamanho. Em resumo, não tínhamos uma equipe, uma infraestrutura, tampouco relacionamentos operacionais desenvolvidos o suficiente. Teríamos falhado terrivelmente. Allen estava certo o tempo todo; na época, apenas não sabíamos o que não sabíamos. Às vezes, os *nãos* são, na verdade, uma *graça fortuita*, envolta em uma embalagem rotulada de *rejeição dolorosa*. E, assim como as meninas malvadas me fizeram apreciar ainda mais quem é solidário, os *nãos* fazem com que os *sins* sejam muito mais encantadores quando acontecem!

***Às vezes, os* nãos *são, na verdade, uma* graça fortuita, *envolta em uma embalagem rotulada de* rejeição dolorosa.**

Aqui está o que aprendi na vida, e o que acredito ser verdade quando você vivencia a sua verdade, trabalha com dedicação e faz o que é certo pelos outros: quando se trata de pessoas maldosas, concorrentes sem escrúpulos, pessimistas e críticos, eles podem não acreditar em você em algum momento, mas um dia vão procurá-lo em busca de conselhos. Podem chamá-lo de *incompetente* hoje, mas um dia vão contar às pessoas como o conheceram. Podem chamá-lo de *modesto*, mas um dia vão chamá-lo de *magnata*. Podem chamá-lo de *sem graça*, mas um dia vão chamá-lo de *amigo*. Podem chamá-lo de *inferior*, mas um dia vão chamá-lo de *player*. Podem chamá-lo de *louco*, mas um dia vão chamá-lo de *gênio*. Podem chamá-lo de *indigno*, mas um dia vão chamá-lo de *lenda*. Podem vê-lo *chorar*, mas um dia vão vê-lo *CHACOALHANDO BEM*. Podem *rejeitá-lo*, mas talvez até o chamem de *chefe*.

***Podem* rejeitá-lo, *mas talvez até o chamem de* chefe.**

CAPÍTULO CINCO

Acredite no poder do seu microfone

O que conta não é necessariamente o tamanho do cachorro na briga, e sim o tamanho da briga no cachorro.

— DWIGHT D. EISENHOWER

EU AMADURECI MUITO desde aqueles dias em que deixava meninas malvadas, como as que encontrei no QVC, me magoarem, e realmente aprendi que o poder do seu círculo íntimo é um dos maiores segredos para o sucesso, tanto nos negócios quanto na vida.

Quando penso nas minhas seis amigas mais próximas, percebo que elas têm personalidades diversas, carreiras fantásticas e alguns dos corações mais generosos que conheço. Se alguém procurasse conhecê-las apenas por fotos nas redes sociais, poderia imaginar que têm vidas glamourosas e bem-sucedidas, do tipo que só acontece com *outras* pessoas. Mas, tal como a minha, as histórias reais delas estão longe de serem perfeitas. Pedi permissão para compartilhar com você algumas partes, que não são o que se vê à primeira vista nas redes sociais, nem na sua vida profissional nem pessoalmente.

Minhas amigas são todas muito bonitas, e, para mim, isso dá uma foto perfeita! Mas nós sete somos destemidas, caóticas, triunfantes e, definitivamente, não somos perfeitas!

Eis aqui a verdade por trás dos nossos lindos rostos sorridentes.

Entre as sete:

1 foi sem-teto durante a infância.
1 foi uma criança órfã.
2 são adotadas.
1 teve uma mãe com doença mental severa.
1 teve um pai que cometeu suicídio quando ela tinha apenas 15 anos.
2 não sabem quem é o pai.
1 tem dificuldade de aprendizagem.
1 engravidou aos 15 anos e se tornou mãe solo.
1 foi diagnosticada com câncer de mama.

Cada uma de nós também teve algumas VITÓRIAS dignas de contos de fadas, muitas nascidas da pura determinação:

4 de nós somos empreendedoras, fundadoras de empresas e CEOs.

1 teve um telejornal em rede de TV batizado com o próprio nome, no canal HLN da CNN (essa é Natasha, que mencionei no capítulo anterior).

1 se assumiu recentemente e compartilhou com os amigos e familiares que se identifica como bissexual/gênero fluido.

1 é conhecida como a Jerry McGuire feminina e terá uma celebridade de primeira linha interpretando-a em uma série de TV que está prestes a estrear.

1 está na lista da *Forbes* das Mulheres Empreendedoras Mais Ricas dos Estados Unidos.

1 desempenhou mais de um papel importante na teledramaturgia, em horário nobre.

1 está se libertando da insegurança causada por uma deformidade física.

Em teoria, somos peças de um quebra-cabeça que não parecem se encaixar. Nem todas compartilhamos as mesmas posições religiosas, políticas ou socioeconômicas, mas nada disso é relevante para a nossa amizade. Todas nós choramos juntas, sonhamos em mudar a cultura juntas, defendemos mulheres e causas incríveis juntas e TODAS nós somos VITORIOSAS, e não VÍTIMAS, apesar dos nossos passados, apesar dos nossos desafios, apesar das nossas limitações. Todas nós acreditamos em viver uma vida que esteja a serviço, de serviço!

Estas são as minhas amigas mais próximas porque elas se comportam de maneira corajosa e autêntica na vida. Elas estão disponíveis para mim, da mesma forma que estou para elas. Elas me encorajam. Elas me lembram de que sou suficiente, tanto nos dias bons, que são os meus melhores momentos, quanto nos dias ruins, em que não consigo sair da cama. Nós nos reconhecemos na nossa completa vulnerabilidade e na nossa completa verdade. E amamos umas às outras, sem julgamentos.

Estou compartilhando tudo isso para dar um exemplo de como, apesar de nos sentirmos envergonhados de revelar os nossos passados ou partes das nossas histórias, se formos corajosos o suficiente para fazê-lo, muitas vezes descobriremos que não estamos sozinhos.

Dana tem sido minha amiga há mais de vinte anos. Foi ela que, recentemente, descobriu e admitiu que se identifica como bissexual/gênero fluido. Ela me disse: "Parecia que os meus relacionamentos com amigos e familiares foram muito prejudicados antes de contar que era do gênero fluido. Eu me sentia mais sozinha do que *nunca*. Minha vida começou a se desenrolar de maneira mais gloriosa quando comecei a compartilhar a minha verdade." Quando Dana confiou em mim, chorei de alegria, porque nunca a vi tão feliz. Ela pediu que eu compartilhasse com vocês o impacto e a liberdade que sentiu quando, finalmente, assumiu a sua verdade e decidiu compartilhá-la com as pessoas que mais ama. E, embora não a tenham apoiado de forma tão unânime quanto ela havia pedido em orações, hoje Dana se sente mais livre do que nunca.

A partir das pesquisas da autora Brené Brown, ela aprendeu que tomar posse da nossa verdade e compartilhá-la, mesmo sendo difícil, é a única maneira de realmente nos conectarmos com outros seres humanos. E a conexão autêntica é a chave para o amor.

Quando você esconde partes importantes de quem é, nunca poderá ter relacionamentos autênticos. Porque a outra pessoa amará alguém que não é você. Nós hesitamos. E se eles não nos amarem como realmente somos? Mas, então, temos de nos perguntar o que é pior: perder aquela pessoa ou perder a chance de um amor verdadeiro e autêntico pelo resto das nossas vidas? Nascemos com a necessidade de conexão humana. Por isso, se você tem medo de se apresentar plena e autenticamente como o seu verdadeiro eu, significa que está roubando de si mesmo uma verdadeira conexão humana.

Minha amiga Desiree descobriu que estava grávida quando tinha 15 anos.

"Logo depois que descobri a gravidez, o meu namorado desapareceu. Eu estava assustada, sozinha e dominada pelo medo. Como mãe solo adolescente e sem instrução, estava dividida entre entregar o meu menino para adoção ou criá-lo, sabendo que as probabilidades estariam contra mim... e contra ele. Até o último minuto, tive certeza de que não conseguiria me separar dele, mas, no dia em que ele nasceu, enquanto as enfermeiras o colocavam nos meus braços, fiquei tão paralisada de medo, que me recusei a olhá-lo. Eu não queria que ele visse o meu rosto e que a sua primeira memória da mãe fosse a de uma mulher com olhos amedrontados. Enquanto eu estava lá deitada com ele nos meus braços, mirando o teto com olhos cheios de lágrimas, não consegui deixar de pensar: "Sou forte o suficiente para ser mãe ainda tão jovem? Por que Deus está confiando este presente a mim? Vou arruinar a chance deste bebê inocente de ter uma vida normal?"

Então, sem mais nem menos, o instinto de mãe protetora tomou conta dela. E Desiree tomou a decisão de que seria guiada pelo amor, e não pelo medo. Nessa decisão, toda a sua vida mudou. "Olhei nos olhos do meu menino pela primeira vez e o inundei com cada gota de amor que havia no meu ser. E, naquele momento, tive a certeza de que eu deveria estar exatamente ali e de quem eu deveria ser: uma mãe. A mãe *dele*."

Quinze anos depois, Desiree e eu nos conhecemos pela primeira vez, quando ela se tornou uma das minhas modelos no QVC. Volta e meia, a pele dela ficava propensa a acne, e ela compartilhou comigo como a IT Cosmetics mudara não apenas isso, mas também sua confiança. Um dia, acabamos almoçando e conversando por horas — foi quando vi uma luz dentro dela. Eu pude sentir o seu coração e a sua pura vulnerabilidade. "Como você se sentiria em compartilhar a sua história tão autêntica com milhões de mulheres em todo o país?", perguntei. Eu precisava contratar pessoas para representar a IT Cosmetics no QVC — não apenas para modelar, mas para atuar como apresentadoras, demonstrando os nossos produtos ao vivo. Ao contrário da maioria das marcas, que contratam profissionais de televendas experientes para promover os seus produtos, eu queria encontrar pessoas cujas vidas tivessem sido transformadas pelos nossos produtos, pessoas alinhadas com a nossa missão. Aí, *então,* iria lhes ensinar as técnicas de TV e de vendas.

Quando perguntei a Desiree se estaria disposta a assumir esse novo papel, ela me olhou com espanto. Depois de muitos dias lutando contra a insegurança, ela me ligou e disse sim.

Nunca esquecerei a sua estreia no QVC. Assim como os produtores que, um dia, tinham se preocupado comigo, eu me preocupei de que Des pudesse desmaiar naquele dia. Nos bastidores, ela estava apavorada e com os olhos marejados. Mas, quando ligaram as câmeras, vi em seu olhar uma mudança: ali estava o amor pelas mulheres que estavam assistindo ao programa. Ela se dedicou naquela estreia e nas inúmeras aparições que fez desde então. Eu assumi um grande risco para a minha empresa ao preferir contratar a autenticidade, no lugar da experiência. E ela assumiu um grande risco ao confiar em mim, se mostrar e exercer a liderança com amor, no lugar do medo.

Ao longo dos anos, a nossa confiança mútua se transformou em uma bela amizade. Desiree me lembra que há força e poder escondidos na vulnerabilidade. E, sempre que sou tentada a deixar o medo tomar conta de mim ou a me inferiorizar sem perceber, Des é a primeira a me lembrar que é preciso caminhar em direção ao amor, nunca em direção ao medo.

PENSE NO QUANTO é bom ser o seu verdadeiro eu. Você não precisa nem tentar. Simplesmente acontece. E parece algo criado sem esforço algum. Se você trabalha em um campo criativo ou se dedica a um passatempo criativo, sabe que, quando você está nesse estado chamado de "fluxo", engajado e energizado pelo que está fazendo, a criatividade e a sua melhor obra simplesmente emergem. Acontece a mesma coisa quando você está em um estado de fluxo na vida cotidiana. E a única maneira de experimentar isso é ser, na totalidade, o seu eu autêntico. As partes boas, as partes excêntricas, as partes embaraçosas, as partes legais, as partes medrosas, as partes *verdadeiras*. Quando você esconde partes de si mesmo, ofusca a sua própria luz ou muda para tentar atender às expectativas dos outros, você corre o risco de perder a chance de se tornar a pessoa que nasceu para ser e de desenvolver os tipos de relacionamentos capazes de preencher a sua alma.

Muitos de nós desperdiçamos *grande parte* da vida diminuindo quem somos e como nos expressamos por estarmos preocupados com o que os outros pensam.

Um dos maiores medos que impede a manifestação do nosso verdadeiro eu é o medo de que as pessoas não gostem de nós. Eis aqui a questão: vamos esbarrar em meninas malvadas, puxadores de tapete, fofoqueiros, concorrentes sem escrúpulos e até apoiadores mal-orientados. Nem todo mundo vai gostar de cada um de nós o tempo todo, não importa o que aconteça. Então, por que não aceitar isso, e agir logo como você mesmo?! Caso contrário, além de tudo, você terá *haters* e críticos julgando alguém que, na verdade, você *não é*. Talvez seja menos doloroso, ou talvez ache que, se você se diminuir ou se esconder, encontrará menos negatividade. Mas, no fim das contas, quando recupera o seu poder e se expressa como o seu eu autêntico, você, literalmente, reconquista toda a sua vida.

Uma chave para acreditar em nós mesmos é nos cercar de pessoas que não apenas acreditem em nós e nos amem pelo que somos, mas que também nos encorajem. É comum dizerem que somos o resultado das cinco ou mais pessoas com quem passamos mais tempo juntos. Pense nisso por um momento. Além, é claro, dos seus filhos (se você for pai ou mãe), quem são as cinco ou mais pessoas com quem você mais convive ou fala com mais frequência? Elas o estimulam e ajudam a alcançar o seu potencial máximo e a viver a sua melhor vida? Querem o seu bem e inspiram você a amar mais? Elas o lembram você dos seus talentos, forças e beleza? Repreendem quando você faz bobagens? Ajudam a aliviar a sua insegurança?

Se as cinco pessoas com quem você mais convive não estão contribuindo para o seu aprimoramento nem o inspirando a se tornar a melhor versão de si mesmo, talvez valha a pena parar e fazer um inventário de quem está ao seu redor. É fácil manter pessoas na nossa vida que, na verdade, estão nos prejudicando ou diminuindo a nossa energia/vibração. E, muitas vezes, fazemos isso por ser algo confortável ou conveniente. Ou porque somos amigos há muito tempo. Ou porque temos medo de que seja muito difícil fazer novos amigos. É fácil rebaixar o nosso padrão e ser seduzido pelas fofocas, mesmo quando isso não faz bem à nossa alma. É fácil ficar ao lado de pessoas que, na verdade, incentivam a consolidação de péssimos hábitos e dos piores lados de nós mesmos. E é ainda mais fácil compartilhar novas ideias ou grandes sonhos, mesmo quando suspeitamos que elas não compartilharão do nosso entusiasmo nem da nossa crença. Reshma Saujani, em seu livro *Brave, Not Perfect* [Corajosa, não perfeita, em tradução livre], escreve: "Nós nos condicionamos a nos comprometer e a nos depreciar para que os outros gostem de nós. O problema é que, quando você se esforça tanto para fazer com que todos gostem de você, muitas vezes acaba *não* gostando tanto de si mesmo."

Talvez pareça que você não tem escolha, que está preso às pessoas que estão ao seu redor. E se algumas delas não forem apoiadoras do estilo de vida e dos sonhos que pretende levar adiante — e se elas forem membros da sua família? Ou, até mesmo, o seu parceiro? Ou seja, você não pode simplesmente dizer "até mais, mãe" nem se livrar dos familiares com tanta facilidade, não é mesmo? Aprendi uma lição poderosa com o meu brilhante amigo, mentor, autor e palestrante Bob Goff. Certa vez, ele compartilhou esta ideia em um círculo restrito de amigos, e pedi a sua permissão para compartilhá-la com você, pois tem sido muito útil para mim.

Bob me ensinou que, na vida, todos nós temos um microfone que controlamos. E podemos escolher as pessoas a quem entregamos esse microfone. Decidimos quem vai usá-lo para se pronunciar e em que volume. Quando conseguimos decidir quem terá alguma voz na nossa vida, ou a quem entregaremos o nosso microfone, isso pode mudar tudo.

DURANTE E APÓS o ensino médio, um dos meus muitos trabalhos foi como recepcionista em uma academia de ginástica, onde passei a trabalhar na área de vendas até ser promovida, rapidamente, à gerência. Na época, o meu pai trabalhava como inspetor na linha de montagem de uma fábrica de vidro. À medida que eu avançava naquele emprego, comecei a receber, além do meu salário, uma comissão pelas vendas de novas adesões, e passei a ganhar mais de US$ 50 mil por ano — o que era muito mais do que o meu pai ganhava. Quando lhe contei que havia sido aceita na Universidade Estadual de Washington e que planejava ir para a faculdade, ele disse: "Não! Por que você faria isso? Você está ganhando bem. É uma coisa muito boa, e precisa continuar se dedicando a isso." Ele tinha boas intenções e estava dando o seu melhor conselho, mas pelas lentes das suas próprias e limitadas experiências.

Eu queria sair da cidade em que fui criada e viajar, ir para a faculdade e conhecer pessoas que tiveram experiências de vida diferentes das minhas e, acima de tudo, ver o mundo! Naquele momento, eu sabia que o meu pai me amava muito, mas também sabia que precisava retirar o microfone das suas mãos em relação àquele assunto.

É empoderador dominar a arte de decidir quem vai ter o volume aumentado ou diminuído. Talvez você tenha um amigo com quem adore praticar exercícios, mas não goste do fato de ele se vitimizar. Você pode ser gentil e amoroso enquanto estiver na academia, mas escolher não lhe oferecer um microfone em quaisquer outras circunstâncias da sua vida. Talvez tenha um familiar ou parceiro que ame, mas saiba que, quando compartilha com eles objetivos ou sonhos, eles se tornam negativos ou céticos, e isso o exaure e suga a sua alma. Você não precisa abandoná-los, mas pode selecionar os assuntos sobre os quais eles podem opinar. Você tem o poder de diminuir o volume dessas pessoas sempre que quiser. Em alguns dias, talvez possa acabar ouvindo apenas os comentários delas sobre o clima, sobre qual vai ser o jantar ou sobre quem realmente merece estar no programa de TV *The Bachelor*, mas você escolhe não buscar a opinião delas sobre ideias que o motivam. Essa conversa você pode guardar para alguém que mereça um microfone em alto volume! Alguém que o inspire a ser a melhor versão de si mesmo e a voar mais alto naquela área da sua vida!

Quando algo não lhe parecer confortável, imagine-se retirando o microfone das mãos daquela pessoa, tão rápido quanto um repórter pega o microfone de uma testemunha descontrolada em uma transmissão ao vivo na TV. Quando lançamos a IT Cosmetics, Paulo e eu recebemos comentários e questionamentos carregados de desconfiança, inclusive de muitos amigos, familiares e colegas da época. "O que vocês entendem de maquiagem?", "Paulo, maquiagem não é coisa de homem!", "Por que você desistiria de um emprego seguro e com benefícios?" e "Vocês têm certeza de que estão preparados para fazer isso?". Se tivéssemos encarado as perspectivas do nosso sonho por aquelas lentes repletas de dúvidas, onde estaríamos agora? Da mesma forma, quando sente que as pessoas estão apenas lhe dizendo o que você quer ouvir, para agradá-lo, também é preciso diminuir o volume, porque não é real.

Se a sua intuição lhe disser que um amigo, parceiro ou familiar não está enxergando os seus objetivos e os seus sonhos sob a perspectiva colaborativa da que você necessita, não busque o conselho dessas pessoas. Não lhes entregue o microfone para conversar sobre tal assunto. Ame-as a partir de um limite novo e mais saudável. Continue compartilhando as coisas, mas foque as áreas em que vocês se conectam melhor. A energia é contagiosa e, mesmo que você não consiga controlar a forma como as outras pessoas a expressam, pode controlar quem vai impactar a sua.

Se o seu círculo não estiver lhe dando apoio, reflita; talvez não seja um círculo, e sim uma prisão! Quando nos cercamos de pessoas negativas ou tóxicas, muitas vezes começamos a espelhar tal negatividade. Pense nas pessoas em sua vida que o puxam para baixo. Você gostaria de pegar a energia negativa contagiosa dessas pessoas e adotá-la como sua? Talvez já esteja fazendo isso sem perceber. É muito fácil deixar isso acontecer.

Se não estiver cercado pelo tipo de apoio de que precisa, disponha-se a acrescentar algumas pessoas novas ao seu círculo; pessoas que possam ajudá-lo a se tornar a melhor versão de si mesmo. Pessoas por quem você também possa fazer o mesmo. Quando alguém opera em uma vibração mais alta do que a sua, é possível sentir isso, e essas são as boas pessoas às quais você pode entregar o seu microfone quando precisar de uma boa orientação nessa área.

Uma amiga do meu círculo íntimo, Lia, exala a energia mais alegre entre todas as pessoas que conheço. Ela é como o sol na forma de um ser humano. Lia é a amiga que passou a infância como sem-teto e, mais tarde, encontrou abrigo nos projetos habitacionais da Filadélfia. Ela estava cercada por pessoas que nunca a encorajavam a sonhar grande e que nunca sonharam grande por si mesmas. Porém, desde que era uma garotinha, sentia que Deus tinha grandes planos para a sua vida. Mesmo que tenha crescido em um ambiente assolado pelo medo, ela decidiu escolher a alegria. Desde jovem, aprendeu sozinha como diminuir o volume das pessoas ao seu redor e, graças à sua própria garra, foi trazendo para o seu círculo, uma a uma, as pessoas que a incentivavam, da mesma maneira que ela costumava fazer com os outros. E, igualmente, quando pessoas pertencentes ao círculo, como a mãe dela, lhe diziam para irradiar a sua luz, ela soube aumentar o volume dessas palavras que lhe pareciam verdadeiras. No fim, começou a preencher o seu círculo com pessoas que tinham mais conhecimento de negócios do que ela e, assim, abriu o próprio negócio, uma linha de joias chamada Valencia Key, que ela lançou recentemente no QVC. A garota que cresceu *sem-teto* esteve ao vivo na TV, atingindo 100 milhões de *lares*, compartilhando o seu sonho e a sua alegria. Nesses longos anos em que somos amigas, ela é a pessoa a quem recorro sempre que alguém faz um comentário muito ofensivo na internet, ou descubro que um colaborador traiu a minha confiança, ou um concorrente tentou me prejudicar. Lia me estimula rapidamente e me retira desse estado! Ela me lembra de não lhes dar o meu poder e de não deixar que eles roubem a minha alegria.

Lembre-se de ser gentil consigo mesmo. Construir um círculo forte de pessoas boas ao seu redor pode levar tempo. Às vezes, alguma delas vai abalar a sua confiança e se revelar alguém que você não esperava. E pode até parecer impossível encontrar o tipo de pessoa que está procurando, mas acredito que, quando somos verdadeiros amigos para os outros, atraímos amigos sinceros, honestos e com mentalidade semelhante. Tome a decisão certa na hora de escolher quem vai estar ao seu lado.

Quando você cria conexões autênticas, elas o ajudam a acreditar em si mesmo e nos seus sonhos e, em última análise, ajudam a torná-los realidade. Lia me inspira a aumentar a minha alegria. Denise me inspira a não aceitar desaforos de ninguém. Natasha me inspira a ser o esquilo destemido. Dana me inspira a expressar a minha verdade. Desiree me inspira a aceitar a minha vulnerabilidade. Jacquie me inspira a ser forte e corajosa. As pessoas das quais eu me cerco e a quem concedo a palavra na minha vida foram fundamentais para o meu sucesso. Elas são gentis e não me julgam. Elas enxergam o melhor em mim e me lembram disso. Elas não deixam que eu rebaixe o meu padrão, nem que eu tenha uma recaída em relação a algum hábito ruim. Elas me desafiam. Elas cumprem a sua palavra. Elas acolhem a minha esquisitice e me amam como eu sou. E tento fazer tudo isso por elas. Ter um círculo forte como esse foi crucial para a minha capacidade de suportar fracassos e desilusões, e foi fundamental para a minha autoconfiança, mesmo que os outros pareçam não me entender.

Seu círculo pode ser formado por duas ou por cinco pessoas; apenas certifique-se de que são as pessoas *certas*. Se você quiser trazer alguns novos amigos para o seu círculo íntimo, certifique-se de identificar as qualidades de que precisa em um amigo e de estar com a mente e o coração abertos sobre quem você está disposto a incluir. Descobri que os verdadeiros amigos nem sempre se parecem com os indivíduos que faziam parte dos círculos que você frequentava no ensino médio, ou com os tipos de pessoa com quem foi criado. E, para encontrá-los, talvez seja necessário eliminar alguns filtros de julgamento obsoletos e superficiais.

Minhas amigas e eu formamos um belo grupo, mas não somos como cães de exposição impecavelmente treinados desde o nascimento para vencer. Somos mais parecidas com vira-latas, que podem até não saber de onde vieram, mas sabem muito bem do que são feitos. Vira-latas que já se relacionaram com a sua cota de cães de caça tiveram ninhadas inesperadas, lidaram com muitas pulgas e lamberam suas próprias feridas juntos. Vira-latas que superaram a necessidade de ouvir "quem é a boa menina?", que não julgam se você já esteve no canil e que, sim, às vezes até urinam um pouco quando ficam muito empolgados. Vira-latas que uivam de rir juntos e compartilham anos de sabedoria sobre a vida. Vira-latas que nasceram sem origens nobres, mas com uma gigantesca disposição para a luta. Há apenas um requisito para se juntar à matilha: um enorme coração capaz de amar. Nós somos vira-latas e azarões que escolheram entrar nas competições de cães, mesmo tendo vindo do nada, para conquistar alguns dos maiores troféus do concurso, simplesmente por ter decididos acreditar que conseguiríamos.

CAPÍTULO SEIS

Acredite no poder da autenticidade

Seja quem você é e diga o que sente, porque aqueles que se importam não importam e aqueles que importam não se importam.

— BERNARD M. BARUCH

"OLÁ, JAMIE, o meu nome é Sarah Beth, e estou ligando do Texas para encomendar mais produtos seus. Não sei o que você está colocando nesses produtos, mas, outro dia, o meu marido me disse que eu estava bonita. Falei: 'Como assim?' E ele respondeu que eu estava *radiante*. Agora, você precisa entender uma coisa: ele nem percebeu quando eu tingi, por engano, o meu cabelo de um tom roxo-avermelhado. Então, para ele dizer *isso*... Estou ligando para encomendar mais." Chamadas como a de Sarah Beth, uma compradora que me conheceu pela TV, nos propiciavam o retorno real dos clientes.

A experiência no QVC acabou trazendo inúmeras lições importantes, que apliquei a todas as áreas do nosso crescimento, seja no digital, nas mídias sociais ou nos negócios, e, mais ainda, ao meu crescimento pessoal.

Alguns anos após o nosso lançamento no QVC, ainda éramos pequenos em relação a muitas grandes marcas da época, mas estávamos crescendo a passos largos. Nossos produtos estavam vendendo bem no QVC, e a taxa de recompra era alta. Isso significa que os clientes que compraram pela primeira vez tinham gostado e compravam mais quando os produtos acabavam.

Uma empresa pode vender algo uma vez — é apenas uma venda. Mas, quando os clientes amam tanto algo, que compram pela segunda vez, temos uma marca.

Nos negócios, conseguir esse cliente que retorna sempre foi o meu objetivo e o indicador máximo do sucesso que eu tanto valorizava. Uma empresa pode vender algo uma vez — é apenas uma venda. Mas, quando os clientes amam tanto, algo que compram pela segunda vez, temos uma marca. Não se trata apenas de aumentar as vendas; trata-se de desenvolver a confiança e o valor da marca. Se um cliente confia que o seu produto funciona e faz o que você disse que faria, é aí que é possível, realmente, construir algo real.

À medida que as nossas vendas e as recompras continuavam a crescer, passei a ser escalada para ir ao ar com tanta frequência, que isso tomou conta da minha vida. O QVC é exibido ao vivo pela TV, 24 horas por dia, 7 dias por semana, todos os dias do ano, exceto no Natal. Não há roteiro e não há teleprompter; é só você e um apresentador, juntos, olhando para as câmeras no estúdio, com transmissão para todo o país, além da veiculação ao vivo on-line. Cada minuto conta muito. Para o QVC, o tempo de exibição no ar é o seu espaço comercial. Quando você entra em uma loja das redes Target ou Walmart, pode comprar milhares de produtos, todos ali, ao alcance da mão. Mas, quando se trata de compras na TV, apenas um produto pode ser exibido de cada vez. Isso significa que todas as empresas, marcas e produtos estão competindo entre si para obter tempo de exibição. Portanto, mesmo que a IT Cosmetics seja uma empresa de maquiagem, estamos competindo com as melhores empresas de todas as categorias, como Apple, Dyson ou Vitamix. O tempo de exibição, em grande parte, vai para quem está alcançando as maiores vendas em termos de dólares por minuto.

Todas as vezes em que eu estava ao vivo, conseguia ver o relógio sob as câmeras, que informava quantos minutos ainda restavam, e ouvia o produtor no ponto eletrônico me informar como estavam as vendas, literalmente a cada segundo. Era muito estressante, mas eu precisava parecer que eu estava me divertindo muito. E aqui está a questão: você *realmente* precisa se divertir, porque, caso se esforce demais, pode ser um tiro pela culatra. Os telespectadores são inteligentes e não comprarão de um vendedor que fica tentando empurrar produtos para eles. Mas, se você for verdadeiro consigo mesmo e mostrar o seu amor autêntico pelo produto, eles vão perceber.

Contudo, é importante ressaltar que isso não é tudo. Como mencionei, no QVC você sente essa pressão implacável de que só foi bom o bastante até a sua participação mais recente. E, mesmo que tenha ido tudo bem, ainda podem cortar o seu tempo no ar, *enquanto você está ao vivo*, se o produto não estiver vendendo conforme o esperado. Isso já me aconteceu diversas vezes. Eu poderia estar apresentando um produto que tinha nos custado centenas de milhares de dólares, e, de repente, veria o meu relógio de contagem regressiva ser interrompido. Imagine estar lá, apresentando-se ao vivo, sabendo o quanto está em jogo e que só dispõe de oito minutos para falar sobre o produto. Então, vê o tempo no relógio passar de seis para dois minutos e precisa continuar sorrindo e defendendo o seu produto sem reagir. Muitas coisas começam a passar pela sua cabeça. Você acabou de perder quatro minutos de apresentação porque o produto não vendeu muito bem nos dois primeiros. Aqueles quatro minutos representam milhares de dólares em vendas que você acabou de perder. Para piorar, pelo fato de não ter ido bem, é bem possível que não tenha outra oportunidade de apresentá-lo no ar, o que significa que o QVC lhe enviará de volta todo o estoque extra pelo qual você já pagou — e você não receberá nenhum centavo pelo que não foi vendido. Pode parecer cruel, mas é assim que funciona nas lojas de varejo físicas. Se o seu produto não vender bem logo de cara, ele é retirado da prateleira, e você perde o seu espaço. Negócios são apenas negócios, e aqueles varejistas também precisam se manter no mercado, então faz sentido. A grande diferença, no entanto, é que no QVC isso acontece quase que imediatamente, e você não tem o privilégio de permanecer muitos dias na loja, como em uma Target ou uma Walmart, para provar que o seu produto será vendido. No QVC, você costuma ter apenas uma chance. Se for tudo muito bem, talvez você tenha outra.

Chegou ao ponto em que eu vivia como se estivesse de plantão, 24 horas por dia, 7 dias por semana. Literalmente.

Era bem difícil. Não ter um horário regular de sono é prejudicial para a saúde. Adicione a isso a incessante pressão para atingir os números de vendas.

Quanto melhor você se sai, mais aumentam as suas metas de vendas e mais tempo de exibição você tem. No entanto, de alguma forma, você continua acreditando que pode melhorar. Enquanto participei do QVC, vi marca após marca durar apenas um programa. Então, percebi que era uma enorme honra continuar sendo convidada, pois seguíamos batendo os números.

O QVC deu exposição à minha empresa quando não podíamos pagar por publicidade, e até hoje devo muito do nosso sucesso a eles. Tal exposição fez com que as pessoas fossem às lojas perguntar sobre a marca, e essa demanda pelos nossos produtos, entre os consumidores, nos ajudou, *finalmente*, a obter os *sins* dos varejistas, depois de tanto tempo ouvindo *não*. Os rigorosos regulamentos e protocolos de controle de qualidade que o QVC exige eram dispendiosos e inconvenientes para a realidade de uma pequena empresa, mas também nos salvaram de enfrentar reclamações de consumidores ou problemas de qualidade com os quais muitas empresas iniciantes e em desenvolvimento têm de lidar. Quando penso nessa jornada, o *sim* do QVC foi a maior plataforma de lançamento que a nossa empresa poderia ter desejado, e, mesmo com todas as dificuldades, eu faria tudo de novo num piscar de olhos.

Além de catapultar as nossas vendas e a conscientização da marca, uma das partes mais bonitas da experiência foi compartilhá-la com algumas pessoas incríveis (exceto pelas "meninas malvadas"). Helen, uma das nossas modelos, tinha o humor mais afiado e as histórias mais engraçadas de todo o nosso grupo. Ela era solteira, tinha 70 anos e, durante longas horas no estúdio, compartilhava as histórias dos seus encontros amorosos — e algumas nos faziam até fazer xixi na calça de tanto rir. Ela tinha perfis em muitos sites de namoro, mas, na maioria das vezes, só saía com o homem uma única vez, pois descobria bem rápido por que eles estavam solteiros. Uma vez, ela soube que um deles, que afirmou estar na casa dos 70 anos — assim como ela —, mentiu sobre a própria idade. Na verdade, ele estava na casa dos oitenta. "O quê? Os homens mentem sobre a idade na casa dos oitenta?", perguntei. "Os homens *continuam* mentindo na casa dos oitenta?", perguntou outra modelo. E a coisa piorou: o cara também tinha mentido sobre o fato de ser casado. Em um encontro com outro senhor, que realmente estava na casa dos setenta, ele se inclinou e lambeu a bochecha dela.

Sim, lambeu toda a bochecha dela! Desnecessário dizer que aquele foi o último encontro dos dois. De qualquer forma, Helen ficou conhecida como "ímã de homens" e, quando estávamos no ar e ao vivo, eu mencionava que ela estava procurando um namorado (com a permissão de Helen, é claro)! As telespectadoras se identificavam, pois ligavam para dizer que ela era a modelo favorita, ou que queriam ter uma vida de encontros amorosos ativa como a dela.

Helen era tão sarcástica e engraçada, que ela e Paulo ficavam se provocando no camarim, como se fossem irmãos. "Jamie, como você aguenta ele?", dizia, quando ele estava ao meu lado. "Jamie, como vamos conseguir zerar o estoque desse produto tendo a *Helen* como modelo? Eu não entendo", brincava ele. Passávamos muito tempo juntos, mais tempo do que com os nossos familiares. Ficamos sabendo que Helen tinha apenas uma pequena e velha TV, mesmo com o rosto dela aparecendo em incontáveis TVs de tela grande em todo o país. Então, certo ano, durante a temporada de festas, Paulo e eu a surpreendemos: compramos uma grande TV de alta definição e a presenteamos. Assim, Helen poderia gravar os programas em que aparecia como modelo e ver o seu próprio e belo rosto em uma tela grande.

Uma das características do ambiente do QVC de que eu mais gosto é que, ao contrário das lojas físicas, onde encontramos muitos produtos de marcas sem conhecermos os donos das empresas, lá quem se apresenta quase sempre é o dono dos negócios ou das marcas. Muitos dos programas de uma hora de duração exibem produtos de várias marcas diferentes. Então, acabamos conhecendo muitos fundadores de empresas e empreendedores fascinantes e inspiradores, pois todos ficam juntos no camarim antes de o programa começar.

Uma das minhas memórias mais afetuosas é ter testemunhado Paulo e dois outros fundadores caminhando pelo corredor, com manteiga de lagosta espalhada no rosto, escorrendo pelo queixo até pingar nas roupas. Uma das marcas de alimentos tinha acabado de ir ao ar. Depois que se apresentam, elas permitem que qualquer um que esteja por perto coma tudo o que foi preparado para a apresentação. Algumas comidas são mais cobiçadas do que outras. No meu caso, eu ficava empolgada quando empresas como a Cheryl's Cookies estavam no ar. O festival de biscoitos após as apresentações era classificado como "calorias não contam quando é grátis". Mas os vendedores de lagosta eram os favoritos de Paulo. Quando eu o vi encharcado de manteiga e devorando lagostas, comecei a rir descontroladamente.

"Disseram que o que sobrar no carrinho de exibição será jogado", disse Paulo, com a boca cheia, enquanto eles permaneciam no corredor do estúdio, com várias caudas de lagostas nas mãos, mergulhando-as na manteiga e enfiando-as na boca como se fosse um daqueles concursos de quem consegue comer mais e mais rápido. Muitas vezes, ficávamos no camarim, exaustos, rindo juntos das coisas mais tolas, aliviando a tensão e nos unindo nas dificuldades. Acabamos formando verdadeiras amizades.

Como empreendedores, todos nós temos momentos em que um concorrente está se saindo melhor do que nós, e cogitamos mudar o que estamos fazendo, seja o modo como apresentamos nosso produto, a maneira como descrevemos a nossa missão ou, até mesmo, qual produto estamos vendendo. Vi isso acontecer várias vezes e considero este um dos maiores erros que qualquer empreendedor pode cometer. Cada vez que eu via uma marca mudar algo que não estava alinhado com a sua missão ou autenticidade, o fracasso vinha a longo prazo. Depois de observar essa situação se repetir, fiquei obcecada por isso. Sempre que alguém da minha equipe se preocupava com o que outra marca estava fazendo, ou com o que estava em alta naquele momento do mercado, eu começava a dizer o seguinte: "O maior risco para um negócio não é a concorrência. É o risco de se distrair e se deixar influenciar, enfraquecendo o próprio ingrediente secreto." Falei isso tantas vezes, que, depois de um tempo, a minha equipe começou a concluir a frase por mim. Assim como acontece nas amizades e nos relacionamentos, o mesmo princípio é válido nos negócios. Nos negócios, o seu relacionamento autêntico é com o cliente. Perceber o poder da autenticidade elimina grande parte da pressão e do estresse. Porque só existe um único você. E ser outra pessoa além de si mesmo não vai funcionar. Perceber isso é libertador.

O maior risco para um negócio não é a concorrência. É o risco de se distrair e se deixar influenciar, enfraquecendo o próprio ingrediente secreto.

Até hoje, sempre que sintonizo a TV no QVC, identifico muitos dos apresentadores que vejo no ar, seja qual for o dia. Logo de cara, aprendi que as pessoas que se saem melhor ao vivo são aquelas que se comportam da mesma maneira fora do ar. Alguns dos mais bem-sucedidos fundadores de marcas têm uma personalidade, uma vibração e um aspecto específicos no ar, e são os mesmos quando saem de cena. Por outro lado, as pessoas que vão ao ar valendo-se de um truque ou de uma dissimulação, ou que são extremamente "vendedoras", nunca se saem bem a longo prazo. Há uma alta rotatividade entre elas. Os telespectadores, e as pessoas em geral, só conseguem se conectar quando você está sendo autêntico — e isso não dá para fingir. Mally Roncal, a fundadora da Mally Beauty, é um ícone do QVC. Ela foi a maquiadora da Beyoncé, é totalmente da paz e do amor e é uma ótima profissional. Na TV, tem uma energia altíssima. É exuberante, extremamente confiante, divertida e sempre muito risonha. Você se pergunta como alguém pode ter tanta vida o tempo todo, e nos escritórios do QVC é possível ouvir a risada de Mally ao longo do corredor. Ela é exatamente a mesma pessoa às três da manhã, caminhando até o estacionamento. Tive almoços com ela que duraram quatro horas e, no fim, ainda estávamos rindo. Eu poderia ligar para Mally neste exato momento, conversar por mais quatro horas e não zerar os assuntos, porque ela é carismática e muito amorosa. Por isso é um grande sucesso. Ela é quem ela é, no ar e fora do ar.

Outro exemplo incrível é a falecida e lendária Joan Rivers, que foi uma das rainhas originais do QVC. Ela ia ao ar com um entusiasmo indomado, exagerado, gentil e, muitas vezes, surpreendente, mas era assim que ela era na vida real também. Nunca me esquecerei de um dia dentro de um camarim lotado, com as vendas num ritmo tão lento, que dava para sentir a tensão no ar. Eu estava lá, sentada, me preparando com outros fundadores de marcas, igualmente silenciosos e estressados, quando, de repente, as grandes portas de metal da entrada se abriram. Joan entrou com os braços abertos e proclamou em voz alta, com sua irreverência contagiante: "Vamos acordar os Estados Unidos e vender algumas merd%$ hoje, pessoal!" Era impossível não sorrir e não amá-la. Ela adorava os clientes e sempre foi ela mesma — e, por isso, era sempre bem-sucedida. As vendas são apenas um resultado efêmero. A longevidade é alcançada ao certificar-se de que o seu produto cumpre o que promete, construindo confiança, sendo você mesmo e conectando-se verdadeiramente com o cliente. Se deseja consumidores e relacionamentos duradouros, ou se quer construir comunidades on-line duradouras, precisa se apresentar com autenticidade.

A autenticidade não garante o sucesso... mas a inautenticidade garante o fracasso.

A AUTENTICIDADE NÃO GARANTE o sucesso... mas a inautenticidade garante o fracasso. Enquanto eu desenvolvia a minha empresa, observei milhares de outras empresas terem sucesso e fracassarem depois. A autenticidade é algo que não se pode fingir. Para mim, uma das maiores lições da vida e dos negócios foi aprender que este é o verdadeiro poder.

CAPÍTULO SETE

Acredite que você pode passar de subestimado a imbatível

Você acredita que meninas podem voar?

— NADIA, The Story of Nadia Comaneci

"GOSTARÍAMOS DE OFERECER 1,2 bilhão de dólares pela sua empresa." Ainda não consigo processar que ouvi essas palavras. Mas era real. A mulher que começou com um sonho na sala de estar da própria casa soube, então, que havia criado algo valioso. Realmente valioso. Mesmo tendo sido ignorado por tantos especialistas, e por tantos anos. Ouvir aquelas palavras me fez acreditar que a paixão e a resiliência inabaláveis valem mesmo a pena. Houve muitas outras estradas de tijolos amarelos a percorrer antes de chegar a Oz. O caminho foi sinuoso, interrompido por sinais de "pare", desvios e muitas lições de persistência e perseverança.

Em 2013, estávamos fazendo mais de duzentos programas ao vivo por ano no QVC. Um ano tem 365 dias, e estávamos fazendo mais de duzentos programas! Tínhamos nos mudado da Califórnia para Jersey City, Nova Jersey, para conseguirmos montar uma equipe, ao mesmo tempo que ainda nos mantínhamos suficientemente perto do QVC, na Pensilvânia. Quando não estávamos lá, voltávamos para nosso escritório ou viajávamos para reuniões com varejistas no país inteiro. Comecei a fazer aparições em lojas da ULTA Beauty em todo o país. Centenas de clientes se deslocavam até os eventos para me encontrar e conhecer a equipe da IT Cosmetics.

Também estávamos nos preparando para lançamentos internacionais no Sudeste Asiático e na Austrália.

Construímos uma equipe incrível, liderada pela nossa primeira colaboradora, Jacquie, que dava apoio a todos os programas do QVC, desde a preparação dos adereços até a configuração dos cenários e a seleção das modelos, passando pela produção dos documentos que eram exibidos no ar e pelo planejamento dos programas, além de estar presente comigo e com Paulo em cada apresentação.

Montar uma grande equipe de colaboradores e, em seguida, aprender a desapegar e a delegar foi o que nos manteve vivos. Finalmente, conseguimos contratar pessoas que eram especialistas em áreas nas quais, até então, estávamos apenas nos virando, como recursos humanos, meios digitais, educação global e vendas. E, depois de quatro anos, contratei uma assistente, Zega, que se integrou em pouquíssimo tempo.

Mas tudo estava crescendo tão rápido, que era difícil lidar com demandas cada vez maiores. Eu não queria criar uma cultura de exaustão, de modo que passei a contratar com a maior rapidez possível. Enquanto isso, todos nós continuávamos assumindo mais e mais funções, e já estávamos no limite.

Paulo ainda liderava as áreas de operações, finanças, TI, meios digitais e jurídico, além de supervisionar todas as funções de armazenamento, expedição, contabilidade e previsão de mercado (sou muito grata por ter me casado com o cara superinteligente da sala, rs). Eu ainda estava na liderança de mais da metade dos departamentos da empresa, além de idealizar todos os produtos, supervisionar o desenvolvimento da nossa estratégia e iniciativas de vendas, redigir os textos dos produtos e do marketing, aprovar campanhas, formular e aprovar testes de produtos, fazer apresentações em reuniões e conferências de varejistas, palestrar em eventos com clientes, entrevistar e contratar colaboradores, participar de todas as entrevistas sobre a empresa na imprensa e na mídia, e apresentar os programas do QVC, tudo isso enquanto ainda gerenciava o dia a dia dos negócios e me certificava de que estávamos atingindo as projeções de vendas.

Entretanto, se você já abriu um negócio, sabe muito bem o que vou dizer agora: embora ser capaz de contratar pessoas seja uma dádiva e um grande marco como empreendedor, gerenciá-las é um trabalho em tempo integral e completamente diferente! Estávamos esgotados, mas continuávamos correndo o mais rápido que podíamos. Várias vezes, eu me sentia como um hamster numa roda giratória — e que alimentava uma empresa inteira. Eu precisava correr mais rápido, carregando o enorme peso dessa empresa; convencido de que estava correndo pela minha vida, e que nunca sabia quando a roda do sucesso poderia colapsar. Eu tinha ouvido *não* tantas vezes e não tive dinheiro por tanto tempo, que, quando finalmente recebi os *sins* e a conta bancária da empresa começou a crescer, nunca consegui acreditar que aquilo estava acontecendo. Todos os dias, sentia que tudo poderia desmoronar a qualquer momento. Isso pode ser chamado de síndrome do impostor, quando você não consegue acreditar que o sucesso que está acontecendo com você é real ou merecido. Eu não estava familiarizada com aquele tipo de êxito financeiro e nunca vivi nada parecido. Como aquilo poderia acontecer comigo? Eu sabia que estava me esforçando bastante, mas parecia que, a qualquer momento, tudo poderia sumir.

Conforme os anos foram passando, a exaustão foi ficando pior. Ganhei muito peso, e Paulo também. Comecei a ter urticária causada pelo estresse, erupções avermelhadas que apareciam em várias partes do rosto e do corpo, e que coçavam loucamente. Isso começou a acontecer com regularidade. Houve uma vez em que eu estava numa importante reunião do conselho, e os meus dois cotovelos pareciam duas enormes bolas vermelhas de beisebol. Muitas vezes, nos programas que iam ao ar no QVC, eu precisava trocar de vestido para cobrir as manchas, dependendo de onde aparecessem no dia. Eu sempre carregava três coisas comigo aonde quer que fosse: café, creme de cortisona e um antialérgico. E, apesar das cem horas de trabalho por semana e do estresse ininterrupto, Paulo e eu também estávamos tentando formar uma família. Ainda não estávamos muito certos do que queríamos, mas era o nosso sonho tanto adotar um bebê quanto ter um filho da maneira tradicional. Nós não falávamos muito sobre nossa vida pessoal, mas sofremos algumas perdas gestacionais. Comecei a fazer tratamentos de fertilização, procedimentos cirúrgicos de retirada de óvulos e tentativas de compreender por que eu não conseguia manter uma gestação bem-sucedida.

É difícil não se sentir um fracasso quando o seu corpo não funciona do jeito que ele deveria. Foi um período de muita angústia e sensação constante de decepção. Entrelaçada ao estresse estava a preocupação de como conseguiríamos ter um bebê e continuar trabalhando como trabalhávamos — isto é, desde o momento em que acordávamos até cairmos no sono. Paulo e eu não tínhamos noites românticas e, quando tentávamos ter, parecia apenas mais uma reunião agendada. Pedíamos *delivery* para todas as refeições e eu bebia café o dia inteiro. De vez em quando, deixava a TV ligada em algum *reality show* (um dos meus prazeres secretos)... Posso ouvir um amém para *The Real Housewives* e *The Bachelor*? Não largávamos nossos *laptops*. Depois de trabalhar por vinte horas, eu estava exausta, como se tivesse corrido uma maratona, só que olhava para o meu Fitbit e percebia que só tinha dado duzentos passos.

Eu precisava estar calma e articulada sempre que aparecia no QVC, mas uma vez a exaustão realmente me pegou. Queria dizer que os produtos não tinham brilho nem glitter. Esse era um ponto importante, pois clientes que não gostavam dessas coisas em outros produtos saberiam que poderiam comprar os nossos. Mas, ao vivo, na primeira vez que eu disse "brilho e glitter", saiu "clarão e cagatório".[2] Oops. Vi a apresentadora, que estava atrás das câmeras, cobrir a boca. Não foi algo legal de se dizer em um canal no qual usar palavras de baixo calão é inaceitável. Mas, uma vez que eu já tinha cometido o erro, ficou difícil corrigir. Naquela noite, todas as vezes em que eu dizia "brilho e glitter", saía "clarão e cagatório". As modelos que não apareciam na cena estavam rindo sem parar. Tentei muito não dizer aquilo, mas continuava acontecendo. Sério, tente fazer isso agora. Diga "brilho e glitter" cinco vezes rápido. É muito, muito difícil não dizer "cagatório".

Zega me acompanhava em quase todos os programas do QVC. Quando eles eram agendados para o meio da noite, ela me levava para casa depois, ou então direto para o escritório. Durante a viagem de duas horas até Jersey City, eu tentava dormir no banco do carona para descansar antes de chegarmos ao escritório, onde havia um chuveiro e onde eu mantinha algumas mudas de roupas, uma escova de dentes e produtos de higiene pessoal. Muitas vezes, não tinha muito tempo disponível para tomar banho

2 A autora utiliza um jogo de palavras, porque, na língua inglesa, as palavras "brilho" ("shimmer") e "glitter" ("glitter") têm grafias semelhantes. Ao trocar as duas primeiras consoantes de cada termo, a autora lhes conferiu , inadvertidamente, outros sentidos. No caso, "*sh*immer" se transformou em "*gl*immer" (clarão, resplendor, vislumbre), permanecendo no mesmo campo semântico de "brilho", mas "glitter" se transformou em "*sh*itter" (privada, vaso sanitário, latrina, cagatório), isto é, o lugar onde se faz "shit" (merda). [*N. do T.*]

e chegava bem a tempo das reuniões matinais. Eu não teria conseguido lidar com aquela programação ininterrupta sem a ajuda de Zega.

Essas viagens noturnas se tornaram tão rotineiras, que, em determinado ano, como presente de Natal, Paulo me surpreendeu transformando o banco do carona do meu carro em um assento elétrico totalmente reclinável. Eu me lembro do rosto dele dizendo, com orgulho: "É como aqueles carros do programa de TV *Pimp My Ride*. Agora, talvez você consiga dormir um pouco mais confortavelmente durante o trajeto." Sempre quis que Paulo fizesse uma tatuagem, mas ele nunca quis porque é muito conservador; então, acho que me dar um presente de Natal que se parecia com *Pimp My Ride* foi algo que o fez se sentir legal e arrojado.

Deixamos de comparecer a casamentos, feriados e aniversários. Uma vez, levei parte da minha família para as Ilhas Turks e Caicos nas férias, mas fiquei no quarto do hotel, trabalhando no meu *laptop* o tempo todo. Não havia como parar.

Eu não sabia como aquilo funcionaria se tivéssemos um bebê. Ele cresceria como eu cresci, com os pais sempre no trabalho?

Durante o período de hipercrescimento da IT Cosmetics, dirigir a empresa parecia ser a única coisa que eu fazia bem. Paulo e eu estávamos trabalhando tanto, que não nos sentíamos humanos, e sim robôs. Nosso negócio estava prosperando, mas a nossa saúde não; o nosso casamento praticamente não existia, mal víamos amigos e familiares e, literalmente, todas as outras partes das nossas vidas estavam sendo afetadas.

Em determinado momento, percebemos que, durante anos, tínhamos passado quase todos os nossos aniversários de casamento, datas especiais e feriados nacionais no camarim do QVC. A única exceção era o dia de Natal, o único dia em que não havia programas ao vivo, mas, ainda assim, passávamos muitas vezes o Natal no QVC, pois tínhamos sido ou esperávamos ser escalados para programas nos dias imediatamente anteriores ou posteriores à data. Éramos tão motivados, que, quando sabíamos que uma grande tempestade de neve estava se aproximando, dirigíamos até lá e ficávamos hospedados num hotel, mesmo que não tivéssemos programas agendados. Avisávamos que estávamos por lá e prontos para entrar no ar, caso os voos de outros vendedores fossem cancelados devido ao clima e eles precisassem preencher horários. Chegamos ao ponto em que podíamos nos dar ao luxo de assumir um risco de negócios calculado e de fazer o trabalho do comprador por eles, na esperança de que isso valesse a pena. Àquela altura, já tínhamos uma boa noção dos tipos de produtos e kits que vendiam melhor. Como os produtos levavam de quatro a seis meses para serem produzidos, começamos, estrategicamente, a fazer pedidos excedentes e a arriscar que poderíamos ter mais tempo de exibição do que haviam nos prometido. E, caso outra marca não estivesse atingindo as metas de vendas ou não pudesse participar no último minuto, quando o QVC perguntava se tínhamos estoque extra para cobrir aquele vácuo inesperado, respondíamos que sim e que estávamos prontos. A correria era real, e corríamos para aumentar ainda mais aquela correria.

NAQUELE TEMPO, ASSIM que a nossa marca começou a repercutir entre os clientes, recebi um e-mail de uma mulher da L'Oréal que queria se encontrar conosco. Seu nome era Carol Hamilton, e ela supervisionava todas as marcas de luxo da L'Oréal nos Estados Unidos. Soube, imediatamente, que aquela reunião iria acontecer por causa de uma semente que eu havia plantado (na verdade, era mais como uma semente que o esquilo destemido havia plantado) muitos anos antes. Uma semente que eu nunca soube que tinha brotado. Certa vez, ouvira Carol dar uma palestra num evento da indústria, no qual ela compartilhou com o público os seus dez produtos favoritos de todos os tempos. Não havia nenhum produto da IT Cosmetics na lista, de modo que o esquilo destemido dentro de mim decidiu lhe enviar uma nota escrita à mão para ser entregue nos escritórios da empresa, explicando que, se ela experimentasse aqueles produtos, eles passariam a fazer parte da sua lista. Junto com a nota, enviei uma cesta com produtos da IT Cosmetics. Para a minha surpresa, descobri que ela não apenas havia recebido, mas também a guardou. Como se tivesse um pressentimento. Quando ela enviou o e-mail pedindo uma reunião conosco, eu disse a Paulo: "Acho que a L'Oréal vai querer comprar a nossa empresa!" Nós a convidamos ao nosso escritório, e tudo transcorreu bem. Ela fez muitas perguntas e nos disse que acreditava no que estávamos fazendo, no modo como conversávamos com um grupo de mulheres que geralmente eram ignoradas pela maioria da indústria da beleza. (Pensei: "Humm, acho que isso acontece com quase todas as mulheres.") Ela afirmou que o que estávamos fazendo era brilhante e acreditava ser muito necessário. E que também achava que cresceríamos, e muito. Pensei comigo mesma: "Sim, ela entendeu!"

Presumi que aquilo significava que ela queria comprar a nossa empresa, mas eu estava prestes a descobrir que não era tão simples assim. Naquele ano, Carol informou aos chefes da L'Oréal, em Paris, que a nossa marca estava fazendo algo especial e que eles deveriam ficar atentos à nossa evolução. Mas éramos pequenos demais, e não conseguiam avaliar o potencial de nos tornarmos uma grande marca global ou se repercutiríamos apenas nos Estados Unidos. Portanto, naquele momento, eles não estavam interessados em comprar a nossa marca. Ter noção disso foi como uma rejeição, mas, àquela altura, eu já era especialista em ser rejeitada. Para mim, foi incrível que Carol Hamilton tivesse reconhecido o que estávamos fazendo — porque, na época, mesmo que estivéssemos indo muito bem, ainda éramos relativamente desconhecidos.

A outra parte da equação era: venderíamos a empresa caso a oportunidade surgisse? Trabalhávamos no limite, então nem tínhamos tempo para pensar naquilo. Nós a manteríamos e a passaríamos de geração em geração? Iríamos abrir o capital? Sabíamos de apenas uma coisa: éramos viciados em trabalho. Não conseguiríamos administrar a empresa como estávamos administrando e ter qualidade de vida.

Conforme os anos passavam, a exaustão piorava. Eu ainda não estava grávida, e continuávamos trabalhando 24 horas por dia, 7 dias por semana. Procuramos maneiras de mudar a carga de trabalho. Incorporamos um investidor minoritário adicional, a Guthy-Renker, uma empresa de marketing direto ao consumidor, conhecida por ser a melhor no setor de infomerciais. Sempre sonhei em fazer parceria com eles, não apenas porque são os melhores no que fazem, mas porque um infomercial permitiria que espalhássemos a nossa mensagem para mulheres em todos os lugares, sem que eu precisasse estar fisicamente acordada e ao vivo na TV para fazê-lo.

Gravamos um infomercial que começou a ser veiculado em todos os horários. Muitas telespectadoras se mostraram interessadas nos produtos, mas queriam experimentá-los antes de fazerem o pedido. Isso levou ainda mais pessoas às lojas físicas para experimentar os produtos. Nossas parcerias com os varejistas estavam prosperando. E a nossa expansão global estava a todo vapor. Todavia, compreendemos de forma muito rápida como é difícil expandir-se para outros países. Cada país tem as próprias normas regulatórias de produtos e de legislação trabalhista. Não havia horas suficientes no dia, e não tínhamos como descobrir tudo aquilo sozinhos enquanto gerenciávamos todo o resto.

Ampliamos ainda mais a equipe, pensando que isso poderia aliviar a pressão, mas o negócio só ficava mais e mais complexo, de modo que as responsabilidades não diminuíram. Paulo e eu nunca aprendemos a estabelecer limites. Estávamos ambos totalmente imersos. Quando o meu telefone tocava e eu via que era ele, percebia se tratar de uma ligação de trabalho, e não pessoal. À noite, quando um de nós dizia "Está bem, chega de conversa sobre trabalho", o outro — ou até mesmo quem havia dito aquilo, para começo de conversa — mencionava algo relacionado ao trabalho. Chegamos à conclusão de que algo precisava mudar, porque aquilo não era sustentável se quiséssemos permanecer vivos. Literalmente.

HAVIA SE PASSADO alguns anos desde a nossa reunião inicial com Carol e a L'Oréal. Eu os mantinha atualizados sobre cada marco de sucesso que alcançávamos e enviava notícias sobre os nossos feitos para os varejistas durante aqueles anos em que eles nos diziam *não*. Assim como "Marie" havia enviado atualizações para os editores de beleza antes de começarmos a receber a atenção da imprensa. Carol continuava a compartilhar todo o crescimento da nossa marca com os chefões em Paris. Então, numa tarde da primavera de 2015, recebemos a ligação que eu estava esperando. Carol ligou para dizer que a L'Oréal estava interessada em ter uma reunião mais demorada e mais formal.

Não estávamos 100% certos de que queríamos nos associar a eles, ou vender toda a empresa ou uma parte dela, mas precisávamos fazer algo. Paulo e eu não podíamos continuar do jeito que estávamos! Passamos semanas nos preparando para aquela reunião. Os materiais que elaboramos eram muito mais bem-feitos do que as apostilas de apresentação que tínhamos levado para a Sephora anos atrás. Àquela altura, já havíamos incorporado um investidor de capital privado, a TSG Consumer Partners. E, ao contrário do outro investidor que achou melhor não se envolver por causa do meu peso, a TSG não se importava nem um pouco e apoiava a verdadeira essência de quem eu era e a nossa missão autêntica como empresa. Nossos investidores e advogados, junto com Paulo e o nosso diretor de finanças, nos ajudaram a reunir os dados financeiros completos, livros de apresentação e vídeos sobre a marca. Tínhamos dezenas de pessoas no nosso departamento criativo dedicadas ao design gráfico; dispúnhamos de belos gráficos dos produtos e dos ativos de marca. É verdade que esse material de apresentação ainda tinha aquela capa de acetato, mas, analisando retrospectivamente, aqueles materiais iniciais equivaliam a olhar para uma arte feita no jardim de infância.

Tudo parecia surreal. De alguma forma, comecei com uma ideia na minha sala de estar e estava prestes a apresentar a minha empresa para a maior e mais glamorosa empresa de beleza do mundo, a L'Oréal. É o tipo de coisa que, quando você vê em um filme, pensa que só acontece em filmes. Mas era a vida real!

Os escritórios da L'Oréal eram um mundo de conto de fadas, com homens vestindo ternos sob medida e mulheres usando roupas de alta-costura, e muitos deles tinham vindo da sede da empresa, em Paris, para participar daquela reunião. Nem me preocupei, porque, àquela altura, sabia que talvez não me encaixasse, mas era por isso que eu estava lá. Liberdade! Eu não fazia o mesmo que eles — eu os complementava. Então, não sentia pressão para me adequar. Tinha aprendido a lição: não se encaixar pode ser um superpoder. É bem provável que isso tenha sido um grande fator de desinteresse para eles nos primeiros anos, mas a confiança na minha visão havia se transformado em confiança no que eu representava. Eu estava lá para falar com as mulheres de forma diferente.

Não se encaixar pode ser um superpoder.

Você precisa ser estranho para ser o número um.

— DR. SEUSS

A REUNIÃO TRANSCORREU muito bem, e eles fizeram perguntas realmente inteligentes, embora difíceis. A L'Oréal tinha mais de 86 mil colaboradores e possuía dezenas de outras marcas, todas lindas, mas nenhuma semelhante à nossa e ao que fazíamos. Eles eram capazes de lançar uma nova marca sem precisar comprar uma já existente, e, por isso, tínhamos de mostrar o poder da nossa marca e da conexão com os clientes. No fim, entenderam que não se pode fingir autenticidade. Naquele dia, eu lhes disse: "Acredito que, um dia, seremos a marca número um do país." Sabia que Carol conseguia ver a convicção nos meus olhos, pois eu realmente acreditava naquilo. E, pelo brilho em seus olhos, pude ver que ela também acreditava.

A L'Oréal tinha equipes de especialistas em mais de cem países e já estava preparada para distribuir os nossos produtos e a nossa mensagem de empoderamento feminino para mulheres do mundo inteiro; portanto, se fizéssemos uma parceria com eles, em vez de lutarmos para fazer um lançamento em um país de cada vez, eles conseguiriam impactar muito mais mulheres, muito mais rápido. Eu sonhava acordada em me associar a eles e usar aquela influência para obter ainda mais espaço nas prateleiras das lojas, a fim de expandirmos ainda mais a nossa gama de produtos e tonalidades. Em seguida, nos associaríamos ao seu exército de químicos para que pudéssemos aprimorar nossas fórmulas com um nível ainda mais alto de especialização.

Algumas semanas se passaram enquanto eu esperava o meu telefone tocar. E, finalmente, tocou. Era Carol. Eu senti um frio na barriga. Ela disse que todos tinham gostado de nos conhecer e estavam impressionados com o que estávamos fazendo, "mas vai ser um *não*".

O QUÊ? Nãoooooooo! Ela prosseguiu, afirmando que não havíamos conseguido provar que teríamos sucesso em escala global. A L'Oréal precisava estar mais segura antes de fechar uma parceria conosco. Eu tinha certeza de que ela acreditava que aquilo era um erro. Ela era profissional demais para dizer aquilo, mas eu conseguia sentir. Enquanto conversávamos, eu andava de um lado para o outro no escritório, desapontada. No entanto, não chorei como na ocasião em que Allen Burke me deu um *não* em nome do QVC. Estava cheia de convicção quando disse: "Carol, um dia será um *sim*. Eu acredito nisso. E um dia contarei essa história para inspirar outras pessoas."

Ela respondeu de maneira profissional e distanciada: "Boa sorte, Jamie. Parabéns por tudo o que você está fazendo."

Agradeci e lhe disse novamente: "Um dia será um *sim*."

Ela deu uma risadinha amável, e desligamos o telefone.

Lá estava eu, prestes a enfrentar um *burnout*, com outro *não*. Está bem, admito. Chorei por um dia. Mas, daquela vez, foi mais por exaustão do que por rejeição. Então me levantei e, com Deus, graça e determinação, continuei lutando.

Então me levantei e, com Deus, graça e determinação, continuei lutando.

A coisa mais legal que fizemos foi não desistir.

— JAY-Z

NÃO SEI BEM o motivo, mas na época eu tinha vinte camisas e calças pretas iguais, que vestia todos os dias. Era uma tática instintiva de sobrevivência para conservar energia. Tomar uma decisão a menos por dia parecia importante (até hoje, ainda faço isso quando sei que preciso concentrar toda a minha energia em uma coisa, como escrever este livro. Sim, estou escrevendo com uma camisa e calça preta). Eu usava meu cabelo em um coque todos os dias e em todos os programas do QVC. Sempre que os consultores de imagem de lá sugeriam o cabelo solto, eu explicava que mostraria melhor os produtos no meu rosto com o cabelo preso, e isso era verdade. Mas a razão predominante era que eu mal estava conseguindo sobreviver à exaustão e precisava economizar cada gota de energia que pudesse.

Peguei toda a energia que poupei em algumas áreas e a investi na tarefa de impulsionar ainda mais o crescimento da IT Cosmetics. O QVC ficou impressionado ao perceber que, enquanto as outras marcas acabavam se cansando, ou os apresentadores se queixavam, dizendo que precisavam dormir (e eles precisavam mesmo; todos nós precisávamos), Paulo e eu adotamos uma abordagem diferente. Nós exigíamos mais dos nosso corpo do que deveríamos, comparecíamos aos programas e pedíamos mais tempo, mesmo que isso significasse uma (ou mais de uma) noite sem dormir. Os compradores do QVC começaram a me chamar de "Coelhinho da Energizer" todas as vezes em que eu entrava no ar. Mas o fato é que, naqueles comerciais, a pilha do coelhinho nunca acaba. Na vida real, eu tinha esgotado a minha bateria, exaurido o gerador de reserva e entrado na minha versão particular de suporte vital, alimentada por resiliência e persistência. Em alguns dias, fui assessorada por três grupos diferentes de colaboradores, que se revezavam nos seus turnos de oito horas antes que eu fosse embora.

Estendi tanto o meu limite, que comecei a notar que estava esquecendo coisas. Em certos dias, não conseguia me lembrar do que tinha acontecido, como o que Paulo e eu tínhamos jantado na noite anterior ou, até mesmo, no desjejum daquela manhã. Até hoje, há muitos momentos desse período da minha vida que outras pessoas lembram vividamente, mas eu não. Quando percebi isso, fiquei aterrorizada, mas continuei exigindo mais e mais de mim. Embora essa fosse a história fora do ar, diante das câmeras ninguém nunca soube. Mesmo eu estando para lá de esgotada, estávamos indo muito bem e, muitas vezes, dobrando as nossas metas de vendas. Em alguns dos programas coletivos, em que várias marcas compartilhavam o mesmo horário, as telas no camarim mostravam o desempenho de vendas, e houve muitos programas em que alcançamos totais de vendas que correspondiam ao dobro das demais.

Depois de termos mostrado as projeções financeiras para a L'Oréal, havia um novo nível de pressão — precisávamos alcançá-las se quiséssemos fechar alguma parceria com eles no futuro! Sendo assim, a pressão parecia ainda maior do que antes. À medida que crescíamos, também me tornei supersticiosa, como se fosse um jogador de beisebol numa sequência de vitórias. Eu não acredito em superstição nem em sorte, mas pensei que, por via das dúvidas, era melhor. Não fui tão longe quanto um jogador de beisebol que não raspa a barba nem troca de roupa íntima enquanto está vencendo, mas foi quase isso. Eu usava o mesmo par de sapatos em cada programa do QVC. E os mesmos brincos. Até aquele momento, já havíamos feito centenas e centenas de programas. O par original de sapatos, aquelas sandálias douradas de tiras e uma pequena faixa de pedras enfeitadas na tira frontal, estava se mantendo unido por um alfinete de segurança, por isso fui forçada a adquirir um segundo par, torcendo para que ela mantivesse a sorte que eu vinha tendo. Vasculhei a internet para achar um par idêntico, mas não consegui. Encontrei umas sandálias rosé que quase se misturavam perfeitamente à cor de minhas pernas e as usei sempre. Em. Cada. Programa. A partir dali. Sim, ainda as tenho!

Quando se chega à sede do QVC, ao longo do percurso até a entrada há um enorme letreiro em neon da letra *Q* que muda de tonalidade, obedecendo às cores do arco-íris. Ele leva cerca de um a dois minutos para passar vagarosamente do vermelho para o azul, do azul para o verde, do verde para o roxo. Bem, adotei outra superstição e decidi que esperaria até o *Q* ficar verde, cor que simbolizava sorte, crescimento, dinheiro, antes de passar pela entrada. Em certos dias, eu parava lá e esperava que ficasse verde enquanto os carros atrás de mim começavam a buzinar. Não me importava e ligava o pisca-alerta para que soubessem que poderiam me ultrapassar. Eu não sairia do lugar até que visse o verde. Pensando bem, não sabia como processar o sucesso nem a pressão que vinha com ele, e as superstições eram um mecanismo de enfrentamento. Na época, entre outras coisas, usar os mesmos sapatos e brincos e esperar o *Q* ficar verde era algo que me ajudava a dar sentido a tudo aquilo.

CONTINUAMOS A CRESCER cada vez mais, e a indústria da beleza começava a tomar conhecimento disso. Então, em fevereiro de 2016, depois de anos e anos de namoro e de virmos funcionando a todo vapor, o telefone tocou. Era Carol Hamilton. A L'Oréal estava interessada em se reunir novamente.

Sonhar, afinal, é uma forma de planejamento.

— GLORIA STEINEM

DESSA VEZ, PASSAMOS por uma avaliação ainda mais formal. Nossos assessores financeiros e advogados começaram a conversar diretamente com os deles. Não queríamos arriscar. E, se pudéssemos evitar, também não queríamos desperdiçar tempo e energia para receber um *não* de novo. Houve uma análise muito mais criteriosa de cada aspecto do nosso negócio. Eu tinha dito a Carol que, um dia, seria um *sim*, e parecia que, finalmente, isso poderia acontecer.

Mantivemos aquelas reuniões em segredo, pois não queríamos que nenhum boato se espalhasse, ou que os colaboradores se empolgassem e depois se decepcionassem caso a parceria não se concretizasse. Além disso, sabíamos que precisávamos continuar atingindo as projeções de vendas. Não podíamos arriscar que a equipe se distraísse. A desvantagem desse segredo era que significava não ter ajuda da equipe em toda a preparação e no volume de trabalho exigidos pelas reuniões. A maior parte disso recaiu sobre Paulo e outra colaboradora que estava a par das tratativas e ajudava a liderar o departamento de finanças, uma vez que as situações financeira e operacional eram uma parte importante das diligências.

Na época, estávamos no meio das gravações de um segundo infomercial. Por semanas, passávamos o dia todo no estúdio e ficávamos acordados a noite inteira nos debruçando sobre as negociações. Eu queria que aquilo acontecesse o mais rápido possível, mas a L'Oréal não estava com pressa, porque, para eles, não havia necessidade. Acho que eles sabiam que, naquele momento, eram os únicos interessados em comprar a nossa empresa. Não havia nenhuma tensão competitiva. Até que apareceu uma...

A precisão supera a força, e o tempo supera a velocidade.

— CONOR MCGREGOR, LUTADOR DE UFC

NOSSO TELEFONE TOCOU. Nosso parceiro de capital privado tinha recebido uma oferta inesperada de outra empresa. Num momento que parecia um alinhamento de planetas, tínhamos o que se chama, nos negócios, de *tensão competitiva*. A L'Oréal passara a ter uma concorrente no processo. O jogo havia começado!

Então, ao mesmo tempo, outra empresa que estava à venda na indústria da beleza foi vendida e, no dia em que isso aconteceu, as que perderam a chance de adquiri-la passaram a se interessar em nos comprar. SIMMM!!! É da natureza humana: quando outras pessoas querem alguma coisa, isso nos faz querê-la ainda mais. E foi o que aconteceu.

A L'Oréal fez uma oferta. Fiquei de queixo caído. Era uma oferta MUITO maior do que a que teríamos aceitado alguns anos antes. Mas a grande questão era: a oferta deles era inferior às que estavam surgindo. Mesmo sabendo que a L'Oréal seria a melhor parceira para nós e estando ansiosa para que levassem a nossa mensagem de empoderamento para bilhões de pessoas ao redor do mundo, eu também sabia que aquela era a nossa única chance de concluir a negociação. Eu tinha consciência de que havíamos construído algo mais valioso do que refletia aquela primeira oferta. Então, dissemos *não*! Só consigo imaginar o que eles devem ter pensado quando, depois de anos de condescendência da nossa parte, éramos nós que estávamos dizendo *não*! Eu sabia como era ouvir aquela palavra, mas era inexperiente em dizê-la.

Eu acreditava em nós, e no meu poder. Estava assustada, mas nos mantivemos firmes. Naquele momento, eles já sabiam, por meio dos próprios assessores de investimento, quantas empresas estavam interessadas em nós. Então, a L'Oréal voltou com uma oferta muito melhor. E aí dissemos *sim*.

Até mesmo milagres levam um pouco de tempo para acontecer.

— FADA MADRINHA, *CINDERELA*

A PARTIR DAQUELE PONTO em diante, tudo aconteceu muito rápido. Houve momentos em que a insegurança voltava, e eu ainda não acreditava que iria acontecer de verdade. Mas as coisas continuavam avançando. Começamos a entrar em detalhes, sobre os contratos de trabalho. Fiz tudo o que estava ao meu alcance para garantir que a L'Oréal soubesse o quanto cada pessoa da nossa equipe era valiosa, inteligente e talentosa. Uma grande parte do nosso sucesso devia-se às pessoas corajosas e altruístas que trabalhavam ao meu lado. Passei horas explicando o que muitos dos nossos principais talentos faziam e pedindo à L'Oréal que me prometesse que aquelas pessoas seriam protegidas e valorizadas.

Inicialmente, a L'Oréal queria me destituir do título de CEO. Naquela época, era usual que a empresa outorgasse esse título a chefes de zonas ou países. O cara que estava à frente de outras marcas de maquiagem de prestígio norte-americanas, recém-adquiridas pela L'Oréal, também tinha esse título e, claro, o chefe da L'Oréal era o CEO. Mas havia um debate sobre se eu deveria manter o meu título. Tinha conquistado cada grama daquele título com a empresa que construí do zero. Eu não estava disposta a desistir dele, nem conseguia imaginar isso.

Nunca esquecerei quando Carol Hamilton soube dessa polêmica. Na mesma hora, ela começou a lutar para que eu o mantivesse, porque isso significava mais para ela do que eu poderia entender naquela ocasião. Carol era uma verdadeira defensora. Ela queria que todas as mulheres ascendessem e usou o seu poder para enaltecê-las, para *me* enaltecer também. Nunca me esquecerei disso e sempre serei grata e inspirada por isso. Mais tarde, eu soube que tinha me tornado a primeira mulher na história de mais de cem anos da L'Oréal a ocupar um cargo de CEO. Mas aqui está a questão: no fundo, eu acreditava que, dadas as suas intuições e o tino para negócios, Carol deveria ter sido a primeira. Mas não foi, e usou toda a sua força para fazer com que outra mulher, eu, ascendesse àquela posição.

Uma das minhas maiores paixões sempre foi defender outras mulheres. Naquele dia, Carol despertou em mim um novo nível dessa paixão. Sempre que possível, chamo outra mulher para ser minha acompanhante. Se você não tiver direito a levar uma convidada, pergunte se pode levar uma. Leve outra mulher para a mesa. Reserve um assento extra para ela. Traga-a para o ambiente onde as coisas acontecem: uma sala de diretoria, uma reunião da associação de pais e professores ou um evento especial. Muitas mulheres não têm a chance de ter essas experiências e, às vezes, precisam ver aonde é possível chegar para conseguirem sonhar mais alto e acreditar que também é possível para si mesmas. A proximidade pode ser um poder. De alguma forma, cada uma de nós tem isso, e podemos oferecê-lo generosamente.

Bem, de volta à negociação com a L'Oréal. Concordei em permanecer e administrar a marca por três anos após a aquisição. Paulo também concordou. Teríamos uma janela muito curta para fechar o negócio e, como a L'Oréal é uma empresa de capital aberto, tudo precisava ser mantido em absoluta confidencialidade enquanto as tratativas se desenrolavam. Isso significava que, durante aquela curta janela, repleta de um milhão de ações a serem tomadas e coisas em andamento, a nossa equipe ainda não poderia saber de nada. Paulo trabalhou incansavelmente para isso, e mal dormimos por algumas semanas (felizmente o QVC tinha nos preparado para esse tipo de exaustão, rs). A negociação ainda não estava concluída, e ainda tínhamos de passar pelas *verificações de diligência*. Trata-se de uma etapa em que equipes de advogados, assessores financeiros e especialistas analisam minuciosamente cada registro, número, contrato de propriedade de fórmula, contratação, todos os seus direitos de propriedade intelectual e escrutinam, literalmente, tudo a respeito da empresa. Era quase como se estivéssemos despidos diante deles, e eles estivessem procurando qualquer falha que pudessem encontrar.

Na noite anterior ao fechamento do negócio, tivemos um problema. Eu não conseguia encontrar o documento que provava que éramos donos da fórmula de um produto-chave. Gravei um infomercial o dia inteiro e fiquei acordada a noite toda fazendo ligações para o departamento jurídico e para o fabricante, tentando rastrear a prova de propriedade. Nossos advogados estavam enlouquecendo porque, se não tivéssemos algo por escrito, poderia comprometer a negociação (observação para todos os empreendedores: reúna todas as suas certificações de propriedade intelectual e de propriedade de fórmulas por escrito, e guarde-as num lugar seguro e organizado desde o início, antes que os fabricantes queiram mantê-las longe de você. Se algum dia você cogitar vender a sua empresa, informe-se sobre tudo o que precisará ter em mãos para que isso aconteça e, em seguida, faça essas coisas desde o começo!). O fabricante estava fazendo jogo duro e não nos enviava uma confirmação por escrito, mesmo sabendo que, de fato, éramos os detentores da fórmula. Nossos investidores e advogados começaram a se preocupar que a questão pudesse minar a negociação, porque aquele produto representava uma parte significativa do nosso negócio. Antes de desligar o telefone naquela noite, disse aos advogados e aos investidores que eu iria orar o resto da noite e que tudo ficaria bem. Eles estavam céticos. Tentei acreditar em mim mesma, e orei muito. E chorei muito. Foram muitos anos, e muita pressão, e tudo estava entrando em ebulição naquele momento.

De manhã, a confirmação por escrito de que éramos os proprietários da fórmula chegou. Durante as ligações, todos disseram: "Quero orar para quem você orou." Eles ficaram chocados com a chegada do e-mail.

Estávamos prestes a vender oficialmente o nosso negócio para a L'Oréal. E ninguém sabia. Eu sentia que estava vivendo um sonho.

Quando você quer alguma coisa, todo o universo conspira para que seu desejo seja realizado.

— PAULO COELHO

O NEGÓCIO FOI ASSINADO, e chegou o dia, 22 de julho de 2016, em que pudemos contar à nossa equipe. Na noite anterior, soube que a L'Oréal iria enviar um comunicado à imprensa anunciando o preço de compra de 1,2 bilhão de dólares. Seria a maior aquisição da história da L'Oréal nos Estados Unidos. Até hoje, ainda não consigo processar isso. Eu só sabia que finalmente estava acontecendo. Enviamos uma convocação para uma reunião geral da empresa naquele mesmo dia e a sincronizamos com a L'Oréal para que a reunião ocorresse exatamente no momento em que o comunicado à imprensa fosse divulgado. Apenas alguns minutos antes disso, agendamos chamadas com todos os nossos parceiros de varejo, para que ouvissem de mim, de Paulo e de Carol, em primeira mão, sobre a aquisição.

Embora ninguém dentro da empresa soubesse o que estava acontecendo, houve um momento em que quase entregou o jogo. Carol estava voando de Paris para Nova York e, devido aos horários dos voos, quando ela pousou no aeroporto JFK naquela manhã, teve de pegar um helicóptero para chegar ao nosso escritório em Jersey City a tempo do anúncio e do comunicado à imprensa já programados. Naquela manhã, olhei pela janela do meu escritório e vi o helicóptero pousar em um heliponto a uns 45 metros de distância. Não parecia real. Momentos depois do pouso, Carol Hamilton saiu de dentro dele com um lindo vestido de alta-costura rosa e branco, e sapatos de grife, usando óculos de sol brancos, que ela baixou para olhar ao redor. Depois os levantou novamente e começou a andar em direção ao nosso prédio. Eu estava muito preocupada que os colaboradores vissem aquela cena cinematográfica e deduzissem que algo estava acontecendo, ou pior, que começassem a postar fotos nas redes sociais daquela cena superlegal.

Enquanto Carol se dirigia ao nosso escritório, reunimos a equipe executiva sênior em uma sala, fizemos todos colocarem os seus celulares dentro de uma caixa como precaução e compartilhamos a notícia com eles. A sala ficou em estado de choque, e todos se emocionaram.

Então, junto com Carol e os outros chefes da L'Oréal nos Estados Unidos, fizemos as chamadas para os varejistas e reunimos todos os colaboradores em um grande salão de reuniões. O comunicado à imprensa foi enviado. Era real. Estava acontecendo.

Com o coração saindo pela boca, eu estava diante daquelas pessoas incríveis que pareciam a minha família e que haviam construído aquela empresa e a nossa visão com tanto amor. Eu disse: "Temos algumas notícias emocionantes para compartilhar...", e contamos a todos que, a partir daquele momento, faríamos parte da família L'Oréal e iríamos expandir a nossa missão. Todos aplaudiram. A L'Oréal era conhecida por ter ótimos benefícios aos empregados, e lembro que alguns colaboradores foram às lágrimas, sentindo-se gratos pelo fato de que benefícios ainda melhores poderiam ajudar suas famílias. Paulo e eu nos pronunciamos, os chefes da L'Oréal se pronunciaram, e todos celebramos juntos.

Eu ainda não sabia como iria ser, nem que o tamanho e a receita ou faturamento total da nossa empresa quase dobrariam nos dois anos seguintes (sim, dobramos o tamanho do negócio no intervalo de dois anos após a venda!). Ainda não sabia quais desafios, nem quais altos e baixos estavam por vir. Mas o que sabia, naquele momento, era que a vida como eu a conhecia nunca mais seria a mesma.

À medida que as comemorações continuavam, todos se mostravam alvoroçados. Tudo parecia estar acontecendo quase em câmera lenta. Alguém abriu um champanhe francês e, em nome da L'Oréal, Carol nos presenteou com criações da Hermès — eu ganhei uma pulseira, e Paulo, uma gravata. Era a minha primeira peça de joalheria da elegantíssima casa Hermès. Àquela altura, já sabia que se pronunciava "ehr-mez" e não "her-mees", como eu havia pensado originalmente. Por ser minha primeira peça de lá, não sabia abrir o fecho da pulseira para colocá-la. Foi um pouco constrangedor. Ou, pelo menos, foi constrangedor para Carol, a julgar pela expressão no seu rosto. Rapidamente, ela me deu cobertura, como uma mãe socorre o que exibe as roupas de baixo em um restaurante. Ela me mostrou como girar o *H* e, depois, me ajudou a colocar a pulseira no meu pulso. Eu lutava contra a sensação de ser uma impostora, o que, naquela ocasião, se manifestava como a sensação de não merecer tudo o que estava acontecendo comigo.

Como se não fosse uma pessoa legal o suficiente, nem sofisticada o suficiente. Mesmo assim, continuei sorrindo e afastei toda aquela insegurança da minha cabeça da melhor forma que pude, tentando aproveitar aquele momento insano e surreal.

Eu me sentia como a Cinderela e me perguntava se todas as abóboras da minha vida se transformariam em carruagens e se todos os meus sapatos se transformariam em lindas sapatilhas de cristal, especialmente aqueles que eu vinha usando no QVC há mais de seis anos consecutivos. Perguntava--me se todas as pessoas que não acreditaram em mim, da mesma forma que as irmãs malvadas da Cinderela nunca acreditaram nela, passariam a ser mais gentis.

Naquele momento, a minha família e amigos ainda não sabiam de nada porque, legalmente, precisávamos manter a negociação em sigilo até que fosse oficializada. Naquele mesmo dia, a notícia chegou à página inicial do *Wall Street Journal* e se espalhou como pólvora, de modo que todos iriam descobrir. Meus amigos e a minha família mal me viam desde que lançamos a empresa, e eu tinha a sensação de que a reação deles seria: "Isso significa que, quando viajarmos juntos, você vai parar de trabalhar e sair do seu quarto?" Enquanto eu tentava estar presente e comemorar com todo mundo, diversos pensamentos continuavam circulando pela minha cabeça: "Meus pais ficarão orgulhosos?", "Paulo e eu conseguiremos controlar a nossa tendência a sermos viciados em trabalho?", "Espero que o investidor que me disse que as mulheres não comprariam maquiagem de alguém que se parecesse comigo fique a par das novidades". E um pensamento que deixei para mais tarde: "Afinal de contas, talvez os meus filhos consigam me ver."

NA SALA DE REUNIÕES, todos estavam animados, como se estivessem num conto de fadas da vida real que se desenrolava bem diante dos seus olhos. Paulo me deu um beijo na frente de todos os nossos colaboradores (coisa que nunca o deixei fazer), e todos aplaudiram. Em meio a toda aquela celebração, enquanto os nossos sorrisos diziam a todos: "Conseguimos!", Paulo e eu nos olhamos e compartilhamos um profundo entendimento de tudo o que havíamos passado para chegar até ali. Havíamos passado pelas dificuldades juntos, desabado no chão aos prantos enquanto contávamos os nossos últimos dólares juntos. Os anos de cem horas de trabalho por semana, ouvindo *não* mais vezes do que poderíamos calcular. As centenas de programas do QVC, dividindo e conquistando uma carga horária cada vez maior, juntos. Não conheço homem mais inteligente e mais batalhador do que o meu marido. Ambos sabíamos, naquele momento, que não poderíamos ter feito aquilo sozinhos. Era como se estivéssemos saindo de um campo de batalha, com os guerreiros que lutaram ao nosso lado, vitoriosos. Era como se estivéssemos segurando a bandeira da vitória juntos e houvéssemos desafiado todas as probabilidades.

Enquanto chorava, virei para o lado e meu olhar se cruzou com o de Jacquie, que tinha passado os últimos anos construindo aquela empresa conosco. Naquele dia, Jacquie estava lá, festejando por mim e por Paulo — não importava o que acontecesse, ela sempre estava ao meu lado, torcendo por mim. Quando nossos olhares se encontraram, ambas sabíamos que a vida dela tomaria um rumo muito diferente. Aquele era o primeiro dia do resto da vida dela também, e de uma maneira muito diversa e significativa. Para explicar o que quero dizer, e com a devida permissão, desejo compartilhar um pouco da história de Jacquie, que nunca foi compartilhada com ninguém antes, e um pouco sobre a inesperada história da nossa amizade. Talvez você identifique partes da sua própria história na dela. E isso pode mudar a sua vida, assim como mudou a minha.

ANTES DISSO, LEMBRE-SE do poder de acreditar no seu potencial. Isso, somado a muita dedicação e o fato de nunca desistir, fez toda diferença para transformar numa empresa de 1 bilhão de dólares uma ideia que começou na minha sala de estar. E para transformar uma jornada de uma pessoa que sempre se subestimava em um sonho que se revelou imbatível.

CAPÍTULO OITO

Acredite no acaso

A vitória dela é a sua vitória. Comemore com ela.
A sua vitória é a vitória dela. Ponto para ela.

— ABBY WAMBACH

QUANDO JACQUIE E EU nos olhamos, com todos comemorando à volta, ninguém sabia a profundidade do que havíamos vivido juntas, e como algo que, muitas vezes, separa as mulheres — o fato de ter namorado o mesmo cara esquisito — foi, no nosso caso, o que nos uniu e deu início a uma montanha-russa de decisões de vida tomadas em conjunto.

Esta é a história de Jacquie. Como você sabe, ela é a colaboradora número 1 da IT Cosmetics. Minha dama de honra. Uma das minhas melhores amigas há mais de vinte anos. Jacquie que deixou um emprego estável para trabalhar comigo na minha sala de estar. Jacquie com quem chorei lágrimas de alegria ao esgotarmos o nosso estoque no QVC pela primeira vez; Jacquie com quem derramei lágrimas de dor quando *haters* me despedaçaram ou disseram coisas horríveis sobre mim na internet. A Jacquie que é a minha amiga de todas as horas. Aprendi que, num único instante, uma pessoa pode entrar na sua vida da maneira mais inesperada e mudá-la para sempre.

Sabe quando Oprah diz que o universo está sempre se comunicando com você? Primeiro, ele fala em sussurros. E, se você não ouvir, ele vai provocar um estrondo na sua cabeça. E, se continuar ignorando os sinais de alerta, então virá na forma de uma parede inteira de tijolos desmoronando sobre você. Pois Jacquie e eu nos conhecemos bem em frente a uma parede de tijolos prestes a desmoronar.

No dia em que a conheci, estava me divertindo com o meu namorado da faculdade, Dirk, no meu dormitório, quando alguém bateu à porta. Eu abri, e lá estava uma garota linda, com longos cabelos castanhos ondulados e olhos profundos que pareciam, ao mesmo tempo, iluminados e cheios de dor.

— Dirk, o que você está fazendo? — perguntou ela, enquanto lágrimas começavam a brotar em seus olhos.

Dirk era o meu namorado havia apenas alguns meses. Nosso romance tinha sido um turbilhão, e estávamos nos vendo quase todos os dias. Ele tinha mencionado, uma vez, que tinha uma colega de quarto meio maluca, mas isso foi tudo o que me contou. Ambos éramos alunos da Universidade Estadual de Washington e, como nossas grades de aulas eram bastante apertadas, ele acabava passando bastante tempo no meu apartamento, mas eu ainda não tinha ido ao dele, que ficava a 13 quilômetros de distância. Então ainda não conhecia a tal "colega de quarto", e ali estava ela.

Minha primeira reação foi dizer: "Meu Deus, você está bem? Entre!". E foi o que fiz.

— Dirk, o que você está fazendo? — repetiu ela.

A próxima parte é horrível.

— Jacquie, estou com a Jamie, e você precisa entender isso — disparou ele, bem na cara dela.

Então, os dois começaram a discutir, e ficou evidente que ela achava estar sendo traída — e que eu era a outra.

— Você está mentindo! Por que está mentindo? — implorou ela.

— Não estou mentindo.

— Não acredito que está fazendo isso comigo... Você está brincando?

— Você é louca.

Parecia uma cena de novela. Olhei para o lado e reparei que a minha colega de quarto que era do Japão e estava cursando um semestre na universidade para aprimorar o inglês, estava entendendo tudo o que estava se passando. Ela estava ao telefone, narrando aquele dramático embate de um triângulo amoroso para uma amiga, descrevendo todos os detalhes em japonês. Sua narração variava de uma ênfase dramática em alto volume a explosões de risadas. Eu não conseguia entender o que ela estava dizendo, nem quais partes achava engraçadas, mas hoje acho que ela estava um passo à minha frente e já tinha percebido que Dirk era o verdadeiro mentiroso. E talvez soubesse que, naquele momento, ele havia sido desmascarado. Mas, naquela hora, não pareceu tão engraçado. Dirk acabou repetindo a história que já havia me contado: que Jacquie era uma colega de quarto, interessada em algo mais do que ele queria — e pediu para ela ir embora. Ela foi. E também o deixou. E mudou-se do apartamento deles para o apartamento de uma amiga.

Por obra do destino, o apartamento dessa amiga ficava no mesmo prédio que o meu. Era uma daquelas casas antigas que tinham sido divididas em várias unidades. Jacquie, a ex-colega de quarto maluca ou a ex-namorada sensata, dependendo de em quem você escolhesse acreditar, estava morando no mesmo lugar que eu. Nas semanas seguintes, quando Dirk aparecia, Jacquie estava a apenas um apartamento de distância, no andar de cima.

Numa ligação para a irmã, que ele pretendia que eu ouvisse, Dirk descreveu a cena como se quisesse provar para mim que o que estava me contando era verdade. Eu não tinha nenhuma razão para duvidar dele. Exceto pelo fato de que, lá no fundo, eu sentia que havia algo errado. É o universo sussurrando para nós, não é mesmo? Se você já namorou uma pessoa desonesta, sabe do que estou falando. Algo não parecia certo, mas eu ainda não estava pronta para interpretar aquela sensação.

Com o passar do tempo, Jacquie acabou deixando uma carta sob a minha porta, contando toda a história dela com Dirk. Acabamos nos encontrando na academia e, enquanto treinávamos, começamos a conversar. No fundo, eu sabia que ela estava dizendo a verdade e consegui fazer com que Dirk admitisse. Eles namoravam há alguns anos e estavam morando juntos. Isso foi tudo o que precisei ouvir. Terminei com Dirk, o Idiota. E Jacquie e eu acabamos nos tornando boas amigas. Depois, grandes amigas. E então...

Ela reatou com ele. Os dois namoraram por mais alguns anos. Ela chegou, inclusive, a estruturar seus planos de pós-graduação em torno da vida dele, seguindo-o até Seattle para que vivessem juntos. Acredite se quiser, continuamos grandes amigas durante todo esse tempo. E o mais incrível: ela nunca agiu de modo estranho comigo, apesar de eu ter namorado o ex dela. Nunca a julguei por ter voltado com ele (embora, como amiga, eu não achasse que fosse uma boa ideia). Mas estávamos com vinte e poucos anos e ainda não tínhamos aprendido aquela lição SEMPRE verdadeira da vida, nas palavras da saudosa Dra. Maya Angelou: "Quando as pessoas mostram quem são, acredite nelas na primeira vez."

Eles até compraram uma casa juntos e ficaram noivos. Dirk passou a maltratá-la cada vez mais. Ele a menosprezava na frente dos outros, especialmente quando se tratava do seu corpo e da sua aparência. Jacquie me contou que, sempre que ia comer algo, ele dizia coisas como: "Tem certeza de que quer comer isso?" Quando estava em grupo, ele anunciava: "Jacquie está de dieta" (o que não era verdade), porque era o que achava que ela deveria fazer. Não que isso importe, mas Jacquie usava tamanho 40. Então, como se não a tivesse magoado o suficiente, Dirk, o Idiota, a traiu de novo. E de novo. Finalmente, depois de esperar que ele mudasse *POR MAIS DE DEZ ANOS*, Jacquie não aguentou mais. Ela acordou, arrumou as malas e o largou. Dessa vez, para sempre.

À medida que fui conhecendo Jacquie ao longo dos anos e sabendo do seu histórico, descobri que ela é uma das mulheres mais fortes que já conheci. É uma guerreira e tem as cicatrizes para provar.

Ela foi criada em Montana por uma mãe que era física e emocionalmente abusiva. As duas viviam se mudando de um acampamento de *trailers* para outro, e a mãe era beneficiária de programas de assistência social. Jacquie nunca soube quem era o seu pai. Quando era pequena, tirava a neve dos vizinhos para ganhar um dinheiro extra, na esperança de comprar comida e roupas. Sua mãe, frequentemente, pegava esse dinheiro escondido e o gastava com bebidas nos bares. Jacquie aprendeu a sobreviver e a se virar sozinha muito cedo. Teve de esconder suas conquistas escolares da mãe, que ficava com ciúmes e não queria que a filha se destacasse, muitas vezes forçando-a a desistir de qualquer coisa em que estivesse se saindo bem. Alguns dos momentos mais traumáticos da vida de Jacquie envolveram os namorados da mãe. Quando algum deles terminava a relação, a mãe se tornava ainda mais abusiva — física e emocionalmente — e descontava tudo na filha. Como os abusos continuavam, Jacquie chegou ao limite e, aos 15 anos, fugiu de casa.

Ela não sabia para onde ir, mas era como se Deus estivesse guiando os seus passos.

O policial que a apreendeu tornou-se se tornou um anjo em sua vida. Ele e a esposa acabaram adotando Jacquie. São eles a quem ela chama de "mãe" e "pai" até hoje.

Jacquie foi para a faculdade por pura graça, repleta de coragem e determinação para construir uma vida melhor. Depois da faculdade, destacou-se em todos os empregos que teve. Alguns anos depois de deixar Dirk, o Idiota, ela trabalhava como DJ e viajava o mundo para tocar em festas. Havia até um grande prédio na China com um mural de Jacquie, em uma de suas turnês por lá (daí a tatuagem de "DJ Jacquie Jack", que fez centenas de aparições bem-sucedidas no QVC em demonstrações do nosso corretivo). Ela e eu sempre mantivemos uma amizade próxima, mesmo morando em partes diferentes do país e do mundo.

Um dia, em 2009, enquanto gerenciava a IT Cosmetics na minha sala de estar, em Studio City, Califórnia, Jacquie e eu nos encontramos para tomar um café, e lhe contei como estava empenhada em mudar o discurso sobre a beleza. Em mudar a maneira como as mulheres se veem no espelho, para que, em vez de notar os defeitos, elas passassem a reparar no que há de bom (que é tudo). Expliquei-lhe como estava farta de ver todas aquelas imagens consideradas "bonitas", mas que apenas faziam com que nos sentíssemos mal. Ela conseguiu se identificar com aquela percepção e ficou tão fissurada quanto eu. Disse que, se pudéssemos pagar o mínimo suficiente para que ela pudesse se alimentar e pagar as contas, deixaria o seu trabalho muito mais seguro e de melhor remuneração, com benefícios incluídos, para nos ajudar a tornar aquele sonho realidade. Na época, ela estava grávida de seis meses. No começo, não podíamos nem nos dar ao luxo de lhe oferecer benefícios. Mas ela realmente acreditava na missão e queria contribuir da melhor maneira que pudesse.

Jacquie logo se tornaria mãe e estava insegura sobre o que a aguardava ao lado do namorado na época, que era o pai do seu filho. Eu sabia que nada significaria mais para ela do que poder dar ao filho uma vida melhor, repleta de mais oportunidades do que ela própria tivera. Sua fé no potencial da IT Cosmetics para lhe proporcionar um futuro brilhante me enchia de uma enorme gratidão, mas também de uma enorme pressão e responsabilidade. Eu não queria desapontá-la. Sabe como é difícil o momento em que se percebe que há colaboradores dependendo de você para pagar contas e contando com você para garantir a segurança e o futuro das suas famílias? E Jacquie era muito mais do que uma colaboradora para mim; era como parte da minha família.

Ela se juntou oficialmente à nossa empresa com um salário fixo e o objetivo de construir uma carreira de longo prazo. Todos os dias, vinha trabalhar na nossa sala de estar e, assim como Paulo e eu, se dividia em múltiplas funções. Assim como nós, não tinha a menor ideia de como executar as tarefas que assumia, mas sempre fazia o que estava ao seu alcance para descobrir. Após a nossa estreia no QVC, ela trabalhou em todos os programas conosco. Nos nossos primeiros anos no QVC, quando o programa se tornou a nossa principal fonte de receita e não sabíamos quanto tempo o sucesso duraria, Jacquie, assim como nós, costumava passar mais noites naquele camarim do que em casa. Ela estava morando com o namorado e o filho e era a principal provedora do lar.

Durante os primeiros sete anos da vida do filho, Jacquie trabalhou as mesmas centenas de horas semanais do que nós. E, claro, ela acreditava na nossa missão, mas no fundo sei que o seu maior PORQUÊ era o filho. E o futuro dele. Perdi a conta de quantas vezes, dirigindo até o QVC e voltando para casa, eu a vi chorar copiosamente porque estava com muitas saudades dele. Escondia a minha preocupação de que o seu sacrifício pudesse não valer a pena. Eu me sentia culpada pelo fato de que as demandas do nosso negócio e a minha incapacidade de pagar por uma ajuda adicional estivessem lhe roubando aquele tempo precioso de convívio com o filho. Sabia que era uma escolha dela, mas também sabia que tal escolha estava atrelada à sua profunda crença em mim. Quando transferimos o nosso negócio para o outro lado do país, da Califórnia para Nova Jersey, Jacquie também se mudou, levando o namorado e o filho. Ela estava mesmo comprometida. Às vezes, isso me mantinha acordada à noite. E se o sucesso no QVC começasse a desmoronar? Não tínhamos ideia se o negócio iria prosperar. Em muitas ocasiões, parecia que não iria. Ela estava trocando a sua vida por um futuro incerto. E se eu nunca pudesse lhe oferecer a segurança que ela queria? Mas Jacquie era uma amiga leal. Não conheço muitas pessoas que pudessem trabalhar ou que teriam trabalhado tanto quanto ela trabalhou durante tantos anos.

As pessoas costumam recomendar que nunca trabalhemos com amigos ou familiares, porque isso pode arruinar o relacionamento. Infelizmente,

O momento em que o aviso de ESGOTADO apareceu na tela durante a nossa estreia no canal QVC. A apresentadora, Lisa Mason, segurou minha mão e me ajudou a me manter de pé (acho que todo mundo estava com medo de que eu desmaiasse) enquanto as lágrimas escorriam pelo meu rosto.

Minha mãe biológica, Rosemary, e minha mãe, Nina, no dia em que se conheceram.

Eu, Rosemary e minha mãe, Nina, de mãos dadas, usando as pulseiras de um conjunto que pertenceu à mãe de Rosemary.

Seja um esquilo quando for necessário e CHACOALHE BEM!

Da esquerda para a direita, de cima para baixo: Natasha, Lia, Desiree, Dana, Denise, Jacquie e eu.

Duas modelos que estão conosco desde o começo e, hoje, mais de dez anos depois, ainda aparecem em quase todos os nossos programas no QVC: Alisha e Helen, que é mais conhecida como "ímã de homens".

Eu, Paulo e Jacquie no camarim do QVC assistindo à formatura da minha sobrinha. Um dos muitos eventos familiares que perdemos para nos dedicar ao nosso negócio.

Nossa equipe comemorando no QVC Customer Choice Beauty Awards. Esse tipo de premiação é sempre muito especial, porque os vencedores são escolhidos pelos clientes.

Jacquie e eu nos apoiando, como sempre. Escolhi esta foto porque foi espontânea. Sou muito grata por Jacquie ter batido à minha porta naquele dia. Agradeço a Dirk, o Idiota, por me apresentar à minha incrível amiga e irmã mais de vinte anos atrás.

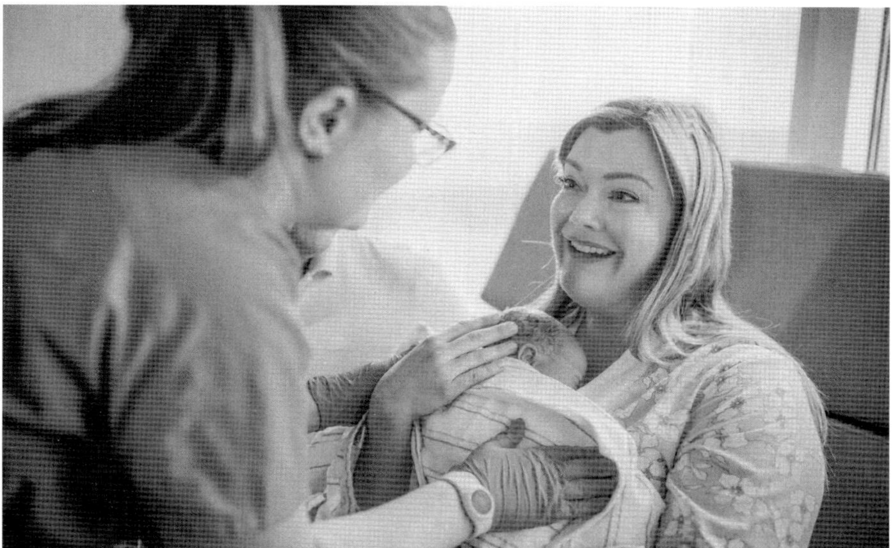

Wonder sendo colocada nos meus braços pela primeira vez e, depois, dentro do meu robe para o contato pele a pele.

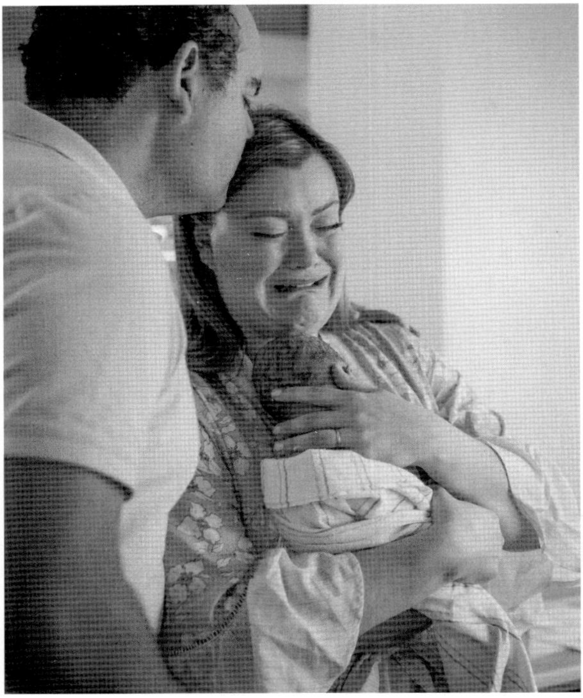

Paulo e eu tomados por gratidão e admiração na presença do nosso milagre.

Com Oprah em seu camarim, no dia em que nos conhecemos.

Oprah tocando meu rosto enquanto eu orava para encontrar as palavras certas para dizer.

Na noite anterior ao meu almoço com Oprah, a mesa da minha cozinha ficou abarrotada de esquilos em molduras verdes.

Minhas amigas comemorando enquanto me acompanhavam até o carro para ir à casa de Oprah. Se você prestar atenção, verá o pequeno carvalho no chão do banco de trás.

Oprah e eu sob os carvalhos na casa dela.

ao longo da minha jornada de dez anos no desenvolvimento da minha empresa, houve algumas ocasiões em que aprendi isso da maneira mais penosa possível. Pode ser complicado esbarrar nesses limites e não levar as coisas para o lado pessoal. O que talvez seja uma dinâmica saudável entre amigos nem sempre se traduz num ambiente de trabalho saudável, especialmente quando uma dessas pessoas se torna o chefe. É muito fácil confundir as coisas e o relacionamento sofra ou seja totalmente arruinado. Passei por isso em quase todos os casos, exceto com Jacquie. De alguma forma, sempre conseguimos manter separados os nossos relacionamentos profissional e pessoal. Nos dias em que eu a decepcionava no trabalho, ou vice-versa, conseguíamos desligar essa chave quando saíamos para tomar um café ou fazer uma refeição juntas. Acho que é porque sempre quisemos o que era melhor para a outra, sem segundas intenções.

Orava para que, um dia, conseguisse recompensá-la por todos os seus anos de sacrifício e comprometimento. Eu orava para que ela não estivesse perdendo todo aquele tempo em vão. E a questão é: Jacquie nunca nos pediu nada em troca. Ela não alimentava uma expectativa desmedida de que, algum dia, houvesse grandes ganhos, e nunca perguntou sobre isso. Após dias cruéis no QVC, quando não atingíamos determinada meta de vendas ou perdíamos algum produto, nós nos confortávamos juntas, lendo cartas e histórias de clientes sobre como a nossa mensagem e os nossos produtos inspiravam mulheres a se sentirem bem consigo mesmas novamente. Jacquie adorava nossas clientes e acreditava ser uma honra fazer parte do crescimento daquela empresa.

Ela também adorava quebrar os momentos tensos com humor. Você já viu uma mãe coruja na TV ou na vida real? Sabe aquele tipo que dança de maneira exagerada atrás dos jurados enquanto o filho se apresenta no palco, tentando lembrar a criança de sorrir bastante e de reproduzir a coreografia? Muitas vezes, eu estava ao vivo no QVC, estressada por não bater a meta, e Jacquie começava a dançar atrás das câmeras no estúdio, enquanto eu estava no meio da apresentação ao vivo. Tentava me manter focada em vender o produto e, muitas vezes, mal conseguia conter o riso, tal como os comediantes fazem no *Saturday Night Live*, quando tentam não sair do personagem, mas acham as piadas tão engraçadas, que não conseguem manter a compostura. Jacquie fazia expressões faciais de mãe coruja bem exageradas atrás das câmeras, apontando os dois dedos indicadores para as covinhas nas bochechas, me lembrando de sorrir e curtir mais o momento. Até hoje, se não conseguimos resolver um problema ou se estamos estressadas, ela costuma fazer esses velhos movimentos de dança, e eles ainda nos fazem rir todas as vezes!

Houve também dias muito, muito difíceis, em que não conseguimos ser tão ponderadas e, em vez disso, escolhemos afogar as nossas tristezas em vinho tinto. Quando pudemos nos dar ao luxo de trocar os vinhos de caixinha por vinhos engarrafados, foi um belo dia. Às vezes, tudo se resume às pequenas vitórias!

Quando a empresa cresceu, finalmente pudemos pagar a Jacquie um salário melhor. Paulo e eu priorizamos remunerá-la mais dignamente antes mesmo de começarmos a nos pagar. Foi Jacquie quem pensou no conceito do CC cream: um hidratante infundido com pigmentos para correção de cor e para cobertura da pele; portanto, em vez de usar uma maquiagem pesada e tradicional para cobrir a pele, usar o CC é como usar um hidratante simples e obter não apenas o tratamento, mas também uma cobertura total. Enquanto as outras marcas estavam trabalhando em um produto chamado BB cream, que significa Beauty Balm (bálsamo de beleza, em tradução livre), a ideia de um CC cream, que significa Color Correcting (correção de cor, em tradução livre), tinha acabado de surgir nos melhores laboratórios coreanos de cuidados com a pele. Jacquie estava à frente das outras marcas no tocante à pesquisa desse produto e ao desenvolvimento da nossa versão, que fosse capaz de oferecer uma cobertura e um desempenho ainda melhores do que os produtos já existentes. Até hoje, ainda é o nosso produto mais vendido de todos os tempos. E, por causa do lindo, brilhante e criativo processo de raciocínio de Jacquie, estávamos muito à frente da concorrência quando o lançamos.

O câncer de mama é algo que perpassa a família de Jacquie. Contribuir para essa causa é algo em que ambas estamos empenhadas. A ideia de fazer parceria com a Look Good Feel Better™ e doar nossos produtos para mulheres que lidam com os efeitos do câncer veio de Jacquie. Começamos a doá-los antes mesmo de começarmos a tirar a nossa parte. Já doamos mais de 40 milhões de dólares em produtos para a causa. Hoje, Jacquie gerencia dois departamentos na IT Cosmetics e é uma das apresentadoras ao vivo dos nossos produtos no QVC.

NOVAMENTE, COM A PERMISSÃO de Jacquie, vou compartilhar algo que nem a minha família mais próxima nem a dela sabem, e não tenho certeza se conseguirei passar por essa próxima parte da história sem chorar enquanto escrevo.

Paulo e eu destinamos uma participação acionária na empresa para Jacquie — ela havia feito por merecer. E o dia em que vendemos a IT Cosmetics para a L'Oréal foi o dia em que a vida de Jacquie mudou para sempre, assim como o futuro do filho dela. Foi o dia em que Deus se manifestou de maneiras grandiosas, mostrando-lhe por que todas as portas fechadas e todas as portas abertas na sua vida faziam sentido. Por que as pessoas erradas entraram na sua vida e a levaram às certas. Por que a sua intuição lhe dizia para continuar, quando as horas pareciam longas demais. Por que ela sentia que era a coisa certa a fazer como mãe, quando perguntavam por quê e, às vezes, a ridicularizavam por trabalhar tanto. Deus se manifestou para Jacquie, para aquela linda garotinha que nunca conheceu o pai e cuja mãe não sabia como demonstrar amor. Aquela linda menininha, forçada a se mudar constantemente, e que em vários dias estava faminta e se sentia esquecida. Mas Deus nunca a esqueceu. Ele a criou para voar; ela só precisava aprender sozinha, e aprendeu. Jacquie sempre foi uma mãe incrivelmente amorosa, mas, além de tudo, está conseguindo proporcionar ao filho todas as oportunidades que ela própria nunca chegou a conhecer.

NO DIA DO ANÚNCIO, fiquei mais feliz por Jacquie do que por mim mesma, e por muitos motivos. Naquele dia, choramos. Nós conseguimos. Tivemos um sonho, trabalhamos com afinco, e nos apoiamos mutuamente. Ela acreditou em mim, eu acreditei nela, e nós conseguimos! Nossa amizade havia começado em meio a uma turbulência e, juntas, aprendemos uma mensagem poderosa e providencial. O aprendizado veio primeiro por causa de um cara desonesto e, depois, uma com a outra. As palavras da Dra. Maya Angelou merecem ser repetidas: "Quando as pessoas mostram quem são, acredite nelas na primeira vez." Agindo assim, você retira da sua frente quem o impede de alcançar seus sonhos e abre espaço para receber novas pessoas verdadeiramente destinadas a se juntar a você na jornada da sua vida!

CAPÍTULO NOVE

Acredite que a vida não foi feita para ser vivida sozinha

Você é uma pessoa poderosa em formação, uma obra-prima em construção, um milagre em movimento.

— TIM STOREY

TODAS AS VEZES em que tentei, com todas as forças, exercer uma pressão para que algo acontecesse e não consegui, fosse um grande sonho ou quando fico tentando abrir uma porta, não obtenho sucesso — todas as vezes em que a vida não acontece do jeito que eu quero, algo melhor e ainda mais milagroso parece acontecer. É como se Deus estivesse dizendo: "Eu amo você demais para lhe dar o que está pedindo. Apenas confie em mim."

Minha mãe biológica engravidou involuntariamente durante um encontro casual. Enquanto isso, Paulo e eu passamos quase uma década tentando engravidar. Entre procedimentos de fertilização, infindáveis agulhadas e injeções hormonais e após perder a conta da quantidade de resultados negativos obtidos nos testes de gravidez vendidos em farmácia, passei muito tempo das últimas décadas em meio às lágrimas, sentindo que estava falhando e que o meu corpo estava me deixando na mão. Tanto Paulo quanto eu fazíamos exames periodicamente, tentando descobrir, com a assistência dos médicos, qual era o problema, e o consenso foi que o problema era o formato do meu útero, semelhante ao de um coração, significava que eu tinha um risco maior de aborto espontâneo. Era possível que eu conseguisse levar a gestação de um bebê saudável a termo, mas, ainda assim, era arriscado. Continuamos tentando, e eu não engravidava, ou sofria abortos espontâneos. Tudo isso estava acontecendo na minha vida privada, em paralelo ao crescimento explosivo da IT Cosmetics e às demandas da nossa incessante agenda de trabalho.

Quando vendemos a empresa, eu estava prestes a completar 40 anos e sabia que devíamos priorizar o crescimento da nossa família, fosse como fosse. Na época do namoro, eu dizia a Paulo que gostaria de ter sete filhos, e que pelo menos quatro deles seriam adotados — isso, antes de descobrir que, na verdade, eu mesma havia sido adotada. Começamos a considerar tanto a adoção quanto a cessão temporária de útero, e decidimos ir em frente com ambas as possibilidades. Na época, a ideia da barriga de aluguel me assustava. Eu tinha ouvido histórias malucas no noticiário e em filmes sobre mães de aluguel que fugiam com o bebê ou processavam os pais para ficar com a guarda da criança. A ideia de que outra pessoa iria, literalmente, carregar o nosso filho no ventre era avassaladora. Mas decidi ficar aberta a todas as opções e manter a fé na jornada que havíamos começado. Conversamos com uma agência facilitadora de adoção e, ao mesmo tempo, seguimos em contato com uma agência distinta, de gestação por barriga de aluguel.

A AGÊNCIA DE BARRIGA de aluguel estava avançando a um ritmo muito mais rápido do que a de adoção. Depois de concluída toda a papelada legal, estávamos prontos para a "chamada de verificação de afinidade". Trata-se de uma chamada de vídeo liderada pela agência, para apresentar os pais pretendentes a uma potencial mãe de aluguel.

Se você não estiver familiarizado com esse processo, há muitas camadas envolvidas que eu nem fazia ideia. O que quero dizer com isso é que é preciso, de fato, discutir com antecedência todas as questões mais espinhosas. Incluindo decisões sobre vida e morte, nas quais talvez você nem precise pensar caso engravide da maneira tradicional. A agência nos apresentou uma série de perguntas para refletirmos. Tivemos de responder, por exemplo, como nos sentíamos acerca de possibilidades dolorosas referentes à gravidez e ao bebê, e como gostaríamos que elas fossem tratadas. Se este é um assunto difícil para você, talvez seja melhor pular o resto deste parágrafo. Havia perguntas como: "Se o seu embrião se dividir em gêmeos ou trigêmeos e os médicos determinarem que vocês precisam fazer uma redução (sacrificar um dos embriões para ter alguma chance de que os outros sobrevivam), o que fariam?" e "E se a mãe de aluguel engravidar e a gravidez se tornar uma ameaça à vida da gestante — vocês estariam dispostos a interrompê-la?" E aqui está a parte REALMENTE DIFÍCIL: é preciso torcer para estar moralmente alinhado com a mãe de aluguel, porque, mesmo que o bebê não seja dela, a mãe substituta pode, por exemplo, ser tão contrária à interrupção da gravidez que prefira arriscar a própria vida a interrompê-la. Essas perguntas não julgam o que é certo ou errado; elas servem para que possa articular o que é certo para você e o seu posicionamento em relação a todos esses tópicos complexos, possibilitando encontrar uma mãe de aluguel que compartilhe as mesmas crenças. Por isso, esse alinhamento moral precisa ser discutido antecipadamente. É muito opressivo ter de pensar sobre o que você faria nessas situações, tomar uma decisão e, depois, se comprometer verbalmente com cada decisão. Eu entendo a importância, mas o fato é que também é muito angustiante.

Depois que Paulo e eu tivemos essas conversas difíceis com a agência de barriga de aluguel, o próximo grande obstáculo acabou sendo o meu medo. Estava prestes a me associar com alguém de quem eu não poderia me desvincular. Alguém que, possivelmente, carregaria o meu bebê. Isso significaria entregar toda a confiança que estava dentro do meu coração a uma pessoa que nem conhecia.

O medo crescia à medida que nos aproximávamos da nossa primeira chamada de verificação de afinidade. Eu estava preocupada que a mãe de aluguel pudesse saber quem eu era. Naquela época, ainda fazia mais de duzentos programas ao vivo por ano no QVC, e também tínhamos um infomercial sendo exibido o tempo todo, além de milhões de clientes fiéis em todo o país. Todos os dias, pessoas se aproximavam de mim na rua ou no shopping e diziam: "Você é a Jamie, te vejo no QVC", "Você é a mulher das maquiagens que aparece na TV", "Eu amo os seus produtos", ou, ocasionalmente, "Pedi o seu produto e a entrega atrasou, quer dizer, não chegou no tempo anunciado. Quando finalmente chegou, a caixa estava amassada, e não fiquei nada feliz, então postei uma avaliação negativa, mas você precisa saber que isso aconteceu. Também gostaria de lhe mostrar o produto que tenho na bolsa, porque acho que ele não estava cheio até a tampa, ou, pelo menos, não tão cheio quanto poderia estar quando eu o abri, novinho em folha — veja, está bem aqui". (Graças a Deus, o último exemplo não acontece com muita frequência, mas, quando acontece, lembro que ser empreendedora é isso mesmo, faz parte.) Então, quando chegou a hora da chamada de verificação de afinidade, eu não apenas estava preocupada que a potencial mãe de aluguel pudesse me reconhecer, como também estava preocupada que, se ela ficasse sabendo dos nossos nomes, poderia nos pesquisar no Google e, então, querer se associar a nós pelos motivos errados. Desde que a L'Oréal divulgara os termos do acordo, já havia inúmeros artigos espalhados pela internet sobre o valor de compra. Além disso, eu estava assustada com aquelas histórias perturbadoras que ouvimos no noticiário. A agência nos prometeu que nenhum nome seria compartilhado naquela fase e que eu poderia até fazer a chamada de verificação de afinidade disfarçada, se assim o quisesse. Então me disfarcei.

Comprei óculos e uma peruca loira clara. Sem brincadeira. Os óculos eram de farmácia e tinham a menor correção ótica que consegui encontrar, já que normalmente não uso. A visão ficou só um pouco embaçada. Coloquei-os junto com a peruca, e Paulo vestiu um boné de beisebol. Fizemos uma oração. Eu estava muito nervosa. Eu precisava emular a famosa citação do rapper 50 Cent, que diz: "Ou você ora, ou você se preocupa, mas não faça os dois." Palavras muito sábias. Muito verdadeiras. Se você ora, mas continua se preocupando, é como se não estivesse confiando na sua oração e não estivesse confiando em Deus. Então, orei e parei de me preocupar.

Nosso laptop estava aberto e preparado para a chamada de vídeo. A peruca e os óculos estavam no lugar. Eu usaria o meu nome do meio, Marie, e Paulo seria "Paul".

— Essa Marie é uma gata — disse Paulo, tentando quebrar o nervosismo com humor, uma das coisas que mais adoro nele.

A tela começou a apitar. Estava na hora.

— Olá — dissemos, abrindo largos sorrisos.

Na tela, apareceu uma amável mulher, acompanhada do marido. Seus olhos eram brilhantes e calorosos, parecia uma pessoa genuinamente do bem. Ela e o marido já tinham cinco filhos, e ela nos contou que, durante toda a sua vida, sentira-se chamada a fazer algo por outra família que estivesse tendo dificuldades para engravidar. Também disse que adorava ficar grávida. A facilitadora nos conduziu por todas aquelas perguntas difíceis, e todos nós parecíamos estar alinhados. Eu tive uma sensação avassaladora de paz, que foi crescendo até se tornar mais forte do que qualquer medo meu. Depois da chamada, tivemos o fim de semana para decidir se era uma boa combinação… ou se queríamos continuar entrevistando outras mulheres. A mesma escolha foi dada para a potencial mãe de aluguel e sua família. Paulo e eu sentimos uma paz imensa; já tínhamos nossa resposta. Minutos após a chamada terminar, ligamos para a agência e dissemos que ela seria uma excelente combinação e que queríamos seguir em frente caso pensasse da mesma forma.

Minutos depois, a mulher ligou para a agência dizendo que também queria se juntar a nós! Quando ouvimos isso, começamos a chorar. Não sabíamos no que estávamos nos metendo, e ainda havia uma parte de nós que estava assustada, mas iríamos até o fim.

Iniciamos a jornada oficial da gestação por cessão temporária de útero e, então, todos nós compartilhamos os nossos nomes reais. Passamos pelo processo de transferência de embriões, quando todos nos reunimos no consultório médico enquanto os embriões produzidos com os meus óvulos e o esperma de Paulo eram transferidos através de um pequeno tubo para o útero dela. Juntos, Paulo, a nossa mãe substituta e eu nos demos as mãos, oramos e choramos. Conhecemos os filhos e o marido dela, porque eles também faziam parte daquela jornada.

Transferimos dois embriões simultaneamente. Paulo e eu sonhávamos em ter gêmeos, e a nossa mãe de aluguel sempre quis gestar gêmeos também. Depois que os embriões são transferidos, deve-se esperar cerca de dez dias para ver se algum deles "pegou". Nossa mãe substituta estava tão ansiosa, que comprou um teste de farmácia alguns dias antes da consulta oficial — e deu positivo! Ela me enviou a foto do teste de gravidez positivo. Eu não queria criar grandes expectativas muito rapidamente, já que não era a consulta oficial, mas não consegui evitar. Comecei a surtar, Paulo e eu choramos, e fui fazer uma lista de possíveis nomes para os gêmeos!

ALGUMAS SEMANAS APÓS o início da gravidez, numa das ultrassonografias de rotina, vimos apenas um saco gestacional no monitor. A enfermeira checou uma e outra vez, procurando pelo segundo. O médico entrou e fez o mesmo. Havia apenas um bebê.

Na mesma hora, confortei a nossa mãe de aluguel, que ficou triste. Eu sabia que o fato de um dos embriões não ter sobrevivido significava que não era um embrião viável, que não teria sobrevivido mesmo, independentemente de qualquer coisa. Mas percebi que ela sentia uma grande responsabilidade sobre a capacidade do próprio corpo, e que estava triste pela perda e também desapontada, como se tivesse falhado de alguma maneira. Tentei tranquilizá-la da melhor forma que pude. Eu também estava triste, mas fiquei imensamente grata por ter um ser humano tão incrível como ela naquela jornada. Para mim, era um milagre que uma pessoa pudesse ser tão altruísta, a ponto de considerar ser sua missão gestar um bebê de outro casal. Para mim, apenas a simples ideia de ela estar disposta e querer fazer aquilo a qualificava como uma anja. Até hoje, quando penso sobre a generosidade dela, choro, porque me faz acreditar na bondade da humanidade, e me lembra que existem muitas pessoas boas e gentis neste mundo, que realmente querem ser boas e gentis com os outros. Naquele dia, eu lhe disse que ela era um verdadeiro anjo na Terra e que Deus estava no controle de tudo isso. Demos as mãos, e havia um entendimento tácito de que todos nós estávamos destinados a estar naquela jornada juntos.

CONFORME OS MESES foram passando, o nosso bebê ia crescendo cada vez mais, e descobrimos que seria uma menina. Então, numa tarde de julho, três semanas antes da data prevista, ela decidiu chegar mais cedo!

Fomos para a cidade natal da mãe de aluguel, cheios de expectativa. Demos entrada no hospital juntos, e Paulo e eu pudemos ficar no quarto com ela durante todo o trabalho de parto e o nascimento. Nossa gestante estava convencida de que, assim que desse à luz, o bebê deveria ser colocado no meu colo, para que eu pudesse fazer o contato com ele nos seus primeiros momentos neste mundo.

O trabalho de parto continuou, e ela contou a mim e aos médicos que, na gravidez de um dos seus filhos, sentiu que estava prestes a dar à luz, mas, como não estava com a dilatação recomendada, os médicos não acreditaram, e o bebê acabou nascendo de supetão. Ela nos alertou sobre aquilo e pediu que os médicos confiassem nela quando dissesse que o bebê estava chegando.

À medida que as horas se passavam, as enfermeiras começaram a entrar com mais frequência no quarto para verificar a dilatação. Elas diziam coisas como: "Você ainda está com 6 centímetros, há um longo caminho a percorrer", mas a mãe de aluguel sentia que a hora estava chegando. Ela pressionou o botão para chamar as enfermeiras e disse: "Estou perto agora, verifiquem de novo." Elas verificaram e a tranquilizaram, afirmando que não, e saíram do quarto. Então, eu a ouvi dizer palavras que ela nunca tinha dito antes. De repente, ela gritou: "Chamem a p*&&% do médico! O bebê está chegando!" O marido dela saiu correndo pelo corredor, implorando por um médico. Ela estava certa; eles deveriam tê-la escutado.

Meu coração estava disparado. Ainda não havia médicos nem enfermeiras no quarto. Olhei para baixo e vi que a cabeça da minha filha estava para fora. Corri para ajudar, sem ter ideia do que estava fazendo, mas eu estava pronta para pegá-la. Estendi a mão para acolher sua cabeça no mesmo instante em que um grupo de enfermeiras (ainda sem nenhum médico) se aboletou na minha frente e puxou o bebê inteiro para fora. Nossa menina nasceu. Ela havia quebrado a clavícula ao nascer, mas era saudável e linda. O médico entrou logo depois, Paulo cortou o cordão umbilical, e chorei de soluçar, incontrolavelmente. Foi a coisa mais linda que já experimentei na minha vida. Nossa bela menina. Nascida em uma comunhão de amor, do ventre de um ser humano que voluntariamente oferecera o próprio corpo. Nós a batizamos de Wonder. Considerando a forma como a nossa jornada nos levou ao milagre de dar as boas-vindas a um bebê neste mundo, parecia um nome bem apropriado, já que significa "maravilha", "admiração", "surpresa". Ela soltou os seus primeiros gritinhos, e foi colocada no meu colo, por dentro do meu roupão, em um contato pele a pele. Eu não conseguia acreditar que Deus havia nos abençoado com um milagre tão grande. Nós éramos pais. Eu era mãe.

Quando vi você, eu me apaixonei, e você sorriu porque sabia.

— ARRIGO BOITO

SEMPRE FUI O tipo de pessoa que faz as coisas sozinha. Que confia mais em si mesma do que em qualquer outra pessoa. Que se preocupa em não decepcionar os outros, de modo que é melhor que ela mesma faça tudo.

Fazer as coisas com independência parecia uma forma de demonstrar a minha força. Eu aspirava ser forte o suficiente para não precisar de ninguém para nada, como se isso fosse uma marca distintiva. E isso, muitas vezes, significava não apenas fazer as coisas sozinha, mas também estar só. Nunca havia compreendido nem absorvido o poder da comunhão. Até aquele dia. Outra mulher, e a sua família, embarcaram em uma jornada comigo e com a minha família, e nos deram um presente que não poderíamos dar a nós mesmos. Ela fez algo por nós que, apesar de todo o meu esforço, eu não conseguiria fazer sozinha. Eu precisava dela. Pelo fato de sentir que sua vocação era fazer aquilo por outra pessoa, ela também precisava de mim. Naquele dia, a nossa mãe de aluguel e a minha filha mudaram o meu coração e a minha vida.

Falhar repetidamente nas tentativas de engravidar parecia uma porta fechada e uma rejeição promovida pelo meu próprio corpo. Nossa, sou tão grata às minhas portas fechadas! Às vezes, eu demoro anos para perceber que o que acabou acontecendo e as lições que aprendi ao longo do processo são muito mais significativas do que aquilo que eu estava tentando alcançar. A parte difícil é manter a fé de que um resultado melhor nos aguarda. Claro, não podemos saber. No calor do momento, aquelas portas fechadas, as rejeições e as coisas que cheiram a fracasso são difíceis de suportar.

Naquele dia, aprendi outra potente lição: a vida não foi feita para ser vivida sozinha.

Minha filha, Wonder, é uma garotinha saudável, feliz, abençoada, engraçada e forte, e adora dançar com o seu boneco Elmo. Paulo faz todas as coreografias do Vila Sésamo e, embora não consiga acompanhar o ritmo, se entrega totalmente, provocando risos em nós duas, embora estejamos rindo por motivos diferentes. Nossa mãe substituta e sua família se tornaram amigos queridos. Nenhuma das coisas com as quais eu estava preocupada aconteceu. Em vez disso, a minha vida foi preenchida com um amor e uma alegria que eu nem sequer imaginava serem possíveis.

Sempre fui a loba solitária, que traçava o próprio caminho, que estava determinada a ser bem-sucedida na vida e na carreira, apesar do que me dissessem, apesar daqueles que duvidavam de mim, apesar daqueles que me decepcionavam, apesar do lugar de onde eu vinha. Sempre acreditei que os homens gostavam de tolher o avanço das mulheres, e que conseguiríamos fazer tudo por conta própria, mas percebi que tinha cometido um grande erro. Não podemos fazer tudo sozinhos. Ou, pelo menos, não podemos realmente viver o melhor da vida sozinhos. Eu nunca poderia ter tido o tipo de sucesso que tive com a IT Cosmetics sem Paulo, Jacquie e uma equipe incrível. Nunca poderia ter tido a minha filha sem outra mulher incrível e a sua família.

Aprendi que, quando queremos fazer tudo por conta própria, isso pode ser fruto de um medo profundamente arraigado de que não somos merecedores do apoio de outras pessoas. Mas isso não é verdade. Você é digno de receber apoio, e eu também. Sozinhos, nunca poderemos viver o melhor da nossa vida, nem alcançar a expressão mais plena e elevada de nós mesmos. Para termos uma verdadeira conexão humana, precisamos correr o risco de assumir o nosso eu autêntico e vulnerável. Precisamos correr o risco de pedir ajuda. Precisamos nos arriscar e dividir a nossa história com aqueles que conquistaram a nossa confiança. Precisamos correr o risco de contar com outras pessoas, mesmo que algumas possam nos decepcionar, porque, para viver o melhor da nossa vida, precisamos compartilhar. Precisamos correr o risco de ter as pessoas erradas nos rejeitando ou magoando, para encontrar as certas, que nos amam. Precisamos correr o risco de amar verdadeiramente outras pessoas, na esperança de que elas nos amem de volta. Precisamos correr o risco de nos abrir e de ter a coragem de nos ferir para estar plenamente vivos. Precisamos de conexão humana para sentir o verdadeiro amor. Precisamos de comunhão. Precisamos uns dos outros.

Ser uma loba solitária pode ser fruto de um medo profundamente arraigado de que não somos merecedores do apoio de outras pessoas.

FALANDO EM PRECISAR uns dos outros, eu estava prestes a pedir à minha mãe biológica que me apoiasse de uma forma que ela ainda não havia feito. Quando coloquei a minha filha no colo pela primeira vez, foi um dos momentos mais milagrosos da vida, e me fez perceber que o meu coração ainda se condoía pelo fato de a minha própria mãe não ter nem sequer me segurado no dia em que nasci. Embora eu entendesse o motivo dela, ainda não me sentia em paz com isso. Ainda sofria por saber disso. De certa forma, parecia que, como ela nunca havia colocado a própria bebê no colo, eu não era validada, reconhecida, real. Aos 42 anos, decidi fazer algo que parecia tanto arriscado quanto assustador. Decidi compartilhar como me sentia com Rosemary e, em seguida, pedir o que queria. Aqui está a questão: no íntimo, eu sentia que precisava que ela me colocasse no colo, da maneira como uma mãe segura o seu bebê recém-nascido. Na minha cabeça, isso soava irracional e, até mesmo, um pouco absurdo. Mas, no meu coração, parecia que era o ingrediente que faltava para eu romper uma barreira de desconexão com ela.

Convidei Rosemary para vir ao sul da Califórnia para passarmos o fim de semana juntas. Talvez tenha sido uma das coisas mais difíceis que já fiz na vida.

Nós nos sentamos no sofá. Enquanto ela bebia água, eu me enrolei no meu cobertor aconchegante favorito e tomei um pouco de café com canela. O calor de ambos ajudou a acalmar o frio na barriga.

— Há algo muito, muito importante que preciso compartilhar com você — disse.

— Está bem — respondeu ela.

Eu me abri e me mostrei em plena vulnerabilidade. Contei como fiquei maravilhada quando a minha filha, Wonder, estava nascendo; que, enquanto experimentava e testemunhava o milagre da vida, percebia a imensa bênção de Deus ao me confiar a responsabilidade de ser a mãe daquela linda menina. Compartilhei com ela como segurar Wonder no colo no dia em que ela nasceu foi um dos momentos mais poderosos da minha vida e confessei que sentia um vazio por ter nascido e nunca ter sido segurada por minha mãe biológica.

Em seguida, respirei fundo e, com o coração acelerado, perguntei:

— Você me colocaria no colo? A sua bebê. Como uma bebê?

Os olhos dela se encheram de lágrimas. Fiz uma brincadeira.

— Será que vou esmagar você?

Ela riu.

— Claro que não — respondeu, enquanto chorava.

Rosemary tem compleição pequena. Ela tem alguns centímetros a menos do que eu e é muito magra. Devo ser uns 20 quilos mais pesada do que ela e, naquele momento, não me importei. Afastei todos aqueles pensamentos perturbadores sobre tamanho ou se ela acharia que eu era gorda. Não poderia deixar as minhas inseguranças me custarem aquele momento, que significava tanto para mim. Fiz questão de perguntar novamente: "Tudo bem se eu me sentasse no seu colo e você me segurasse como um bebê?" Ela faria isso, 42 anos depois, já que nunca chegou a fazê-lo no dia em que nasci? Eu sabia que estava correndo o risco de ser rejeitada novamente.

Ela olhou para mim e disse, com imensa emoção:

— Tudo bem.

Dava para notar que ela estava em oração. Uma vez, ela me disse que, quando está com medo, imagina Jesus sentado ao seu lado, e isso a ajuda a ter confiança em qualquer situação e a saber que não está sozinha. Senti que, naquele momento, ela estava imaginando Jesus sentado à sua frente. Ela se aproximou de mim no sofá. Eu me sentei enviesada, com o corpo inteiro sobre o colo dela. Envolvi os braços ao redor do seu pescoço, e ela envolveu os braços ao meu redor, e ambas começamos a chorar. Assim, a minha mãe biológica de 61 anos segurou a sua bebê de 42 anos pela primeira vez. Ela pôde colocar, pela primeira vez, a filha no colo, e eu pude ser segurada pela minha mãe. Enquanto chorávamos, falei:

— Prometa que nunca mais vai me largar?

Ela começou a soluçar. Eu também.

— Sinto como se você tivesse me abandonado, mas, quando a encontrei, você desapareceu, e tive a sensação de que você tinha me abandonado de novo — continuei. — Prometa que você nunca mais vai me largar.

Ainda chorando, ela disse, com a mais pura convicção:

— Jamie, eu prometo. Nunca mais vou largar você.

Eu acreditei nela. Nós nos abraçamos. E choramos. E nos curamos.

ACREDITE NO PODER de pedir aquilo de que você precisa para poder se curar, como um pedido feito a outra pessoa ou a si mesmo. No meu caso, precisei mudar a minha perspectiva em relação ao fato de ter de pedir algo a alguém. Eu achava que isso era uma fraqueza, mas agora sei que é uma força — mesmo que signifique me mostrar vulnerável ou correr o risco de algum constrangimento ou rejeição. Pode significar pedir que alguém se desculpe, ou você ter de pedir desculpas. Pode significar pedir que alguém mude um comportamento. Pode significar olhar no espelho e pedir a si mesmo que ame o seu corpo e, em seguida, se comprometer a fazer o árduo trabalho de entender e superar o motivo pelo qual você não o ama. Pode significar expressar a sua necessidade de mais afeto e pedir isso ao seu parceiro. Pode significar usar de franqueza e contar a alguém como suas palavras o magoaram. Na maioria das vezes, significará ter uma conversa difícil. Mas aprendi que revelar como realmente nos sentimos, por mais difícil que seja, pode ser a chave para a conexão, a liberdade e a cura.

PARTE DOIS

ARRISQUE

CAPÍTULO DEZ

Acredite em ser corajoso em vez de ser querido

Não vou jogar fora a minha chance.
Não vou jogar fora a minha chance.

— *HAMILTON*, O MUSICAL

ERA VISÍVEL QUE as folhas impressas tremiam nas minhas mãos, e eu tinha esperanças de que todos pensassem que se tratava de um ventilador ligado em algum lugar fora do palco. Em pé, encarando uma plateia que aprendi a considerar como a representação do poder sabia que precisava prender o cabelo, encarar o meu medo de frente e reconhecer que a minha fé era maior do que tudo aquilo.

Eu estava sendo homenageada com o Prêmio de Empreendedorismo da Associação Cosmetic Executive Women. É uma das maiores honrarias que se pode receber na indústria da beleza — se fosse Hollywood, seria como ganhar um Oscar. Normalmente, é uma honra concedida a alguém que passou toda a carreira nessa indústria. Eu estava lá havia apenas oito anos. O evento de premiação, em si, já é um grande acontecimento. É realizado uma vez por ano e é frequentado por todos os fundadores, CEOs e executivos sêniores das principais marcas do ramo. Basicamente, naquele salão os tomadores de decisão responsáveis por quase todas as grandes marcas de beleza que conhecemos globalmente se reúnem para celebrar. Para completar, também fui convidada a ingressar no conselho da associação.

O convite foi feito pela mulher à frente de tudo. Ela havia me recomendado pessoalmente aos seus colegas conselheiros; eles votaram e concordaram, e fui convidada a fazer parte daquele conselho muito prestigiado e exclusivo. *O QUÊ?!* Nessa área, isso é como ser convidado a adentrar a mais exclusiva irmandade. Mas o problema é que eu nunca tinha feito parte de nenhuma. Para começar, me parecia exclusiva demais. Sempre acreditei nas palavras da poeta Cleo Wade: "Se o clube dos garotos legais não incluir todo mundo, então não é um clube legal." Quer dizer, sempre participei dos eventos da CEW, e serei eternamente grata por ter sido em um evento de demonstração de produtos em que consegui dar uma escapulida do meu estande e conhecer pessoalmente a compradora do QVC. Os eventos deles proporcionaram a uma empreendedora em ascensão a proximidade com outras figuras da indústria. Além disso, eu sabia que faziam um trabalho excepcional apoiando grandes causas. Ainda assim, sempre imaginei seu conselho como uma expressão da alta sociedade — isso pode ter sido fruto do meu próprio preconceito infundado. Talvez aquele grupo fosse inclusivo, e eu estivesse preocupada sem motivo. Ainda não tinha certeza. Mas estava certa de que aquele era, definitivamente, um mundo de onde não vim e do qual nunca fiz parte. Parecia uma dádiva ter a chance de observá-lo por dentro. Então, mantive a mente aberta e me associei. Mas, de repente, receber aquele prêmio acrescentou ainda mais pressão sobre mim, pois eu também era membro do conselho!

Não foram apenas todos os varejistas e todas as lojas de beleza que nos disseram *não* por anos e anos. Até aquele momento, raramente eu me sentira acolhida como uma agente legítima pela indústria da beleza. Durante todos os anos em que participei de todas as grandes cerimônias de premiação das organizações que concediam um prêmio ao estreante que se mostrasse mais promissor, nunca ganhamos. Nunca fui a fundadora da marca mais badalada a ser chamada ao palco para ilustrar o futuro da indústria. Apesar disso, muitas dessas marcas acabaram sendo fogo de palha. Parecia que, dentro daquela sofisticada indústria, éramos quase sempre subestimados ou descartados. Minha amiga Natasha sempre me ajudou a enfrentar isso, seja me lembrando de ser um esquilo, seja compartilhando frases célebres, como: "Deus diz: 'Você não foi rejeitada, eu escondi deles o seu valor porque eles não fazem parte do seu destino.'" Portanto, ao receber aquela honra incrível e entrar para aquele prestigiado conselho de elite, era a primeira vez em que eu me sentia reconhecida, vista, incluída e celebrada. Foi como ir do zero a uma heroína em um piscar de olhos (após oito anos de semanas de cem horas de trabalho, entregando o meu coração e a minha alma na construção de uma empresa que estava determinada a mudar a vida das mulheres e a indústria da beleza como um todo).

Nas semanas que antecederam o evento de premiação, fiquei sabendo que teria cerca de dez minutos para fazer o meu discurso de agradecimento. Meu primeiro instinto foi preparar alguns comentários cheios de gratidão por todas as pessoas que me apoiaram, como faço quase todas as vezes em que tenho a bênção de ganhar um prêmio. Mas, no íntimo, sentia que um discurso tradicional não seria especial o suficiente para um evento tão grandioso. Mas escrevi um de qualquer maneira.

Então, conforme o evento se aproximava, fui ficando cada vez mais inquieta. O que eu estava pensando? Como poderia escrever um discurso qualquer de agradecimento para um evento daquele magnitude? Talvez o prêmio que eu iria receber e o palco em que estava prestes a subir não tivessem a ver comigo, exatamente. Assim que me dei conta disso, esse pensamento me dominou e não me abandonou mais. Sabia, no fundo, que ali a questão não eu. Percebi que, naquele único salão, naquele único dia, quase todas as pessoas-chave que controlavam as imagens que bilhões de mulheres consomem globalmente estariam sentadas bem na minha frente, me ouvindo. Santo Deus! Por que eu desperdiçaria aquela oportunidade falando sobre mim, ou fazendo agradecimentos que, embora sinceros, também estavam envoltos no desejo de agradar? E se a razão pela qual eu havia recebido aquela oportunidade e aquele momento fosse para fazer uma diferença ainda maior naquela indústria? Algo ainda maior, para além do que já estava fazendo com a minha empresa? E se eu lhes explicasse que o meu sucesso era a prova de que, se mudassem os métodos e alterassem as imagens irreais e manipuladas com as quais eles infestam o mundo, poderiam ter ainda mais sucesso?

Eu estava louca?

VOCÊ SE LEMBRA daquele comercial que Steve Jobs fez para a Apple? Ele lê um potente trecho de uma carta escrita por Jack Kerouac, que termina com o escritor dizendo: "As pessoas que são loucas o bastante para acreditar que podem mudar o mundo são as que o fazem." Se você ainda não viu, procure-o no Google. Na manhã do meu discurso, assisti a esse comercial várias vezes. E orei, chorei, fiquei em silêncio e entrei em sintonia com a minha intuição. Simplesmente, eu soube.

Soube que, se aproveitasse aquele momento para defender uma das minhas maiores causas, talvez não desse certo. Mas tinha vivido o suficiente para acreditar na verdade contida em uma das minhas citações favoritas de O *Homem na Arena*, de Theodore Roosevelt (explorada de maneira muito eficaz no livro mais vendido de Brené Brown, *A coragem de ser imperfeito*):

> *Não é o crítico que importa; nem aquele que aponta onde foi que o homem tropeçou, ou como o autor das façanhas poderia ter feito melhor. O crédito pertence ao homem que está por inteiro na arena da vida, cujo rosto está marcado de poeira, suor e sangue; [...] que, na melhor das hipóteses, conhece, no fim, o triunfo da grande conquista e que, na pior, se fracassar, ao menos fracassa ousando grandemente.*

Se eu usasse a minha única chance naquele salão, naquele momento, seria um gesto profundamente ousado. Poderia dar de cara no chão e, talvez, até perder alguns amigos na indústria. Mas também sabia, no fundo da minha alma, que era a hora de entrar na arena e ter a coragem de ser imperfeita. Eu preferiria ser corajosa e me posicionar pelo que acredito.

O DIA DA cerimônia chegou. Eu me sentia como um gladiador prestes a arriscar tudo. Exceto que, na minha batalha, em vez de armadura, eu usava um vestido de gala brilhante, e a minha arena era um sofisticado salão em Nova York. Meu coração batia forte enquanto eu era recebida com a apresentação mais linda e elegante de todas. Observei a plateia repleta de executivos vestidos de forma impecável. Definitivamente, as pessoas da indústria da beleza sabem se vestir. Elas não tinham ideia de que a minha definição favorita de "bem-vestida" era o meu moletom, nenhuma maquiagem e um elástico de cabelo (combine esse visual com alguns petiscos e um copo de vinho tinto ou, às vezes, até uma xícara de vinho tinto… mas essa é outra história). Naquele dia, eu estava vestida de acordo com a definição deles.

Tinham todos os motivos para acreditar que eu estava prestes a fazer um discurso para agradá-los, como também se esperava de mim. Afinal, desde que fomos adquiridos pela L'Oréal, passei a ser tratada como a menina de ouro da indústria da beleza.

Em vez disso, subi ao palanque e compartilhei as palavras que estavam no meu coração. Eu não sabia que algumas das coisas que aconteceriam depois seriam inovadoras da melhor maneira possível, e que outras seriam devastadoras da pior maneira possível.

EXCERTOS DO MEU DISCURSO de agradecimento ao Prêmio de Empreendedorismo CEW de 2017:

O que você vai fazer com o poder que é VOCÊ?

Muito obrigada à CEW por este reconhecimento. Na verdade, a IT Cosmetics foi descoberta pelo QVC no Prêmio CEW de 2010, e isso foi transformador para mim e para a marca, e serei eternamente grata. Isso levou à nossa incrível parceria com a ULTA Beauty, a TSG, a Sephora e, então, a L'Oréal. Por esse motivo, sou eternamente grata à CEW. Quero agradecer a Paulo e a toda a minha equipe da IT Cosmetics — obrigada por serem corajosos, por se arriscarem, por estarem comigo e se arrojarem para fazer as coisas de forma diferente! Obrigada por mudarem vidas comigo todos os dias e por seguirmos em frente na missão de mudar o discurso sobre a beleza!

Nos primeiros anos à frente da IT Cosmetics, perdi a conta de quantos nãos eu ouvi, de todos os varejistas, de praticamente todo mundo. Alguns anos depois, eu ainda estava administrando a marca da minha sala de estar e não sabia como sobreviveríamos. Então, houve um momento decisivo: conheci um investidor em potencial que era bastante importante no mundo do capital privado e, após realizar as devidas diligências, decidiram não investir na IT Cosmetics. Eu nunca esquecerei a resposta dele quando perguntei o porquê. Ele me disse: "Eu não tenho certeza se as mulheres comprarão maquiagem de alguém que se pareça com você. Quer dizer, alguém que tenha o seu corpo e o seu peso." Eu me lembro de olhar diretamente nos olhos dele, em choque, e sentir algo dentro de mim dizendo: "Não. Ele está errado." Então, eu me propus a provar aquilo… não apenas para mim mesma, mas também para todas as mulheres do mundo.

Quando fizemos a nossa estreia no QVC, em setembro de 2010, tínhamos dez minutos. Decidi remover a minha maquiagem, exibindo a rosácea bem vermelha que surge no meu rosto, para demonstrar ao vivo como o produto funcionava. Também escalei mulheres reais como modelos. Na época, observando a indústria da beleza, ninguém havia feito aquilo antes, e todos os indícios nos diziam que não iria funcionar. Fomos ao ar com apenas dez minutos... e, quando o sinal de "esgotado" apareceu... eu chorei. Chorei não apenas porque a minha empresa iria sobreviver, mas porque percebi que, quando se trata das imagens às quais nós mulheres somos expostas, aquele momento comprovava que esta afirmação icônica é verdadeira: o poder das pessoas é maior do que o das pessoas no poder!

(Uma observação paralela: esta foi a parte do discurso em que vi muitos sorrisos no salão se transformarem em olhares sisudos. O salão estava dividido de modo aproximadamente equitativo entre homens e mulheres, mas todas as caras pareceram se fechar da mesma forma. Continuando o discurso...).

Era a prova de um momento de descoberta para mim, [...] pois sempre me perguntei — será que as mulheres só comprariam cosméticos de anúncios com rostos de supermodelos ou celebridades impecavelmente retocados, [...] ou será que nenhuma empresa quis se arriscar a fazer as coisas de forma diferente?

Então, decidi expandir a IT Cosmetics e ignorar tudo o que estava sendo feito ao meu redor na indústria da beleza naquela época. Decidimos usar mulheres reais e fotos reais de antes e depois. Muitos varejistas e especialistas nos disseram que, ao fazer isso, não pareceríamos luxuosos o suficiente. Hoje em dia, quase todos aqueles mesmos varejistas usam fotos de mulheres reais. E tenho orgulho disso. Agora, sete anos depois, quando ligamos o QVC ou em qualquer canal de compras na TV, vemos quase todas as marcas de maquiagem mostrando mulheres reais como modelos. Quando vejo isso, eu sorrio... Fico muito orgulhosa disso. Hoje, temos o privilégio de ser uma marca de destaque em cada varejista que distribui os nossos produtos. Eu menciono isso porque acredito que, na indústria da beleza, todos nós incorporamos há muito tempo a ideia de que é preciso mostrar imagens inatingíveis para vender produtos, [...] eu estar aqui agora, e o sucesso da IT Cosmetics, são a prova de que isso não é verdade. Recentemente, quando vendemos a IT para a L'Oréal, na maior aquisição da história da empresa, recebi um e-mail do investidor que não investiu em nós por causa do meu peso. A propósito, se ele tivesse investido, teria sido o investimento mais bem-sucedido da história da empresa dele. O e-mail dizia assim: "Parabéns pela sua negociação com a L'Oréal. Eu estava errado." Ele prosseguia, afirmando que se arrependia da decisão que tomou. Achei bom por um momento. Mas o que percebi é que ele havia tomado como verdadeira aquela mesma definição de beleza com a qual temos lidado ao longo de toda a nossa vida.

Na indústria da beleza, estou orgulhosa da L'Oréal e das marcas que estão ajudando a quebrar o padrão, incluindo o uso de modelos transgêneros — já era hora! Mas sinto que, como indústria, mal começamos a mudar o que precisa ser mudado. Se nós, como empresas, queremos que todas as mulheres comprem os nossos produtos, por que lhes mostramos imagens retocadas que não se parecem com elas? E, mais do que isso, qual impacto essas imagens de beleza causam no mundo? Aqui e agora — somos nós que temos todo o poder para mudar isso.

Olhem à sua volta... agora, neste salão, estão sentadas as pessoas que, de forma unilateral, decidem as imagens que bilhões de mulheres verão ao redor do mundo.

Agora, neste salão, estão os executivos de todas as principais marcas de beleza, e a próxima geração de tomadores de decisão. Todas as marcas de beleza mais influentes do mundo estão bem aqui.

Vocês controlam as imagens que as mulheres estão consumindo globalmente — imagens promovidas como algo desejável. O que começa como uma ideia de marketing e como uma campanha nos seus escritórios, muitos deles a apenas poucos quarteirões daqui, alcança bilhões de mulheres em escala global.

Gostaria que refletissem um pouco e respondessem a estas perguntas. Quando vocês olham para as imagens de modelos que as suas marcas utilizam, (...) elas, alguma vez, já lhes fizeram se sentir inseguros? Ou inferiores? As imagens que usam e divulgam para o mundo são empoderadoras? Ou fazem vocês se sentirem desempoderados?

Certa vez, Oprah fez uma pergunta — "O que vai fazer com o poder que é você?". Foi uma pergunta que impactou a minha vida, e hoje eu gostaria de dar continuidade a ela. Porque cada um de vocês neste salão tem muito poder. Vocês têm muito poder para deixar na sua marca e no mundo. É fácil se deixar levar pelo dia a dia dos nossos trabalhos, competindo por números maiores e subindo de cotação quando conseguimos alcançá-los, mas hoje quero pedir que vocês deem um enorme passo atrás e pensem sobre o que realmente importa. E que diferença VOCÊS vão fazer na vida de mulheres e meninas globalmente — com as suas carreiras. Como as imagens de beleza a que tinham acesso as impactaram quando vocês eram garotinhas? Como as impactaram quando eram jovens? E como impactam as mulheres que são hoje? Cada uma de vocês neste salão tem o poder de tomar decisões que podem mudar essa realidade para outras meninas e outras mulheres. Vocês têm, realmente, todo este poder. Vocês, neste único salão, neste exato momento, são as tomadoras de decisão de todas as principais empresas de beleza do mundo e controlam todas as imagens a que bilhões de mulheres e meninas são expostas, globalmente. [...] Vocês têm todo o poder para mudar o modo como essas imagens moldam inúmeras vidas. Hoje, deixo a cada uma de vocês uma pergunta... O que você vai fazer... com o poder... que é VOCÊ?!

Obrigada.

À medida que me afastava do microfone, pude sentir, nas partes mais profundas do meu ser, o impacto que causei. Eu havia quebrado as regras tácitas de engajamento e confrontado toda a indústria da beleza, desafiando-a a mudar.

O que você vai fazer com o poder que é você? É uma pergunta que temos a dádiva de poder fazer a nós mesmos todas as manhãs, quando acordamos e abrimos os olhos. Usaremos a nossa energia e o nosso poder para sermos queridos ou corajosos? Para correr riscos ou agir com cautela? Para desafiar o *status quo*, ou nos entorpecer na nossa zona de conforto?

Naquele dia, diante dos tomadores de decisão das maiores e mais poderosas empresas de beleza do mundo, escolhi ser corajosa em vez de ser querida. Uma escolha que, quase sempre, é a certa; mas, neste caso, em breve eu enfrentaria consequências inesperadas.

CAPÍTULO ONZE

Acredite que os *haters* são apenas apoiadores confusos

O ódio já causou inúmeros problemas neste mundo, mas ainda não resolveu nenhum.

— DRA. MAYA ANGELOU

"SEU ROSTO É mais gordo do que a bunda de um elefante", "Está grávida de quantos meses?", "Já pensou em fazer uma redução de queixo?", "Percebi que engordou um pouquinho de novo. Qual foi a dieta que você experimentou e que não funcionou?", "Não estou tentando ferir os seus sentimentos, mas você deveria contratar um estilista", "Não me interprete mal, mas...". Essas (e muitas outras) críticas são comentários reais nas minhas redes sociais. E, veja só, todas vieram de pessoas que *escolheram* seguir a minha página! Alguns podem parecer comentários bem-intencionados. Quer dizer, exceto, evidentemente, o da bunda de elefante. Mas, mesmo nesse caso, quem é que pode ter certeza, não é verdade?

Você já passou por isso? *Haters* ou trolagens lhe dizendo coisas cruéis? Ou até, pessoas que você conhece? Se a resposta for sim, sabe o quanto isso machuca — e você não está sozinho.

Três anos antes de conhecer Paulo, eu estava com 22 anos e tinha acabado de ganhar o concurso Miss Washington EUA. Na época, os *reality shows* estavam debutando na televisão — *The Real World*, da MTV, mostrava estranhos convivendo num mesmo espaço, com câmeras capturando tudo —, mas ainda não eram um sucesso. À medida que o ano 2000 se aproximava, dois programas do gênero estavam prestes a estrear: *Survivor* e *Big Brother*. Na primeira temporada de *Big Brother*, dez participantes seriam trancados juntos numa casa para conviver e competir até chegar à final.

Eu estava no último ano de faculdade. Alguns amigos e eu, por impulso, achamos que seria divertido e nos inscrevemos para participar. Cada um de nós enviou uma fita. (Sim, uma fita VHS. Você se lembra delas?) Recebi uma ligação dizendo que, dentre milhares de inscrições, eu tinha sido aprovada para as rodadas de reconvocação em Los Angeles. Peguei um avião sem ter a menor ideia de onde estava me metendo e, apesar de tudo, me sentindo animada e invencível (ahhh, os nossos vinte e poucos anos!). Então, passei para a rodada dos setenta e poucos candidatos finais. Àquela altura, fui submetida a verificações de antecedentes, entrevistas psicológicas, exames de sangue, muitas e muitas entrevistas em frente às câmeras e, então, aconteceu! Recebi a notícia de que eles tinham me escolhido para participar do programa! Que m(*&@!

Tentei explicar à minha família o que ia fazer. Lembre-se: estávamos bem no início da popularização dos *reality shows*. Ninguém sabia que os responsáveis pela edição poderiam criar toda uma trama por conta própria. *Blogs* e redes sociais também estavam começando a se tornar populares. Portanto, aquela enorme arena repleta de opiniões não solicitadas, *haters* e críticos anônimos era uma grande novidade.

Dúzias de câmeras ocupavam cada cômodo da casa do *Big Brother*, para que o mundo exterior pudesse assistir a como nove estranhos e eu convivíamos. As imagens capturadas eram (bastante) editadas e exibidas no horário nobre de seis noites por semana, em rede nacional. Além disso, havia uma transmissão em tempo real, 24 horas por dia, 7 dias por semana, em que os telespectadores podiam ver (espiar) o que se passava dentro da casa. Nós, porém, não tínhamos acesso à telefones nem a televisão, e ficamos três meses sem saber o que estava acontecendo fora daquela casa. A cada semana, todos os competidores votavam para eliminar alguém. Os dois que recebiam mais votos eram colocados no "paredão". Então, abria-se a votação para o público. Eles ligavam ou votavam *on-line* em quem queriam que fosse eliminado. Os três últimos competidores que chegassem ao fim do programa ganhavam um prêmio em dinheiro.

Participar do programa, àquela altura da vida e sendo introvertida, foi a coisa mais inusitada que eu já tinha feito. Imagine estar trancafiada com nove estranhos dentro de uma casa cheia de câmeras e microfones, sempre exposta. Tudo o que eu fazia e dizia, e também o que eu não fazia e não dizia, era gravado. As câmeras infravermelhas registravam tudo o que acontecia no escuro e nos filmavam enquanto dormíamos. Todos os espelhos tinham câmeras ou operadores de câmera posicionados atrás deles, filmando cada movimento que fazíamos. Imagine as coisas que você faz durante todo o dia: acordar, vestir-se, lavar-se, agir conforme seus hábitos e suas manias. Tudo era filmado!

Eu olhava para o espelho enquanto escovava os dentes e sabia que alguém estava lá me filmando. De vez em quando, conseguia detectar até um leve movimento. Era muito bizarro, dava uma sensação estranha e invasiva, especialmente por não conseguir enxergar a pessoa que estava ali. Ah, vamos para alguns detalhes um tanto desconfortáveis agora: a casa do programa tinha apenas um vaso sanitário. Ele ficava isolado dentro de um pequeno cômodo. Era o único lugar na casa sem câmeras (sim, tinha até no chuveiro), mas era proibido tirar o microfone. Imagine-se sentado no vaso sanitário, diante de um longo cabo pendurado do teto, com um microfone pairando acima da sua cabeça, quase em frente ao seu rosto. Embora o microfone estivesse lá para garantir que não haveria conversas ali, ele gravava tudo. Sim, é isso mesmo que você leu — tudo. Isso vai parecer muito ridículo e embaraçoso, mas houve um momento em que eu estava lá, apavorada porque queria soltar um pum. Ora, eu sei que todo mundo solta pum, mas não em um microfone! Sério, só por um momento, tente se imaginar nessa situação. Estranhos iriam ouvir! (Descobri depois que havia uma sala de controle com dezenas de pessoas ouvindo!) Durante semanas, eu prendia! É bem constrangedor escrever isso, mas, a essa altura, já nos conhecemos o suficiente, então vou ser sincera. Dia após dia, eu me empenhava para ir ao banheiro fazendo o menor barulho possível. Além disso, na época eu era a Miss Washington EUA e, por alguma razão, achava que deveria ser superelegante, o que quer que isso signifique.

Vamos ser sinceros por um segundo. Quantas vezes, em um banheiro com mais de uma cabine, você já esperou todos saírem para, finalmente, usar o vaso sanitário? Ou já deu descarga várias vezes para disfarçar qualquer barulho? Ou já tossiu alto? Ou girou o rolo de papel higiênico para encobrir o barulho? O que há de errado conosco? Sério! É hora de acabar com isso e sermos livres!

Seja como for, um dia eu estava lá naquele pequeno banheiro, sentada no vaso, e decidi que a vida é curta demais. Vamos dizer, apenas, que eu deixei tudo sair! Sim, sem controle! Senti um misto de vergonha e empoderamento ao mesmo tempo! LIBERDADE! E me empenhei! Foi uma liberdade empenhada! Não vou jogar fora a minha chance de ser livre! A liberdade de saber que *só se vive uma vez*! A liberdade que o meu pai costumava chamar de "puxe o meu dedo"[3]! A liberdade de um esquilo destemido e corajoso, capaz de chacoalhar as bolas sem se importar!

Certo, acho que você já deve ter percebido que cada movimento que fizemos durante três meses seguidos foi capturado. Ao mesmo tempo, todo aquele material era editado de acordo com um roteiro que desconhecíamos, e transmitido em rede nacional seis noites por semana. O ano do qual eu participei, isto é, a primeira temporada, teve setenta episódios. Você costuma assistir a *reality shows*, como *The Bachelor* ou *Bad Girls Club*, e fica se perguntando por que todo mundo vive chorando, ou por que as emoções estão tão à flor da pele? Bem, aqui está o segredo: quando você está isolado do mundo, é como se estivesse vivendo numa bolha. À medida que semanas e meses passam, tudo dentro daquela bolha se torna intenso e suas emoções ficam muito aguçadas — o que funciona muito bem para a televisão! Cada momento dentro daquela casa parecia tão exasperador, que eu nunca conseguia baixar a guarda. Nem mesmo enquanto dormia.

Como o *Big Brother* era uma competição, com muito dinheiro em jogo (na época, os prêmios eram: 500 mil dólares para o vencedor; 100 mil para o segundo colocado e 50 mil para o terceiro), a disputa se tornava acirrada. A cada semana, votávamos para eliminar alguém e o público se envolvia. Como tudo aquilo estava acontecendo em tempo real, e estávamos isolados sem saber o que estava acontecendo do lado de fora, a única forma de os fãs

3 "Puxe o meu dedo" é uma referência ao brinquedo infantil "Pull my finger", um boneco que emite um som de flatulência quando abre a jaqueta e abaixa as calças. O mecanismo é acionado puxando o dedo do boneco, daí o seu nome. [*N. do T.*]

se comunicarem conosco era contratando pequenos aviões com faixas que sobrevoavam a casa onde estávamos. Sabe aqueles aviõezinhos que levam aquelas longas faixas, exibindo anúncios ou perguntas do tipo "Quer se casar comigo"? Esses mesmos. Os fãs ficaram tão fissurados, que juntavam dinheiro para isso, tentando colocar os competidores uns contra os outros. Era uma loucura — e a única informação que chegava do mundo exterior para nós. Sempre que isso acontecia, corríamos para o quintal e ficávamos olhando para o céu.

Quando um avião passava com uma faixa do tipo "Jamie, cuidado com Fulano, ele votou para eliminá-la", eu nunca sabia se era verdade ou não. Em alguns dias, recebia mensagens carinhosas, como "Vai, Jamie, amamos você!", mas havia comentários como "Jamie não presta, ela é falsa", ou outras mensagens ofensivas sobre mim ou os demais competidores. Comecei a ter uma reação física negativa sempre que ouvia o motor de um daqueles aviõezinhos se aproximando. Ao contar essa história hoje, parece insana e um pouco tola. Mas, na época, não conseguia suportar a ideia de que as pessoas estavam gastando dinheiro para me atacar. Os outros participantes também ficavam chateados. Parecia que praticantes anônimos de *bullying* estavam usando aviões para espalhar faixas de ódio pelo céu, para que todos vissem. Até hoje, sempre que ouço um barulho de motor parecido, sinto um desconforto no estômago. Doideira, não é?

Sob outros aspectos, o programa foi muito divertido, e sou grata pela experiência de ter participado de um *reality show*, especialmente nos primórdios do gênero. Além disso, por ser introvertida, eu estava tão longe da minha zona de conforto, que perdi muitas das minhas inibições (deixei tudo sair, literalmente!), e isso foi muito bom para mim. Não me arrependo — só se vive uma vez, certo? Durei três meses, fui a última mulher a sair da casa, eliminada no dia anterior ao fim do programa. Quarto lugar e nenhum dinheiro. E eu achando que aquele era o fim de uma experiência emocionante, única na vida. Eu estava tão errada! E prestes a descobrir que os aviõezinhos eram apenas um exercício de aquecimento para o que estava por vir.

NO DIA SEGUINTE ao término do programa, fui me encontrar com amigos e familiares. Para a minha total surpresa, não conseguia andar pela rua sem ser parada a cada poucos segundos por alguém que me reconhecia do programa. Muitos eram gentis e só queriam uma foto; outros diziam o quanto amaram ou odiaram algo que fiz ou disse, e opinavam à vontade. Descobri que adoravam as paródias que eu fazia com outro competidor, Chicken George. Perguntavam: "Você e Josh estavam apaixonados?" ou "Você realmente dorme de maquiagem?". (A resposta para essa pergunta é não; os editores raramente me mostravam sem maquiagem porque o programa queria que eu parecesse uma rainha da beleza.) Eu não sabia como lidar com toda aquela atenção.

Nas primeiras 24 horas após deixar a casa, fiquei sabendo que haviam criado centenas de sites em resposta ao programa, incluindo sites opinativos que manifestavam apoio ou ódio em relação a cada participante. Havia sites de fãs e havia sites de *haters* avaliando tudo ao meu respeito. *O QUÊ???* Eu não sabia o que fazer com isso, nem como processar essas coisas.

A propósito, como eu era uma das poucas competidoras que usava maquiagem na casa e eu me maquiava em frente ao espelho, tanto os fãs quanto os críticos notavam. Uma das perguntas que mais recebi foi: "Qual *lip gloss* você usa?" Mulheres diziam coisas como: "Preciso comprar um igual para a minha filha usar no casamento dela." Por outro lado, alguns dos sites que mais disseminavam ódio se concentravam em criticar a minha maquiagem. Um *hater* criou um jogo *on-line* malvado, no qual se podia espalhar *lip gloss* por todo o meu rosto. Outros postaram fotos minhas com maquiagem cobrindo cada centímetro do meu rosto, como se fosse uma pintura abstrata. Eu achava engraçado, depois não achava mais, e voltava a achar de novo. O que quero dizer é: na época, não tinha ideia de que, um dia, criaria uma empresa de maquiagem, e muito menos uma das maiores empresas de maquiagem do país. Não é uma loucura? Então, obrigada, *haters*, por plantar essa semente e ajudar a revelar o meu futuro! Ah! Deus é tão bom! Mas estou desviando do assunto. Vamos voltar aos efeitos de tanto amor e ódio.

Minha primeira reação aos sites de ódio foi me enroscar na minha coberta em casa, com um pote de sorvete e sacos de doces, e chorar. Comer sem controle emocional parecia melhorar um pouco a situação — ou me deixava um pouco mais anestesiada —, só que não era só isso. Incontáveis sites julgavam o meu peso e o meu corpo. Tempos divertidos. Não pretendo desmerecer os muitos sites incríveis, bonitos e gentis preparados por apoiadores, mas nosso cérebro funciona de um jeitinho diferente. Podemos estar recebendo toda a positividade do mundo e, ainda assim, seu padrão é amplificar quando alguém faz um comentário negativo. Na época, eu não sabia como direcionar a minha atenção nem o que estava pensando. Para mim, tudo se resumia à sensação de enfrentar apenas ódio e rejeição. Eu internalizava as críticas e, muitas vezes, me senti sozinha e detestada.

Do outro lado, estavam os fãs. Muitos eram gentis e enviavam presentes pelo correio, como bonecas com o meu rosto, camisetas com mensagens especiais, pinturas e joias. Havia até cartas de presidiários.

Então, aprendi uma das grandes desvantagens da fama instantânea: ela não vem acompanhada apenas de fãs e *haters*, mas também de pessoas que não estão bem.

Antes do programa, eu era mais uma pessoa comum. Havia me formado na faculdade e estava trabalhando com todo o empenho em uma *startup* de internet em Seattle, ganhando o suficiente para pagar as minhas contas e as prestações do meu empréstimo estudantil. Na época do *Big Brother*, não havia remuneração; só recebíamos uma ajuda de custo de 50 dólares por dia, embora, de alguma forma, ainda tivéssemos de pagar todas as nossas contas. Sem ter uma carreira estabelecida, você acaba famoso da noite para o dia, mas sem nenhum dinheiro. Isso significa que, quando pessoas desequilibradas começam a persegui-lo, você não tem como investir em segurança para se proteger.

Perseguidores não são fãs. São pessoas mentalmente perturbadas que muitas vezes, ficam, obcecadas. As pessoas assistiam à transmissão em tempo real pela internet, e as pessoas assistiam de casa, sendo que nem todas estavam bem. Um perseguidor sinistro decidiu aparecer na loja FedEx onde parei para imprimir algumas coisas, nas cercanias da cidade onde fui criada. Ele morava a vários estados de distância e estava me seguindo. Naquele dia, me cumprimentou pessoalmente. Mais tarde, soube que ele havia construído uma espécie de manequim robotizado que acreditava ser eu e que vivia sob a ilusão de que morava com ele. Precisei envolver a polícia no caso.

À medida que o tempo passou e os quinze minutos de fama foram junto, fãs e *haters* também foram desaparecendo. Na época, eu não sabia como processar tudo aquilo, mas acabei desenvolvendo uma casca grossa.

Existem vários tipos de *haters* por aí. Tem gente que conhece você e tem gente que não. Aqueles que realmente querem magoá-lo, e aqueles que já estão tão magoados, que nem percebem o quanto magoam você. Aqueles que têm coragem de mostrar o rosto fazem parte de um grupo raríssimo. Depois, há a maioria, que age anonimamente ou disfarçada com um *fake*, espalhando fofocas e despertando o ódio coletivo. Com as redes sociais e todas as demais tecnologias, as crianças não sofrem mais *bullying* apenas na escola, onde não restam dúvidas de quem é o agressor, agora também sofrem on-line, em fóruns públicos, em geral de forma anônima. O conteúdo ofensivo, muitas vezes, não some da internet. Estudos recentes mostram que a solidão, a depressão e o suicídio estão aumentando, e muitas pesquisas ligam esse fenômeno ao *bullying* cibernético, às redes sociais e ao papel cada vez mais preponderante da tecnologia na nossa vida. *Haters* e críticos ocupam cada vez mais espaço em nosso mundo. Essa negatividade nos alcança diariamente, de forma rápida, em um dispositivo ao qual não apenas não conseguimos desviar o olhar, mas no qual, em muitos casos, também somos viciados — o celular. Muitas das pesquisas que estão sendo realizadas sobre as substâncias químicas do bem-estar liberadas no nosso corpo quando conquistamos curtidas e seguidores são assustadoras, ainda mais se considerarmos que é algo viciante para todos — incluindo jovens cujos cérebros ainda estão se desenvolvendo. Dito isso, todos os sinais apontam para um cenário em que a influência da tecnologia aumentará. Portanto, descobrir como lidar com o ódio e a crítica de maneira saudável é uma necessidade prioritária para nós mesmos, nossas famílias e a geração mais jovem que será criada dentro dessa nova realidade.

É fácil dizer que basta parar de se importar, basta não se preocupar com o que os outros pensam. Mas o que sei, com toda a certeza, é que pessoas magoadas magoam outras pessoas. Então, é só não prestar atenção nos *haters*, certo? Eis aqui o que torna isso tão difícil: na nossa essência, ansiamos por conexão e pertencimento. E, quando você para de se importar com o que os outros pensam, isso também vem à custa de uma desconexão com a humanidade — o que também não é bom. Então, qual é a solução?

ESSA QUESTÃO TEM SIDO uma longa batalha para mim, porque aprendi que sempre que me exponho, sempre que assumo um risco, sempre que me mostro sincera, sempre que me destaco e faço algo corajoso, relevante ou com uma dimensão pública, as críticas surgem junto. A única maneira de não ter *haters* ou críticos é não fazer nem dizer nada.

Albert Einstein disse: "Grandes espíritos sempre sofreram violenta oposição de mentes medíocres." Bem, eu substituiria "medíocres" por "não evoluídas". De qualquer forma, nem todos vão gostar do que fazemos ou até de nós. E isso dói.

O pastor Joel Osteen expressou isso numa famosa frase: "Todas as nossas dificuldades na vida não são apenas *contratempos*; na verdade, são *configurações* criadas por Deus para nos ajudar a ficarmos fortes o suficiente para suportar o peso dos altos e baixos do nosso chamado." Embora eu não soubesse disso na época, a experiência estava me preparando para o que estava por vir.

Minha próxima introdução ao tribunal da opinião pública ocorreu quando decidi entrar no mundo do jornalismo. Eu estava com 25 anos e ingressei na pós-graduação para obter o meu mestrado em negócios na Universidade de Columbia, na cidade de Nova York.

Quando fui para aquela faculdade de negócios pertencente à Ivy League, já trabalhava muito e fazia as coisas acontecerem. Eu merecia estar lá. Nenhum dos meus pais adotivos tinha ido para a faculdade e não frequentei escolas particulares de prestígio. Então, estava muito insegura e preocupada que não me encaixasse no ambiente que só via em filmes.

Mas acredito na ideia de que crescemos quando saímos da nossa zona de conforto. No primeiro ano lá, percebi que aprendia muito mais com as histórias de outros alunos, professores e ex-alunos do que com os estudos de caso ou o curso em si. Eu valorizava a proximidade com aquelas pessoas incríveis. Havia dias em que ficava apenas olhando ao redor da sala de aula, pensando na quantidade de dinheiro que cada um estava gastando para estar ali. Embora valesse a pena, eu me perguntava como poderíamos aproveitar ainda mais a experiência. Foi então que tive a ideia de entrevistar alunos, professores e ex-alunos superinteressantes para o jornal da escola. Sob o título "Desvendando", contei, segundo as palavras deles mesmos, as histórias por trás de todas aquelas pessoas fascinantes. Enquanto eu fazia as entrevistas, senti um fluxo intuitivo e me apaixonei por contar as histórias de outras pessoas.

A partir daí, comecei a entrar em sintonia com esse estado de fluxo, permitindo que ele, e não as opiniões alheias, guiasse minhas decisões. Para um MBA, é necessário dois anos de estudo. Entre um ano e outro, durante os três meses do verão, a maioria dos alunos estagia em empresas de finanças, de consultoria, ou em bancos de investimentos, que costumam pagar muito bem, às vezes 10 mil dólares por mês. Esses estágios bem remunerados também são vistos como o primeiro passo para uma oferta de emprego em tempo integral com um excelente salário. A classificação de uma universidade, de forma geral, depende de todos esses números, como, por exemplo, qual o salário dos graduados nos seus primeiros empregos e qual o salário médio da turma de formandos. Há muita pressão sobre os alunos de MBA, exercida inclusive por si mesmos e por colegas, para conseguir um emprego "bem-sucedido" e bem remunerado. Isso é visto como uma marca distintiva e um sinal de aceitação. A responsabilidade também é palpável. Há uma sensação tácita de que os seus colegas e os ex-alunos contam com você e com suas realizações para manter o *status* da escola.

Eu poderia ter conseguido um estágio bem remunerado em consultoria ou em finanças. Mas sabia que ficaria infeliz. Então, o que fiz? Assumi um risco. Encontrei um estágio NÃO REMUNERADO em jornalismo, em uma estação de TV local no meio de uma pequena cidade agrícola chamada Yakima, no estado de Washington. Isso mesmo, não remunerado. Zero dólar. Fui até lá, peguei emprestada a perua da minha tia-avó, pois não tinha condições de comprar nem de alugar um carro, e trabalhei com afinco. De graça. Aprendi a redigir matérias, a fazer vídeos, a gravar áudios e narrações minhas e dos outros, e a editar tudo isso.

Aprendi a ser repórter *one-man-band* [banda de um homem só, em tradução livre]. Um repórter *one-man-band* é aquele que trabalha sozinho. Você municia o carro de reportagem com equipamentos, dirige até a locação da matéria, monta a câmera, microfona as pessoas que serão entrevistadas e grava tudo. Depois se microfona e monta a câmera para gravar a sua participação naquela matéria. Aí, dirige de volta até a emissora de TV, registra todas as gravações, escreve a matéria, submete o conteúdo para aprovação do produtor ou diretor de jornalismo e, então, edita a matéria e a entrega para ser exibida na TV naquela noite. Em certos casos, talvez você até apresente a matéria ao vivo.

Passei o meu verão aprendendo tudo o que podia sobre esse processo. Apurei matérias entediantes, emocionantes e muito tristes. Comi muito *mac 'n' cheese* da Kraft. Muitas vezes, eu tinha de parar na beira da estrada porque o painel da porta da perua caía. Fiz amizade com outros repórteres, que me ensinaram macetes. Vivi um dos melhores verões da minha vida. Quando deixei Yakima, não tinha um dólar no bolso, mas estava tão feliz, com um vídeo de audição e o sonho de que, um dia, poderia ser paga para ouvir histórias de outras pessoas, me conectar com elas, e compartilhá-las.

NO MEU ÚLTIMO ano do MBA, fui escolhida pelos meus colegas para ser oradora da turma na formatura. Isso foi uma surpresa, porque eu estava prestes a *abaixar radicalmente* a média da Escola de Negócios de Columbia. No ano em que me formei, 2004, o salário médio mais bônus de um aluno de lá após a formatura era superior a 100 mil dólares. Quer saber o meu? Aproximadamente 23 mil dólares. Quase metade do que eu ganhava trabalhando na academia de ginástica após concluir o ensino médio, e da qual saí nove anos antes para entrar na faculdade. Sem a menor ideia de como pagaria as minhas contas ou as prestações do meu empréstimo estudantil, aceitei um emprego como âncora/repórter de um noticiário matinal da KNDU TV, em Tri-Cities, Washington.

Você deveria ter visto a expressão no rosto de muitos dos meus colegas quando lhes contei qual seria o meu emprego depois de conseguir meu MBA. Em geral, era uma expressão confusa, inquisitiva, misturada com desapontamento, embaraço e uma pitada de pena. Muitos deles, cheios das melhores intenções, se preocupavam com a possibilidade de que eu estivesse cometendo um erro, por não fazer jus ao meu potencial e por não ir atrás de um emprego bem remunerado em Wall Street, que, aos olhos deles, era uma conquista maior do que seguir a minha intuição até o meio do nada para ganhar dinheiro nenhum. Mas eu era forte o suficiente para não tomar decisões importantes na vida com base nas expectativas dos outros. Sabia que eles eram bem-intencionados e queriam o melhor para mim, mas tinha de diminuir o volume deles e ouvir apenas a voz interior calma e suave dentro de mim. No meu discurso de formatura, falei sobre todas as coisas que imaginei para o futuro da nossa turma. Mencionei, inclusive, o quanto estava empolgada para, algum dia, ver alguns de nós na primeira página do *New York Times* ou no site do *Wall Street Journal* (sem fazer ideia de que, na verdade, eu seria essa pessoa). Saí da Escola de Negócios de Columbia com o que acredito que possa ter sido, quase certamente, o menor salário inicial daquele ano, se não de todos os tempos. Mas segui o que acreditava ser o meu chamado. A própria universidade me apoiou e torceu por mim.

É por isso que hoje sou uma das suas maiores apoiadoras. Se você estiver seguindo a sua verdade, ser subestimado pelos outros não importa. Às vezes, as pessoas só enxergam onde você está — elas não conseguem enxergar para onde você está indo. Quinze anos depois, recebi a mais alta honraria da universidade, a medalha de excelência. Apenas algumas pessoas a recebem a cada ano. Também fui convidada a integrar o conselho de supervisores. Quando você segue o seu chamado, todas as coisas são possíveis!

Logo descobri que aceitar um emprego na TV me jogaria de volta naquele mundo de *haters*. "Você está grávida?", "Está ganhando muito peso.", "Parece que seu terninho abotoado vai estourar!", "Sua voz é irritante e te assistir estraga o meu café da manhã. Sou obrigada a mudar de canal.", "Sabia que já existem cirurgias capazes de reduzir o tamanho do seu queixo? Gosto de ver você, mas pense nisso." Bem-vindos à TV!

Ao fazer algo com dimensão pública, ou algo que realmente causa impacto, ou qualquer coisa fora da sua zona de conforto, todo mundo parece ter uma opinião. Eu aprendi que, quanto mais corajoso ou mais bem-sucedido você for, mais parecem achar que você não é humano como eles, que não tem sentimentos. Escuto isso de atores e de amigos que são pessoas públicas ou conhecidas. As pessoas escrevem ou dizem coisas como se achassem que eles não sentirão nada, ou que não serão afetados por tais comentários. Mas todos nós somos humanos. À medida que minha carreira de repórter foi progredindo, percebi que a experiência no *Big Brother* havia me preparado para lidar com o lado bom e o lado ruim daquele momento. Eu era muito mais resiliente do que havia sido anos antes. Cada vez que recebia um e-mail cheio de ódio ou lia uma postagem negativa, até podia ficar chateada por um tempo, mas gradativamente ia melhorando a capacidade de deixar para lá, como se entrasse por um ouvido e saísse pelo outro. Comecei, intencionalmente, a prestar mais atenção nos e-mails gentis e em cartas, mensagens e bilhetes de telespectadores que contavam como os seus dias estavam melhores por causa daquele programa matinal, ou como se sentiam menos solitários, ou como adoravam receber as notícias por nosso intermédio. Nós amplificamos aquilo que focamos, e precisamos escolher esse foco com sabedoria.

Quando se trata de trolagens e *haters* na internet, pode haver tanta negatividade, que fica difícil enxergar o lado positivo. O palestrante motivacional e ex-*wide receiver* da NFL, Trent Shelton, tem uma das maneiras mais perspicazes de reenquadrar *haters* sob uma perspectiva positiva. Ele os descreve como pessoas que, na realidade, admiram o que você faz, mas demonstram isso de uma forma diferente. Ele diz: "*Haters* são apenas apoiadores confusos" e apresenta alguns argumentos bastante válidos: os *haters* costumam nos seguir nas redes sociais, por exemplo — e isso é amor. Às vezes, até criam contas falsas para nos seguir. Isso também é amor. Então, basicamente, o que ele está dizendo é que, no fundo, *haters* também estão nos amando. Muito bem dito, Trent.

Isso fez sentido quando olhei para trás e analisei as meninas malvadas que se incomodavam com o sucesso crescente da minha marca e quando lembrei a grande empresa que roubou a fórmula de um produto nosso. Eles queriam o que nós tínhamos. Eles nos admiravam!

Da próxima vez que você se vir nessa situação, comece perguntando a si mesmo se há alguma verdade nas palavras ou nas ações deles, e qual pode ser a intenção por trás delas. Se não houver nenhuma boa intenção, então é provável que a crítica se destine a ser destrutiva, em vez de construtiva, e que estão, simplesmente, descarregando mágoas em você. Nesse caso, estas famosas palavras são apropriadas: "Não aceite críticas de alguém a quem você não pediria conselhos." É importante ir além das palavras, focar o que importa e sustentar a sua verdade. E lembre-se sempre: tais contratempos podem ferir os nossos sentimentos, mas também podem nos fortalecer o suficiente para suportar o peso de sucessos futuros.

Com tantos anos de elogios e de escrutínios públicos no meu currículo, pensei que conseguiria lidar com o que meu discurso na premiação da Cosmetic Executive Women estava prestes a me trazer, mas os ataques que se seguiram foram diferentes e penosos, de uma maneira completamente inesperada.

CAPÍTULO DOZE

Acredite em descobrir os seus valores e em vivenciá-los!

"Retire aquilo pelo que você é conhecido, e o que sobrar é quem você é."

— BOB GOFF

"O QUE VOCÊ VAI fazer com o poder que é você?" Eu me coloquei diante de toda a indústria da beleza, no mesmo salão ocupado por executivos de grandes empresas, coletivamente responsáveis por decidir as imagens que bilhões de mulheres consomem no mundo, e a desafiei a mudar. Eu sabia, lá no fundo, que era a coisa certa a fazer. Toda a minha carreira tinha me preparado para aquele instante. Eu acreditava que, talvez, parte da razão pela qual eu tinha sido abençoada com uma empresa bem-sucedida era para que, no mínimo, outras empresas, que muitas vezes pareciam se mover apenas pelo lucro, me ouvissem. Ou que, pelo menos, copiassem o que eu estava fazendo, para tentar ganhar ainda mais dinheiro. (Ao contrário da falsificação dos nossos produtos, essa era uma maneira pela qual eu realmente gostaria de ser copiada!) Isso, em um quadro geral, ainda me aproximaria do meu objetivo de mudar a cultura e o discurso sobre a beleza.

Ao fim do meu discurso, grande parte do salão aplaudiu com entusiasmo, e cerca de um terço me encarou com olhos gélidos e lábios cerrados, batendo palmas de forma discreta e apenas por cortesia. Eu senti a energia conflitante dominar o ambiente. Conforme o evento se aproximava do fim, algumas das lendas da indústria, que eram muito calorosas comigo, me ignoraram. Sabia que aquilo poderia acontecer, mas o meu objetivo não era ofendê-las nem menosprezar suas conquistas, e sim lançar luz sobre o que eu sentia que precisava mudar. Naquele salão, não estavam apenas as pessoas que controlam as grandes lojas de departamento e as marcas de luxo, mas também os diretores de marcas multibilionárias que vendem seus produtos em farmácias e em grandes lojas. Eu sabia que estava fadada a melindrar alguém.

Antes que pudesse pensar muito, fui cercada por mulheres, uma atrás da outra, muitas delas em lágrimas. Várias se aproximaram e compartilharam como não se sentiam bonitas, e o conflito interno de amar o seu trabalho na indústria da beleza, mas não amar a parte que fazia com que não se sentissem suficientes. Muitas contaram que se identificaram com a história sobre o investidor que disse não acreditar que mulheres comprariam maquiagem de alguém que se parecesse comigo, com o formato do meu corpo e o meu peso. O evento também contava com a presença de editores e profissionais da imprensa. Vários deles me procuraram depois, demonstrando grande entusiasmo pela minha ousadia em enfrentar uma indústria de gigantes. Assim, ao deixar o evento naquele dia, eu sabia que havia incomodado, mas, no geral, estava me sentindo corajosa. Colocar-me diante de todos e desafiá-los a mudar o modo como viam sua própria responsabilidade para com o mundo havia sido a decisão certa. Naquele dia, posso ter manchado a minha coroa de promissora "queridinha da indústria", mas tomei uma posição a favor das mulheres reais e em nome que eu acreditava. Sempre acreditarei que "o poder das pessoas é maior do que as pessoas no poder".

Dito isso, eu não estava preparada para o que estava prestes a acontecer.

PRIMEIRO, RECEBI UMA ligação de uma lenda da área, que estava na plateia naquele dia, e que resolveu me dar uma bronca. Uma pessoa que sempre admirei. Ela estava furiosa. Os tomadores de decisão de provavelmente 90% do mercado global de beleza estavam naquele salão, e ela disse que eu deveria sentir vergonha e que ofendi muitos ícones também estavam presentes na cerimônia. Acrescentou que sempre teve carinho por mim e que havia até me defendido dentro da indústria. Expliquei-lhe que esperava que ela soubesse, de coração, que o que eu estava defendendo era verdadeiro e que, sendo quem ela era, deveria se orgulhar de eu ter arriscado, com a mais autêntica das intenções, na esperança de que a indústria evoluísse. Completei dizendo que acreditava piamente na citação de como as pessoas que são loucas o bastante para acreditar que podem mudar o mundo são as que o mudam de fato.

Ela reagiu de forma atravessada.

— Você está brincando comigo? VOCÊ NUNCA VAI MUDAR A INDÚSTRIA DA BELEZA.

Ainda que a ligação não estivesse no viva-voz, ela falou tão alto, que Zega, que estava na sala comigo, ouviu o que ela disse e ficou de queixo caído.

Minha resposta foi calma e controlada.

— Na verdade, eu já mudei.

A ligação não terminou bem. Ela afirmou que ia ligar para o diretor da L'Oréal, pois o que eu havia feito era inaceitável. Parecia que ia ligar para os meus pais e me colocar em apuros!

— Torça para não haver uma retaliação.

Eu não sabia muito bem do que ela estava falando. Era uma ameaça? Ou ela achava que outras figuras da indústria poderiam ficar ofendidas e me boicotar?

— Sinto muito se ficou chateada, mas acredito, de coração, que fiz a coisa certa — respondi.

Concordamos em discordar, e a ligação terminou. Não de um jeito amigável. Não exatamente com um fechamento. Apenas se encerrou.

Eu pensava que seria só aquilo. Tinha queimado todas as pontes que havia para queimar, mas me posicionara e defendera o que acreditava. Mal sabia eu que era apenas o começo. Primeiro, o lado bom. Várias revistas e sites importantes publicaram matérias positivas sobre como eu era uma visionária e havia desafiado a indústria. Mencionaram todas as maneiras pelas quais já havia transformado a indústria com minha marca e nos programas de televisão, usando mulheres reais como modelos e mostrando mulheres de idades, tamanhos, tons de pele e desafios dermatológicos diversos. Vários artigos também foram publicados contando a história de como fui rejeitada por um investidor por causa do meu peso. Meu discurso se tornou viral, e a postagem da nossa empresa no Facebook sobre o episódio teve mais de 1 milhão de visualizações. Mulheres de todos os lugares, e não apenas aquelas que compravam maquiagem, tinham a chance de ouvir a minha mensagem.

ENTÃO, aprendi da maneira mais difícil por que tantas pessoas têm medo de se manifestar dessa forma. Pois a lenda que se mostrara tão irritada comigo ao telefone estava certa em uma coisa. Quando você assume uma posição, corre o risco de sofrer retaliação, e ela pode ser dolorosa. Ainda mais quando ataca de forma injusta quem você é.

Assim como fui elogiada e colocada em um pedestal, artigo após artigo, aclamada como a mulher audaciosa e rebelde que luta para mudar toda a indústria da beleza e defende a inclusão de todas as mulheres, fui atacada na internet por *não ser inclusiva o suficiente*. E, quando digo atacada, quero dizer que foi brutal.

Tais ataques não vinham da grande imprensa, mas de indivíduos on-line. Comentários anônimos começaram a aparecer, dizendo que eu era hipócrita, pois não mostrava modelos de *todas* as idades, tamanhos, tons de pele, problemas de pele ou identidades de gênero. Então, os ataques cresceram exponencialmente. Minhas redes sociais, as redes sociais da empresa e a minha caixa de entrada de e-mails começaram a explodir com mensagens cheias de ódio, ameaças — incluindo ameaças de morte —, e fotos minhas nas quais as pessoas desenhavam coisas agressivas em cima do meu rosto, incluindo chifres de diabo.

Pensei que eu já tivesse desenvolvido resiliência para não deixar aquilo me abalar, mas era um tipo diferente de crítica. Tinha passado a maior parte da minha vida profissional lutando pela inclusão, e ser atacada daquela forma feriu a minha alma. Precisei mobilizar todo o meu ser para não perder a fé nas pessoas. Aquilo me magoou muito, muito mesmo. Eu me sentia como se estivesse lutando pelo que era certo, apenas para ser atacada por não estar fazendo suficientemente bem cada ínfima parte.

Eu poderia ter desempenhado o papel que todos queriam. Naquele dia, eu poderia ter feito um belo discurso que deixasse felizes todos os que estavam no salão. Minha empresa já tinha sido comprada. Eu não tinha nada a ganhar com a atenção recebida. Não havia nenhum benefício em vista para mim ali, além de realmente tentar promover mudanças e transformar a cultura.

Quanto às partes em que não fui suficientemente bem, eu as reconheço. Há uma diferença entre uma crítica construtiva incisiva e um ataque pessoal. Uma nos ajuda a aprender e a crescer; o outro faz o oposto. Embora os ataques, especialmente pela forma agressiva que muitos deles assumiram, fossem difíceis de suportar, decidi que precisava ser forte o suficiente para ouvi-los, caso representassem, de alguma maneira, uma oportunidade. Uma oportunidade para saber mais, aprender mais e melhorar. Quando nos sentimos atacados, é muito fácil querer nos defender e negar. Mas nunca cresceremos dessa forma. Passei incontáveis horas, dias e semanas refletindo para entender se havia alguma verdade naqueles ataques, e como eu poderia melhorar.

Tentei abarcar todos os tipos de diversidade com as modelos que convocamos, mas errei ao não incluir modelos com deficiência, o que não foi intencional, apenas uma negligência. Usei modelos que variavam em idade, desde adolescentes até 70 anos, mas talvez pudesse ter feito um esforço ainda maior para encontrar modelos na casa dos 80 anos ou mais. Na época do discurso, trabalhávamos muito para expandir a variedade do nosso corretivo para 48 tonalidades e para lançar uma campanha sobre isso, na qual usávamos 48 dos nossos colaboradores para modelar cada tonalidade. Mas talvez eu pudesse ter brigado, ainda mais e mais rápido, por mais espaço nas prateleiras dos varejistas, para que pudéssemos expandir a gama de tonalidades antes. Falhei em todas essas coisas. E, provavelmente, em muitas outras.

Tentei ser tudo para todos, mas sei que isso é impossível. Também sei que estou longe de ser perfeita e que sempre posso melhorar, e estou sempre aberta a ouvir e a tentar. Por mais dolorosas que as críticas tenham sido, eu as aceitei, as ouvi e, realmente, fiz uma reflexão profunda. Elas acenderam uma chama ainda mais forte em mim para desafiar a mim mesma a nossa incrível equipe a fazer melhor e a fazer mais. E nós fizemos.

Essa aprendizagem foi um presente que, enfim, levou a mudanças. Ela veio por meio das mensagens que recebi, li e ouvi, juntamente com as conversas que tive e o tempo que dediquei para compreender qualquer coisa que estivesse deixando passar. Este foi o lado positivo da retaliação.

Infelizmente, para cada mensagem perspicaz, havia dezenas de ataques muito cruéis, ameaças de morte e acusações que não eram construtivas e estavam destinadas a causar sofrimento e medo. Uma coisa sobre isso que me deixou triste: quando pessoas corajosas o suficiente para se posicionar são atacadas, outras se sentem desencorajadas a fazer o mesmo. Isso é algo que, muitas vezes, tem um impacto profundo sobre as mulheres. Estamos condicionadas a pensar que, a menos que consigamos fazer tudo de modo 100% perfeito, não devemos nem tentar. Um estudo recente mostra que, em média, os homens se candidatam a um emprego quando atendem a apenas 60% das qualificações, mas as mulheres esperam atender a 100% das qualificações para se candidatar. Este é somente um dos muitos poderosos exemplos desse modelo mental. De modo geral, as mulheres aprendem que precisam ser perfeitas para se arriscar e, assim, evitam correr quaisquer riscos por medo do fracasso. Essa mesma mentalidade aparece em todas as áreas da vida, incluindo a subestimação do nosso valor na negociação de salários e reajustes. A falta de confiança e a relutância em nos expor e pedir o que queremos nos tolhem tanto na vida pessoal quanto profissional. Eu tinha reunido cada gota de bravura que possuía para não jogar fora a minha chance e fazer o possível, da melhor maneira que conseguisse, com a melhor compreensão que tinha na época, no lugar que ocupava, para promover as mudanças. Apresentei-me de forma imperfeita, mas pelo menos fui lá e tentei.

Enquanto tudo isso estava acontecendo, eu recebia várias ligações de amigos que trabalhavam na imprensa. Tentando fazer com que eu me sentisse melhor, eles me explicaram que, como o meu discurso se tornara viral e produzira inúmeras manchetes, eu me tornara um alvo primário para as trolagens, pois estas se aproveitaram da popularidade. Explicaram, ainda, que fazem qualquer coisa por cliques e visualizações, já que muitas vezes é assim que ganham dinheiro. Mas, independentemente do que eles dissessem, ou do quanto estivessem bem-intencionados, não me senti muito melhor.

Decidi, então, pesquisar todas as pessoas que mais admiro. As pessoas que, para mim, são as maiores contribuidoras para a humanidade, as que representam o auge do sucesso, da realização e do serviço. Eu suspeitava, e queria confirmar essa hipótese, de que fazer algo significativo vinha acompanhado de oposição. De quem não concorda com você, de quem não gosta do que você está fazendo e, portanto, não gosta de você, ou de quem, simplesmente, odeia sem razão aparente. Então, fiz uma pesquisa no Google sobre meus maiores mentores e os seres humanos mais incrivelmente bem-sucedidos do planeta, que, ao meu ver, trazer tanto valor para o mundo, que não consigo conceber que alguém possa odiá-los. Conforme o esperado, todos tinham milhares de *haters*. *Sites* dedicados a atacá-los. Muitas mentiras ou coisas ofensivas e odiosas escritas sobre eles. Embora isso não tenha feito eu me sentir melhor, ajudou a me sentir menos solitária.

Por algum tempo, fiquei preocupada com a minha segurança no trajeto até o escritório, recordando os meus dias como repórter de TV cobrindo crimes e os dias no *Big Brother*, como vítima de perseguição. Eu me dei conta de quantas pessoas desequilibradas poderiam ter testemunhado alguns dos ataques e se sentido tentadas a engrossar o coro. Mas a pior parte, na verdade, era a angústia avassaladora em que eu me encontrava. Quando o nosso caráter é desafiado, e quando isso não corresponde à verdade, pode ser torturante.

Quando alguém ataca quem você é, é muito importante conhecer a si mesmo e se agarrar a esse conhecimento. Quando parece que o mundo está se voltando contra você, a única coisa que impede o mundo de derrubá-lo é conhecer a sua verdade. A minha verdade é que sempre defendo o que é certo. Posso fazê-lo de forma desordenada e imperfeita, mas é o que sempre faço.

Identifico as diferenças ao meu redor e as acho lindas. Tamanho, idade, cor da pele, gênero, quem você ama, em quem você vota, como você ora. Essas diferenças são a beleza em todas as suas formas, e o meu coração se conecta ao seu coração. Acredito que todos estamos conectados. E sei quem eu sou.

Boa madeira não cresce com facilidade:
quanto mais forte o vento, mais fortes as árvores.

— DOUGLAS MALLOCH

ACREDITO FIRMEMENTE QUE, como mulheres, temos a responsabilidade de ter cuidado para não atacar outras mulheres por não estarem fazendo tudo com perfeição, ou por terem cometido erros no passado, ou por não fazerem as coisas do jeito que nós faríamos — por exemplo, o modo de educar, liderar ou comparecer de forma desordenada no mundo —, quando, muitas vezes, estão apenas fazendo o melhor que podem. Como mulheres, também precisamos superar o medo de enfrentar a oposição. Embora muitas vezes a crítica machuque, no meu caso, os comentários construtivos foram um presente. Eles me ajudaram a enxergar pontos cegos que passaram despercebidos, e me desafiaram a crescer e a melhorar. Não tenho nada além de gratidão pelas pessoas que gastaram o seu precioso tempo me enviando comentários cuidadosos. Todas nós deveríamos ser capazes de expressar opiniões de peito aberto e sempre nos manifestar contra qualquer injustiça. Temos uma grande responsabilidade de mudar o ambiente ao nosso redor, que rouba de nós a confiança para entrar no jogo, mesmo que de forma imperfeita. Como mulheres, muitas de nós acabamos ficando à margem da vida e dos nossos sonhos, por nos sentirmos despreparadas, desqualificadas ou insuficientes. Muitas ainda são muito críticas consigo mesmas e com outras mulheres. E isso serve apenas para tolher *todas* nós. Precisamos de mulheres que se arrisquem, lancem negócios, desafiem as indústrias, se pronunciem contra as injustiças e resplandeçam intensamente a própria luz, sem medo de fracassar e sem se preocupar em serem ridicularizadas. Precisamos ter boa vontade umas com as outras. Precisamos nos enaltecer e nos celebrar.

A guerreira sabe que a sua dor é o seu mapa.

— GLENNON DOYLE

NÃO ME ARREPENDO de ter escolhido ser corajosa em vez de ser querida. Eu me apresentei e entrei na arena. Não joguei fora a chance diante da única oportunidade que tive. Usei a dor de uma vida inteira consumindo imagens inatingíveis como um mapa para a missão de enfrentar algo muito maior.

Quando percebi que também poderia melhorar ainda mais a minha própria empresa, usei a mágoa proveniente de duras críticas para vivenciar meus valores e me desafiar a aprender, crescer, expandir e liderar melhor. Quando se trata de conhecer e vivenciar os próprios valores, a melhor decisão é fazer o que é certo e corajoso, mesmo que seja a coisa mais difícil.

Sozinha, não posso mudar o tema da inclusão na indústria da beleza, mas com certeza tentei o máximo que pude. Talvez, ao desafiar publicamente toda uma indústria, eu a tenha feito dar um passo à frente. Talvez a tenha feito dar cinco passos à frente. Hoje, algumas das maiores marcas do mundo apresentam de modelos de todas as idades, tamanhos, tons de pele, desafios dermatológicos e gêneros. Talvez elas estejam mudando porque querem fazer a coisa certa. Ou talvez tenham visto o nosso sucesso. Qualquer que seja a razão, espero ter contribuído de algum forma com esse movimento.

Sei também que não consegui atender a todas as expectativas. Mas entrei na arena e avancei. Não fiquei à margem; joguei com tudo o que tinha. A minha esperança é a de que os tomadores de decisão dessa indústria recebam o passe que tentei lançar lá no fundo do campo com toda a precisão que consegui encontrar na minha alma. E espero que eles vençam o jogo por todos nós! Porque acredito que, juntos, conseguimos.

PARTE TRÊS

EMPODERE-SE

CAPÍTULO TREZE

Não *acredite* em equilíbrio. É uma mentira!

O preço de qualquer coisa é a quantidade de vida que você troca por isso.

— PARAFRASEADO DE HENRY DAVID THOREAU

VOCÊ JÁ FICOU na expectativa de um evento, reunião, férias, encontro familiar, festa de fim de ano ou reunião escolar empolgantes e, em vez de entusiasmo e alegria, não sentiu nada além de estresse... não o estresse em relação ao evento em si, mas um estresse genuíno e persistente envolvendo o que planejou vestir? E aí, só de experimentar a roupa que imaginou, não queria nem mais ir? Se a resposta for sim, sei bem como você se sentiu. Muitas vezes. Inclusive no dia anterior à festa da véspera da véspera do Oscar. Peguei o vestido que planejava usar. Era feito de um lindo tecido de organza transparente com lantejoulas costuradas à mão, e eu o comprei quando estava apenas um pouquinho apertado, *sabendo* que ele caberia na noite da festa.... Adivinha só? É, ele continuava apertado. Fui até o lado do armário onde guardo roupas em tamanhos maiores, que desejava nunca mais usar e ainda assim não consegui me desfazer (apenas por precaução). Você também separa uma parte do seu armário assim? Além da seção para itens muito grandes, eu também tinha uma seção de itens muito pequenos, alguns ainda com etiquetas, que decidi que fazia sentido comprar porque caberia neles um dia — é óbvio.

Naquela noite, a festa era tão importante, que a decepção do vestido não caber não me impediu de ir, o que foi bom porque alguém me disse algo naquela festa que me impressionou e mudou a minha perspectiva para sempre. E surgiu do nada. Bem, deixe-me contar como aconteceu. Por causa da empresa que criei, sou convidada para algumas festas muito legais. E a festa da véspera do Oscar e o jantar são algumas delas. Em todos os anos em que compareci, passei incontáveis horas me preocupando com o que vestir, o que ia caber e, claro, com o penteado e a maquiagem. É uma das poucas vezes no ano em que contrato um cabeleireiro e um maquiador (também conhecidos como esquadrão da beleza) para virem à minha casa e me ajudarem a me preparar. Após a venda da IT Cosmetics para a L'Oréal, fui catapultada para um mundo em que, pela primeira vez, tive acesso ao mesmo tipo de esquadrão da beleza das celebridades. Foi quando descobri que aqueles serviços custam milhares de dólares e demoram horas até ficarem prontos. Das extensões de cabelo (caso você não saiba, não há quase ninguém no tapete vermelho sem cabelo extra, seja qual for o dia) à maquiagem corporal para encobrir veias e realçar tônus muscular; à maquiagem facial e ao contorno suficientes para fazer qualquer característica assumir uma forma completamente diferente; aos cílios postiços e manicure fresquinha; e, dependendo do vestido, até duas camadas de modeladores Spanx (sim, uma por cima da outra!). Esses são apenas os itens básicos. É muita coisa. Muito tempo e muita energia. Tudo para uma foto no tapete vermelho, que ainda será editada à perfeição antes de ser divulgada. E tudo isso para um único evento em um único dia. Ver de perto essa parte da indústria da beleza foi um contraste e tanto em relação à minha vida cotidiana na IT Cosmetics. Adorei vivenciar, em primeira mão, a genial maestria de cada artista envolvido no esquadrão. Todas as vezes em que tenho a sorte de ter essa experiência, também me conscientizo de quanto tempo é necessário para manter esse estilo de vida, mantido por tantas pessoas.

Após todas as horas para me preparar, cheguei à festa pré-Oscar e posei para aquelas fotos importantíssimas no tapete vermelho. Logo depois, entrei no salão, onde todos estavam com uma bebida na mão, socializando, desde celebridades de primeira classe até muitos executivos da indústria do entretenimento que pareciam proliferar naquele ambiente. Muita bajulação, muitos interesses e, para muitas pessoas, ao que parece, muita diversão!

Pelo fato de me mostrar animada na televisão, especialmente quando converso com outras mulheres e ouço suas histórias, presumem que eu seja extrovertida. Na realidade, já mencionei várias vezes que sou introvertida na minha vida pessoal. Se já entrou em uma festa e se sentiu tão intimidada ou deslocada, que preferiria se esconder no banheiro, ou se de fato já se escondeu no banheiro, eu me solidarizo com você. É por isso que me desafio a ser mais sociável, apesar das dificuldades que sinto. Acho bate-papos desgastantes e desafiadores.. Se eu puder escolher, sempre levarei comigo uma das minhas amigas, para que ela conduza as conversas e eu fique só ouvindo. Mesmo considerando a natureza pública do meu trabalho e da empresa que construí, socializar em festas com desconhecidos continua sendo muito, muito difícil.

Por alguma razão, apesar disso, quase nunca fico deslumbrada ao ver famosos. Exceto por Oprah Winfrey e Victoria Osteen, acho que nunca fiquei nervosa nem deslumbrada diante de alguém. Talvez porque, como parte do meu trabalho, eu tenha conhecido celebridades e saiba que são exatamente como você e eu. Elas têm as mesmas inseguranças, os mesmos medos, os mesmos altos e baixos, e a mesma necessidade de amor, pertencimento e comunhão. Então, quando chego a um evento desse tipo, em vez de me preocupar com quem é quem, ou quem é o famoso que eu gostaria de conhecer, acredito que vou conhecer exatamente quem eu deveria conhecer. Tenho uma espécie de fé cega acerca dessas festas, algo aprendido com a minha amiga Natasha, que me traz paz e retira qualquer pressão dos meus ombros. Às vezes, conheço pessoas muito interessantes assim — sem tentar conhecê-las. Em outras, acabo dando ouvidos a alguém e descubro que a pessoa precisava ser ouvida e lembrada de que é importante.

Naquela noite, como de costume, Paulo começou a devorar o maior número possível de comida do bufê. Independentemente de qual plano alimentar estivesse seguindo, aquela era sua criptonita. Na época, ele seguia uma dieta vegana há um bom tempo e estava adorando. A taxa de colesterol dele caíra, e eu acreditava que nada poderia tirá-lo daquele caminho. Bem, até chegarmos à festa pré-Oscar. Bastou olhar para aquelas bandejas prateadas para que toda a disciplina fosse para o espaço. Do outro lado do salão, vi a sua mão se estender e agarrar dois espetos de frango satay com molho de amendoim. Fiquei na dúvida se mais tarde contaria a ele que o vi.

Mas, antes que eu concluísse aquele pensamento, lá estava Paulo, devorando hambúrgueres de Wagyu. Depois, minipãezinhos de porco. Admirei o olhar alegre e livre dele e desejei sentir aquela mesma tranquilidade. Não pude deixar de rir, como fiz quando ele devorou aquelas caudas de lagosta no camarim do QVC — ainda que, naquela época, ele não fosse um vegano orgulhoso, nem estivesse cercado por celebridades de primeira classe, com quem deveria estar *compartilhando* o serviço de bufê. Naquela noite, Paulo havia se transformado em um *não* vegano sem limites!

Em momentos como aquele, quando faço parte de algo que parece ter saído de um filme (sem trocadilhos, nesse caso), tento curtir o momento. Olhar ao redor, absorver tudo e curtir. E sentir gratidão. Enquanto estava perscrutando o ambiente, notando a presença das celebridades, vi Meg Whitman do outro lado do salão. Dentro de poucos instantes, ela iria me dizer algo simples, que mudaria minha perspectiva para sempre. Ela não deve saber que foi a responsável por isso até hoje. Meg Whitman, caso não a conheça, é um ícone para muitos no mundo dos negócios. Ela já foi CEO de empresas como eBay e Hewlett-Packard, integra vários conselhos empresariais e, segundo a *Forbes*, no momento em que escrevo este livro, é a segunda mulher mais rica dos Estados Unidos. É casada, tem dois filhos e um MBA em Harvard. É muito chamada de BFD (vovó, se você estiver lendo este livro, isso significa uma grande… humm… coisa).[4] E foi muito legal ver todas aquelas celebridades de primeira classe se esgueirando para conhecê-la.

Enquanto isso, eu estava tendo uma conversa profunda sobre mulheres e confiança com Carol Hamilton, da L'Oréal, que é tão apaixonada pelo assunto quanto eu. Estávamos conversando sobre como um estudo recente mostrava que menos de 50% das mulheres têm confiança em si mesmas e como, tradicionalmente, a indústria da beleza fala apenas com as confiantes e ignora as demais. Então, alguém apresentou Meg Whitman a Carol.

---

4 A autora faz referência ao acrônimo BFD, para *Big Freaking Deal*, expressão usada sarcasticamente para indicar algo que não é interessante, importante nem relevante para quem fala. Em um uso mais vulgar, o "F" pode representar uma palavra de baixo calão ("*Fucking*"). Em ambos os casos, porém, o sentido em português, seria algo como "Grande coisa!", ou "E daí?". Neste contexto, contudo, assume o valor inverso, que seria algo como "Não é pouca coisa", ou "Pessoa importante/incrível/poderosa", ou, para usar a acepção mais vulgar, "F*dona". [*N. do T.*]

Quando Meg desviou o olhar para mim, estendi a mão para apertar a dela (normalmente, sou do tipo que abraça, mas achei que um aperto de mãos parecia a coisa certa) e a cumprimentei. Eu mal tinha dito o meu nome quando Carol, que sempre defende outras mulheres, começou a me elogiar, contando as mudanças que eu já havia promovido na indústria da beleza e como ajudava a inspirar confiança nas mulheres. Vi um brilho surgindo nos olhos de Meg, e ela estendeu a mão e me deu um "toca aqui" com o punho fechado! Meu Deus! Para mim, aquilo foi mais legal do que qualquer outra coisa que poderia ter acontecido naquele salão. Parecia um reconhecimento entre mulheres poderosas. Parecia que aquela mulher, que rompeu um teto de vidro após o outro, que foi a única mulher em diversas diretorias, que foi e continua sendo uma pioneira, tinha me visto de verdade. E dito "muito bem" para mim. Tudo isso na forma de um único "toca aqui". Observação: depois do "toca aqui", ela não fez o som de explosão nem abriu a mão em um movimento de fogos de artifício estourando, mas, veja bem, eu tinha recebido um "toca aqui" de Meg Whitman! Aceito!

Após aquilo, eu me retraí no modo introvertido, parada no meio de uma festa, sem saber como continuar a conversa. Introvertidos, se vocês estiverem por aí, sei que se identificam comigo! Então, decidi fazer uma pergunta não só por mim, mas por todas as mulheres. Eu sabia que, de modo geral, costumavam perguntar sobre negócios para Meg, mas aquela não era minha intenção. Respirei fundo e usei a Regra dos 5 Segundos de Mel Robbins, uma ferramenta útil para quando você pensar em desistir de fazer algo. Fiz a contagem regressiva — *cinco, quatro, três, dois, um* — e então deixei escapar a minha dúvida, sem me dar muito tempo para pensar no que estava fazendo. Eu disse: "Meg, tenho uma pergunta, e talvez esta seja minha única chance, então vou fazer. Tenho ficado impressionada com a quantidade de energia que as mulheres, quase todas elas, independentemente de quanto sejam bem-sucedidas, gastam se preocupando e se sentindo inseguras em relação a peso, corpo ou aparência. Na verdade, quase todas as mulheres bem-sucedidas que conheço admitem que, muitas vezes, medem seu valor próprio pelo tamanho das roupas que vestem. Meg, você já se sentiu assim, ou se preocupa com essas coisas?"

Houve uma breve pausa. (Observação: nesse momento, me preocupei com tudo, desde "Será que ela vai me achar maluca?", até "Será que ela perdeu o respeito por mim como mulher de negócios?", "Será que vai querer pegar de volta o seu 'toca aqui'?", ou "Talvez, como quase toda mulher que conheço, Meg também esteja insegura sobre sua autoimagem e peso, e esteja brava por eu ter perguntado, e não queira admitir para mim, uma total estranha, que também se preocupa com isso...". Bem, você entendeu.) A breve pausa pareceu durar uma hora, e eu mal podia esperar pela resposta. Será que aquela magnata dos negócios também passava por aquilo? Pareceu que todo o salão tinha ficado em silêncio por um momento. Então, Meg olhou para mim e respondeu:

— Não.

— Sério?

Ela me disse algo muito simples, mas muito profundo. Algo que se tornou um dos maiores momentos de epifania para mim.

— É necessário abrir mão de certas coisas. Em todas as áreas da minha vida, precisei decidir quais coisas seriam essas. Tenho filhos e uma carreira. Eu não poderia manter a minha casa igual à da Martha Stewart. Alguma coisa vai ser deixada de lado. E isso não era algo com que eu estivesse preocupada.

Fosse por necessidade, fosse por escolha, Meg chegou à conclusão de que não poderia gastar energia nem tempo para se preocupar com questões como peso ou arrumação da casa e, ainda por cima, realizar tudo o que precisava ser feito na sua carreira e na criação dos filhos, bem como em outros aspectos da vida. Devo acrescentar que Meg parece estar em ótima forma física (e, talvez, sua casa também esteja em ótimo estado), mas o ponto é ter comentado que não poderia focar essas duas coisas. Porque, ao fazer isso, seria à custa de outras. Ela fez essa escolha conscientemente. Mas várias de nós — muitas vezes, de forma inconsciente — achamos que temos de dar conta de tudo e acabamos nos sentindo como se estivéssemos fracassando em todas as coisas. Ou escolhemos passar tempo nos preocupando com nosso corpo/peso/aparência, ou com o que alguém vai pensar ou gostar de nós, ou com aqueles *haters/trolls* que dizem coisas ofensivas, ou com tudo que não nos serve, dia após dia.

Mas É PRECISO abrir mão de algo! Portanto, isso significa que, se nos preocupamos com uma coisa, não gastaremos energia com o que nos interessa ou que desejamos. Observando sob uma perspectiva mais ampla, sabemos o que não nos importa. Vamos falar, por exemplo, sobre a imagem corporal — muitas vezes, ficamos obcecados com isso, gastando dinheiro em produtos, perdendo tempo nas redes sociais, lendo sobre dietas da moda e histórias bem-sucedidas, procurando roupas que nos façam parecer mais magros. Que preço pagamos pela energia que dedicamos a isso? Pense nas coisas em que nos concentramos e que consomem nosso tempo, energia e dinheiro suado e que não servem à nossa alma, aos nossos sonhos, à nossa saúde e bem-estar ou a outras pessoas. Como Meg tão brilhantemente destacou, é necessário abrir mão de algo.. Ela escolheu não se preocupar com sua imagem, nem com seu peso ou a arrumação da sua casa. Em vez disso, usou essa energia para criar a sua família e se tornar uma das mulheres mais bem-sucedidas no mundo dos negócios de todos os tempos.

E foi aí que a pergunta seguinte me atingiu, prolongando, assim, o grande momento de descoberta. Quanto tempo as mulheres desperdiçam, efetivamente, com coisas que não as ajudam a avançar? Pense em quantificar e somar todas as horas preciosas e o dinheiro arduamente conquistado que são gastos em coisas que não importam, como o que vamos usar, ou como não somos (preencha a lacuna) o suficiente. Eu me sinto mal só de lembrar as horas que desperdicei pensando em como mudar meu corpo. Todas aquelas horas, e o custo de oportunidades perdidas com elas, não apenas para mim, mas praticamente, para todas. Todo aquele tempo poderia ter sido gasto em coisas como educação, carreira ou uma causa que nos mobilize, em assuntos que realmente servem a nós ou aos outros. Na condição de mulheres, muitas de nós somos ensinadas a não sair de casa sem estar apresentáveis. Em, geral somos criadas, seja por pessoas bem-intencionadas que nos amam, seja pela sociedade em geral, para ser perfeccionistas e agradar as pessoas. E para sermos legais. E não ocupar espaço. E cruzar as pernas. E, conforme envelhecemos, aprendemos que precisamos diminuir de tamanho para sermos bonitas. Literalmente, ficarmos magras e ocuparmos menos espaço na Terra (também fui vítima disso por anos), mesmo que isso custe nossa saúde, nossa energia física e nosso tempo. Então, aprendemos a usar sapatos de salto alto para que nossas pernas pareçam mais longas e mais finas — sapatos ridículos que nos impedem de sermos fisicamente capazes como poderíamos ser. Pense nisso. Começamos ocupando menos espaço e, então, desaceleramos. Outra coisa são unhas longas, muitas vezes falsas — o que torna nossas mãos menos fisicamente capazes. Unhas de acrílico (por anos, sempre adotei o estilo de manicure francesinha — você sabe, com as pontas brancas!) também consomem tempo e dinheiro. Tudo isso é ótimo se realmente lhe traz alegria, ou se a ajuda a expressar a sua individualidade. Para mim, de forma geral, parecia apenas uma obrigação para atender a alguma expectativa que impus a mim mesma.

Percebi que aqueles anos usando calças e camisas pretas e o cabelo preso em um coque tinham sido uma tática de sobrevivência — afinal, algo precisava ser deixado de lado, e eu não podia perder tempo com penteados e figurinos, e ainda ter energia para idealizar, criar e conduzir um negócio. Nunca gostei de passar horas me arrumando e por isso criei produtos que economizassem tempo e fossem fáceis de aplicar. Também acredito, de verdade, que a minha rosácea é linda, com ou sem maquiagem, e que toda pessoa é linda com ou sem maquiagem. Para mim, a maquiagem é uma expressão opcional da individualidade, como as roupas. Certos dias, você sente vontade de usar um moletom, ou de não usar maquiagem alguma. Às vezes, quer se arrumar ou gastar um tempo extra aperfeiçoando o arco da sobrancelha. Eu tinha aprendido, ao longo dos anos trabalhando com a Look Good Feel Better™ (a instituição de caridade que apoiamos desde o começo e que ajuda mulheres a lidar com os efeitos físicos do câncer), que usar maquiagem pode aumentar a autoconfiança, não apenas por causa da aparência, mas também porque o tempo gasto fazendo isso é um reconhecimento de que você é digna desse tal cuidado. Cheguei à conclusão de que eu estava em paz quando se tratava de decidir com o que gastaria meu tempo. Em certos dias, eu me sentia muito mais feliz ao usar um moletom do que me certificando de que os acessórios estivessem combinando com o meu traje. Porém, naquele momento com Meg Whitman, percebi que, quando se tratava do meu corpo e do meu peso, eu ainda não havia chegado lá. O assunto tinha consumido os meus pensamentos, o meu tempo e a minha energia de uma maneira que drenava a minha alegria desde que me entendia por gente.

"Algo precisa ser deixado de lado." Eu estava lá conversando com Meg Whitman, contemplando todas as horas da minha vida de que eu havia aberto mão, inclusive naquele mesmo dia, para estar com aquela aparência e entrar naquele vestido. Horas que poderiam ter sido gastas de maneiras bem melhores. Que fique claro, não há nada de errado em gastar tempo se arrumando, ou em qualquer coisa que quiser, desde que seja certo para você. Algumas pessoas adoram a expressão artística das horas de glamour. Para elas, é um uso adequado do tempo, pois lhes preenche a alma. Mas, naquele momento, percebi que precisava fazer uma grande reflexão sobre o que era certo para mim. Porque, gostemos ou não, não podemos fazer tudo. É impossível. Será necessário abrir mão de algo. Se tentarmos equilibrar tudo, é provável que vá pelos ares, e nós nos sentiremos um fracasso.

QUANDO OLHO PARA a jornada da minha empresa, desde sua criação ao crescimento, muitas coisas tiveram de ser deixadas de lado para que meu negócio fosse bem-sucedido. Sinceramente, ao refletir sobre isso, reconheço que nunca consegui alcançar um equilíbrio. Era uma ótima CEO, mas não estive presente para os meus amigos e a minha família da maneira que queria, não era uma companheira presente e conectada com Paulo, não cuidava bem do meu corpo, não zelava pela minha saúde, vivia carregando uma mala de viagem, e a minha casa vivia bagunçada. Mesmo que por fora tudo parecesse um sucesso, eu me sentia desmoronando por dentro. Porque eu acreditava que havia um equilíbrio, que eu não alcançava.

Mas não acho que alcançar o equilíbrio seja possível. Acredito que ele, no que diz respeito a conciliar igualmente todos os aspectos importantes da nossa vida, é uma mentira. E, quando acreditamos que é uma verdade, acabamos nos sentindo um fracasso o tempo todo. Sentir-se assim consome ainda mais energia, o que significa que mais coisas terão de ser deixadas de lado. Se estivermos nos sentindo fracassados o tempo todo, significa que nos sentimos assim na presença dos nossos filhos, numa noite romântica com o nosso parceiro e no tempo que reservamos para o autocuidado. Portanto, significa que estamos, na verdade, roubando de nós mesmos a oportunidade de estarmos presentes em todos esses momentos. Esta é uma lição que eu gostaria de ter aprendido muito antes.

Temos o poder de decidir o que focar. E precisamos fazer isso com cuidado, porque vamos abrir mão de algo quando fizermos essa escolha. Quando escolher o que mais importa para você na vida e em que deseja focar o seu tempo e a sua energia, então terá a oportunidade de fazer o seu melhor para estar presente naquele momento. Quando estiver no trabalho, foque e esteja presente no trabalho. Quando estiver com amigos ou familiares, coloque o telefone de lado, não se permita pensar no trabalho e esteja presente e envolvido com as pessoas que ama. Quando reservar um tempo para um verdadeiro autocuidado, esteja presente e recarregue suas forças, sem precisar inventar desculpas. Perceba que nunca vai conseguir equilibrar tudo isso. Se acreditar na mentira de que conseguirá, isso pode lhe roubar a oportunidade de estar presente e de aproveitar verdadeiramente todas as áreas mais importantes da sua vida.

PASSEI A ACREDITAR que o equilíbrio não é apenas uma mentira, mas também uma forma de autossabotagem da qual tantas meninas e mulheres são vítimas. Em vez disso, acredite no poder de escolher o seu foco, ser intencional com a sua energia, e estar presente no momento! Porque, importa o que aconteça, vai ser necessário abrir mão de alguma coisa.

Meg Whitman não deve ter ideia do impacto que a sua sabedoria e a sua mentoria tiveram sobre mim. A mentoria, em todas as formas, tanto na condição de mentora quanto de mentorada, moldou significativamente a minha vida, por meio de um encontro casual, como o que tivemos naquele dia; uma relação de mentoria contínua com um colega, amigo ou chefe; outra empreendedora a quem eu mentoro; um mentor a distância, talvez alguém cujo livro eu li uma vez e, até hoje, nunca conheci pessoalmente. Todos nós podemos aprender uns com os outros, ensinar uns aos outros, inspirar uns aos outros e impactar a vida uns dos outros. Estamos todos juntos nisso.

CAPÍTULO CATORZE

Acredite em dar o que você precisa

Que o amor seja a resposta,
independentemente da pergunta...

— CLEO WADE

— ESTOU BEM, OBRIGADA. E você, como está?

Esperei por uma resposta. Houve uma pausa esquisita, e o barista parecia ter sido pego de surpresa, como se a pergunta o tivesse surpreendido. Senti o impulso habitual de conferir o celular e estava prestes a olhar para baixo novamente quando ele sorriu.

— Na verdade, é o meu aniversário, então está tudo ótimo.

— Bem, feliz aniversário.

— Obrigado, você foi a primeira pessoa para quem contei.

Adoro momentos como esse, quando duas pessoas se conectam, se ouvem e se olham. Percebi, naquela manhã, na longa fila para o café, que me sentia um pouco desconectada da sensação de estar viva. Quer dizer, é comum passarmos por filas no piloto automático, sem fazer contato visual com mais ninguém, não porque não queremos, mas porque estamos entorpecidos, ocupados ou distraídos. Aprendi uma poderosa lição na vida: se você quer algo, ou precisa de algo, dê e receberá. Passei por períodos na minha vida em que me perguntava por que não estava curtindo mais os momentos, ou não estava sentindo mais alegria, e ter aprendido essa lição foi uma ferramenta que me ajudou. Às vezes, as lições mais simples podem transformar a nossa vida da maneira mais significativa.

Isso se tornou um princípio que me orienta e se mostrou verdadeiro mais de uma vez. Se estiver pensando "Do que você está falando? Como posso dar algo que não tenho?", deixe-me explicar. Prometo que fará sentido e, quando fizer, se você começar a praticar, poderá descobrir, assim como eu, que é algo transformador.

Meu querido amigo, autor campeão de vendas e uma das pessoas mais impactantes que conheço, Brendon Burchard, diz: "No fim da vida, todos nós nos fazemos três perguntas: eu vivi? Eu amei? Eu fui importante?" Acredito que podemos alcançar todas essas coisas todos os dias, simplesmente demonstrando apreço por outra pessoa. Imagine se, todas as vezes em que pensássemos algo positivo sobre outra pessoa, fizéssemos o esforço de lhe falar isso. O segredo é que tem que ser 100% verdadeiro. Descobri que fazer isso muda a vida das pessoas, incluindo a nossa. Se gostar do cabelo de uma estranha na fila do café, diga a ela. Se o caixa do supermercado faz questão de cumprimentar cada cliente, diga-lhe que você prestou atenção nele, e o como é maravilhoso ele iluminar o dia de todos. Envie uma mensagem de texto para alguém que admire, dizendo por quê. Quando um colega de trabalho tiver uma ideia inteligente, celebre-o. Se notar que alguém está sozinho em um evento ou reunião, vá até lá e cumprimente a pessoa, diga-lhe que a viu (mesmo que você seja um introvertido!). Eu incorporo essa prática na minha vida e isso me traz muita alegria. E propósito.

Sempre senti que nascemos confiantes e depois desaprendemos a ser assim — especialmente no caso das mulheres. As palavras têm muito poder. Às vezes, precisamos ser lembradas do nosso poder, precisamos que alguém acredite em nós, para que acreditarmos em nós mesmas. Isso não nos torna fracas, nos torna humanas. Fomos feitas para estar em comunhão. Precisamos enaltecer umas às outras, como seres humanos, nessa experiência compartilhada. Cada uma de nós é guardiã do poder que temos para incentivar as outras. E é grátis! Viver segundo essa prática tem sido transformador para mim, muito mais do que eu poderia esperar. Essa lição foi trazida à tona de forma muito bonita e poderosa em um dia comum, quando tive a chance de conhecer a ex-primeira-dama Michelle Obama, em um evento de lançamento do seu livro *Minha história*, em Los Angeles.

No dia do evento, os meus olhos estavam inchados porque eu tinha chorado a manhã inteira e só estava tentando me manter de pé. Minha mãe, Nina, vinha entrando e saindo do hospital desde o início do ano, e, naquela semana, precisou ir à emergência. Ela tem uma doença autoimune chamada esclerodermia, que faz os tecidos do corpo endurecerem, e, quanto mais a doença avança, mais dolorosa fica. Na manhã do evento, fiquei me recordando das vezes em que estive ao lado dela, no banco de trás de uma ambulância, a caminho da emergência, sempre tomada pelo medo de que ela não fosse voltar para casa. Fazia alguns anos que eu enfrentava aquela fase da vida na qual vemos nossos pais envelhecendo ou enfrentando problemas de saúde. Começa a ser uma inversão emocional de papéis — e instintivamente nos preocupamos e percebemos que temos de cuidar deles. O que tornava tudo ainda mais difícil naquele dia era eu estar em Los Angeles e a minha mãe, do outro lado do país, em Nova Jersey. Eu não estava com ela, nem mesmo perto, e me sentia impotente. Quase não fui ao evento naquele dia, mas a dádiva de poder conhecer Michelle, uma mulher cuja força de caráter e coração generoso sempre me inspiraram, assim como a minha mãe me inspirara, parecia uma luz resplandecente em um momento difícil.

Embora houvesse dezenas de milhares de pessoas aglomeradas no estádio para ouvi-la falar, eu tinha ingressos que permitiam um encontro antes do evento propriamente dito, enquanto o público ainda entrava. Quando cheguei, fui encaminhada a uma fila especial, com outras cem pessoas, todas esperando para conhecer Michelle. Agentes do Serviço Secreto cercavam o local e, à medida que nos aproximávamos do início da fila, éramos instruídos a colocar todos os nossos pertences, incluindo celulares, em uma área segura especial. Fomos orientados a nos aproximar quando chamados e nos encaminhar até o painel para fotos (uma parede com fundo especial — aquele tipo de parede que vemos atrás de todas as imagens tiradas de celebridades no tapete vermelho). Fomos informados de que teríamos apenas um instante para cumprimentá-la e, em seguida, posar para a foto. Sob nenhuma circunstância poderíamos lhe entregar qualquer coisa, fosse um cartão de visita, fosse um presente.

Enquanto a fila avançava, comecei a ver quem já a tinha conhecido e estava retornando. Muitas choravam, outras gritavam de alegria por terem conhecido alguém que significava tanto para elas. É importante destacar que essa história não tem a ver com política nem com afiliação política. Você já deve ter visto a cena, agora famosa, que virou notícia no funeral de John McCain, em que o ex-presidente George W. Bush ofereceu uma bala à ex-primeira-dama Michelle Obama, que a aceitou — é um dos meus momentos favoritos da televisão. Acredito que todos nós podemos e devemos ter na vida amigos de verdade que, talvez, não votem da mesma forma que nós, nem se pareçam conosco, nem amem como nós amamos, mas que sejam bons seres humanos assim como nós e acreditem no poder do amor e da humanidade como nós.

À medida que chegava mais perto, passei a vislumbrar a sala e fiquei pensando em como a ex-primeira-dama estava se sentindo. Ela sorria e saudava gentilmente as pessoas nos poucos segundos que tinham, antes de serem enxotadas por uma equipe de segurança. Toda aquela engrenagem funcionava perfeitamente. Eu me perguntava o que iria dizer àquela mulher incrível e poderosa, cuja contribuição para o mundo eu admirava. O que de importante poderia ser dito em apenas alguns segundos?

Eu me lembrei das minhas próprias experiências em situações semelhantes em eventos da IT Cosmetics, ao conhecer clientes incríveis, além dos relatos de amigos que eram pessoas públicas e que também costumavam cumprimentar fãs ou clientes em frente a painéis para fotos. Imaginei como ela poderia se sentir depois de ofertar a sua energia a tantas pessoas e decidi que queria dizer algo que, quem sabe, a estimulasse ou iluminasse o seu dia, caso ela precisasse disso. Também decidi dar o que eu precisava: levantar o meu próprio ânimo. Seguindo esse princípio, decidi orar pensando nisso: "Deus, por favor, coloque em mim as palavras certas. Ajude-me a dar a Michelle. Ajude-me a dar a ela algo que ela realmente precisa ouvir, ou que apreciaria." Queria que o que eu dissesse não fosse para mim, mas para ela. Nunca poderia ter previsto o que estava prestes a acontecer…

Eu era a próxima da fila e tremia de expectativa. Certa vez, tinha visto um episódio de um seriado em que o personagem, prestes a chegar ao início da fila, continuava deixando as pessoas passarem para que ele continuasse sentindo a emoção de ser o próximo! Tive vontade de fazer isso, embora eu tivesse certeza de que o serviço secreto não fosse gostar muito da ideia. Quando a equipe de Michelle sinalizou que era a minha vez, eu ainda não sabia o que ia dizer, mas tinha fé de que seriam as palavras certas. Meus olhos encontraram os dela, e senti a sua presença forte e gentil instantaneamente. Assim que abri a boca, ela se antecipou e falou algo que me deixou atônita.

— Você tem uma luz tão forte dentro de você — disse Michelle Obama para *mim*, quando me aproximei dela no painel para fotos.

Senti o tempo parar. Lembro-me de ter agradecido, surpresa. Não tenho ideia do que eu disse depois. Ela sorriu enquanto me lançava um olhar gentil, e a equipe sinalizou que precisávamos parar de falar e sorrir para a foto. Fizemos isso e, em seguida, agradeci a ela novamente.

Toda a minha intenção tinha sido, de alguma forma, dizer algo que fosse valioso para *ela*, mas o que aconteceu foi que Michelle fez isso por *mim*. Ela evocou algo em mim que me fez sentir muito especial, me lembrou de quem eu sou e do que há dentro de mim, num dia em que fiquei tentada a esquecer. Ela disse exatamente o que eu precisava ouvir ainda mais em um dia tão difícil. Quando fazemos isso por outra pessoa, não temos ideia do impacto que isso pode ter. Liguei para a minha mãe ali do evento mesmo.

— Mãe, conheci a Michelle.

Minha mãe limpou a garganta. Eu sabia que ela estava reunindo todas as forças para falar um pouco mais alto e eu conseguir ouvi-la.

— Ah, Jay... isso é maravilhoso. E como foi? — perguntou ela.

— Mãe, ela foi incrível. E linda. Assim como você.

JÁ FALAMOS SOBRE o poder de diminuir o volume e tomar o microfone de volta das pessoas que não devem opinar em sua vida. Dar o que você precisa é uma forma de usar o seu próprio microfone para incentivar os outros. É também incrivelmente poderoso quando *aumentamos* o volume das pessoas e das palavras certas, na forma de conselhos úteis, ideias valiosas ou momentos inspiradores e edificantes. Depois daquele dia, fiz algo que costumo colocar em prática sempre que alguém fala alguma coisa que me estimula ou me inspira. Decidi deixar as palavras de Michelle se enraizarem, lembrando-me delas com frequência e praticamente as gravando na minha mente. Nos dias em que preciso me animar, eu me recordo daquelas palavras e aperto o botão de repetição. Essa prática, de aumentar o volume das coisas que nos empoderam, é como criar uma lista de reprodução de positividade que podemos manter na nossa caixa de ferramentas para os dias em que mais necessitamos.

Todos temos uma luz dentro de nós, não apenas para iluminar o nosso próprio caminho, mas também para iluminar a beleza que há nos outros.

Às vezes a ofuscamos, não acendemos a nossa luz há muito tempo, ou começamos a duvidar da força e da intensidade com que ela é capaz de brilhar. Ou nos esquecemos de que temos essa luz. Sempre acreditei que elogiar outra pessoa muda o mundo para melhor. Porque todos nós estamos conectados uns aos outros. E o que damos, recebemos. Quando enaltecemos autenticamente (não pode ser falso nem desonesto, tem que ser real) outra pessoa, também somos enaltecidos! É como a regra de ouro. É como a terceira lei de Newton. Quer enxerguemos isso ou não, já é uma verdade.

Quando você faz um elogio sincero, muda o mundo naquele momento.

Se quer algo, a melhor maneira de conseguir é dá-lo. Porém, na vida, nem sempre isso acontece de forma tão instantânea e óbvia como aconteceu com Michelle naquele dia, mas, no fim das contas, sempre acontece. Constatei que essa lição é um traço comum entre grandes seres humanos e grandes líderes: viver a vida de uma forma em que os outros sejam vistos e servidos. Pense nisso. Quase todos os que causam um grande impacto positivo vivem assim. A tia ou avó da família que todos ficam devastados ao perder. O professor ou o zelador da escola que recebe uma grande e emocionada celebração quando se aposenta — do tipo a que até ex-alunos comparecem, pois ele deu atenção, se preocupou e serviu aos outros. Desde Oprah, que fazia dia após dia o seu programa de entrevistas, décadas depois de nunca mais ter precisado trabalhar nem um dia sequer, até o motorista de ônibus que não se aposenta porque valoriza dar um sorriso e cumprimentar cada passageiro todas as manhãs, sabendo que pode ser o único a fazer isso naquele dia. Ver e ouvir outro ser humano é, muitas vezes, o maior presente que você pode dar às pessoas. E a si mesmo também.

Se você quer algo, a melhor maneira de conseguir é dá-lo.

A mesma coisa é válida nos negócios. Como chefe ou líder, uma das suas tarefas é garantir que a equipe se sinta vista. E ouvida. E segura. E importante. Mas você tem que querer isso de verdade. Além de um moral mais elevado e menor rotatividade na equipe, o benefício adicional é que você passa a ser ainda mais forte e autenticamente visto, ouvido e valorizado como líder. Este foi um dos ingredientes fundamentais para termos uma rotatividade extremamente baixa na IT Cosmetics. Parece tão simples, e é incrível que ainda seja raro, especialmente dentro das estruturas de liderança nas empresas.

Dar o que você precisa é uma prática muito potente. Descobri que agir intencionalmente nesse sentido a potencializa ainda mais. Para mim, tem sido transformador desviar o olhar da tela de celular e tirar um momento para curtir o dia, prestar atenção se estou realmente me sentindo viva e me conectando com outros seres humanos. Quando tenho um dia complicado, uma das minhas ferramentas para sair dessa situação é tentar dar alegria ou reconhecimento a outra pessoa. Muitas vezes, percebo que não estou praticando isso o suficiente e que é por esse motivo que estou me sentindo mal.

A melhor parte é que todos temos o poder de nos doar desse modo. Se quiser amizades na sua vida, seja um amigo. Se estiver se sentindo solitário, ofereça senso de comunhão a outra pessoa. Se sentir que a sua voz não está sendo ouvida, peça a alguém para lhe contar a sua história e, em seguida, ouça com atenção. Se não estiver se sentindo bonito, veja a beleza nos outros e comunique-lhes isso. Se estiver se sentindo invisível, permita que saibam que você está prestando atenção. Se ainda não tiver os bens materiais que deseja nem a riqueza com a qual sonha, compartilhe o que puder com alguém que esteja precisando. Acredite no poder das coisas que existem dentro de você e que você tem para dar. Se quiser ou precisar de algo, dê e observe o que acontece.

CAPÍTULO QUINZE

Acredite no poder de deixar a sua luz brilhar!

"Eu adoro o seu vestido!"
"Comprei em uma liquidação."

"Você deve estar tão orgulhosa de si mesma!"
"Ah, tive muita ajuda."

"Você é linda!"
"Imagina, ganhei muito peso."

"Seu marido é tão atencioso!"
"É, mas é incapaz de trocar uma lâmpada."

"Seu cabelo está ótimo!"
"Estou precisando muito de um corte de cabelo."

"Sua filha é tão inteligente!"
"Ah, mas dá trabalho, e estou um caco hoje."

"Sua pele é tão bonita!"
"Sério? Você está vendo esta espinha?"

VOCÊ JÁ RESPONDEU a um elogio menosprezando-se? Muitas vezes, mulheres se conectam entre si por meio dos problemas detectados, e não pelos sucessos. Desde cedo, aprendemos a temer que o compartilhamento da nossa vitória pessoal nos coloque em risco de desconexão e alienação.

As mulheres são educadas para se comportar de forma discreta, ser simpáticas e educadas, e não ofender ninguém. Então, de um lado, sou ousada, destemida e uma rebelde cheia de determinação para construir uma empresa de sucesso do zero, e fico feliz em compartilhar, orientar, inspirar e empoderar outras pessoas falando sobre como realizei isso; e do outro, fui ensinada a me sentir desconfortável ao discorrer sobre o meu próprio sucesso sem que isso parecesse prepotente. Também fui ensinada que nunca se deve discutir o êxito financeiro, e que tudo relacionado à riqueza deve ser mantido tão sigiloso e reservado quanto os históricos médicos. Fui educada para pensar que as pessoas que fazem alarde sobre o próprio sucesso são arrogantes, inseguras e idiotas.

Então, quando recebi a ligação da *Forbes* dizendo que me colocariam na lista das "Mulheres Empreendedoras Mais Ricas dos Estados Unidos", não retornei a chamada. Pedi ao chefe de relações públicas da minha empresa que avisasse que eu não estava interessada em comentar sobre o meu patrimônio pessoal, acreditando que não me incluiriam se eu não participasse. A repórter prosseguiu com um e-mail, afirmando que eles já haviam coletado dados concretos suficientes para publicar a estimativa do meu patrimônio líquido e que aquilo seria enviado para a imprensa, eu participando ou não. "Que m&*$@ é essa?", pensei! Enquanto o meu coração batia acelerado, continuei a ler o e-mail. A mensagem dizia que, já que esse era o caso, seria ideal que eu confirmasse os detalhes. Entrei em pânico. Comecei a ter um fluxo de pensamentos, do tipo: "Como eles sabem o meu patrimônio líquido real?", "Havia muita gente envolvida na venda da minha empresa, mas quem poderia ter compartilhado essas informações?", "Não há como eu comentar sobre informações tão pessoais!" e "Ah, não, se eles publicarem, como isso vai impactar a minha vida?".

Quando a L'Oréal incluiu o preço de compra no comunicado à imprensa e a história chegou aos noticiários, as pessoas logo começaram a sair da toca, pedindo que eu pagasse hipotecas, ameaçando me processar, tentando extorquir dinheiro, exigindo que eu cobrisse despesas médicas e coisas do tipo. Mas o preço de venda de uma empresa é uma coisa; divulgar o meu patrimônio pessoal era totalmente diferente! Eu disse à repórter que não comentaria. Foi uma decisão difícil, porque, até mesmo quando eu era uma jovem empreendedora, fazendo biscoitos em casa e vendendo-os na escola por 1 dólar o pacote, já naquela época sonhava em estar na capa da *Forbes*. Então, o fato de a *Forbes* ter uma ideia de quem eu era já me parecia um sonho.

Acredito que a razão pela qual a minha empresa é tão bem-sucedida é por oferecer ótimos produtos, combinados com a nossa missão autêntica de mudar a cultura e transformar a indústria da beleza. Compartilhar essa missão na *Forbes* seria um momento incrível e ajudaria a incrementá-la. Além disso, pensei que contar alguns detalhes da minha própria e árdua jornada como empreendedora poderia dar esperança a outros empreendedores. Então, decidi dizer à repórter que *iria* compartilhar a minha história, mas sem comentar a minha situação financeira pessoal. E nunca falamos. Ela cumpriu a sua palavra e não mencionou o assunto durante a entrevista, e a sua matéria foi inspiradora, demonstrando a intenção de servir a outros empreendedores.

MAS ela me disse que ainda precisava publicar um valor de patrimônio líquido e que, como eu não tinha fornecido nenhum detalhe, publicariam revista publicaria um número estimado, com base nos dados disponíveis publicamente. Eles sabiam o preço de venda da empresa e sabiam que, quando a vendemos, tínhamos parceiros de capital privado e investidores. Existem pessoas que vendem empresas por 1 bilhão de dólares e recebem esse valor integral; e outras que, descontados os pagamentos aos investidores, não recebem nem 1 milhão. Então, o que a *Forbes* faz é publicar o seu melhor palpite com base nos dados que coleta, nas fontes e percepções que acreditam ser fidedignas.

Estava lá impresso na lista da *Forbes* "Jamie Kern Lima, CEO da IT Cosmetics" e, em seguida, aparecia a estimativa do patrimônio líquido. Minha equipe recebeu a cópia fresquinha da gráfica e, quando me entregaram, o meu coração estava saindo pela boca. Tudo o que consegui dizer foi: "Que p%$$@ é essa?" (Observação: eu construí uma empresa pedindo a Deus que me usasse e me ajudasse a servir da maneira mais significativa possível... e, mesmo assim, eu estava xingando em voz alta no escritório, e não apenas isso.) Por que aquilo era tão importante para mim? Por que eu estava tão dividida por ter orgulho de estar naquela lista (seria o meu ego?) e tão constrangida, mortificada e envergonhada de que pudesse parecer arrogante ou ostentosa? Então, tive pensamentos como, por exemplo: "Eu teria imaginado, durante os dias como garçonete no Denny's, que estaria na lista da *Forbes*?" e "Espero que todas aquelas pessoas que não acreditaram em mim vejam isso!".

Sempre acreditei no poderoso princípio de uma citação de Lewis Howes: "Um verdadeiro bilionário é alguém que impacta positivamente um bilhão de vidas." Beyoncé, Taylor Swift, Meg Whitman e Oprah estavam na lista da *Forbes*, e eu sabia que estava na companhia de mulheres que tinham causado grandes impactos. Uma das melhores partes do sucesso monetário é poder usá-lo para ajudar as pessoas, tanto na época em que tínhamos a empresa quanto depois de tê-la vendido. Essa intenção de servir é o que anima a minha alma e me faz levantar da cama todas as manhãs. Eu não meço o sucesso pela quantidade de dinheiro nem pelo cargo que a pessoa ocupa. Eu o vejo, sinceramente, como a medida do serviço significativo que a pessoa presta. Mas seria essa a verdadeira razão pela qual eu não queria celebrar meus êxitos empresarial e financeiro de forma pública? Ou, na verdade, como mulher, estaria enraizada em mim a tendência de ofuscar a minha própria luz e chamar isso de humildade?

CONFISSÃO: ESTIVE NA lista nos últimos três anos, mas a minha biografia pública costumava informar que "Jamie está na lista da *Forbes* das Mulheres Empreendedoras *Mais Bem-Sucedidas* dos Estados Unidos", quando a denominação correta da lista é "*Mais Ricas*". Eu substituí "*mais ricas*" por "*mais bem-sucedidas*", achando que era mais elegante e mais humilde. Em cada discurso que fiz ao aparecer na TV e em cada prêmio que recebi, a biografia fornecida pela minha equipe de relações públicas fazia essa troca. Então, apenas este ano, tive uma ENORME epifania! Um legítimo momento de "O QUE eu estava fazendo?". Percebi que existe um enorme poder no simples fato de meninas e outras mulheres verem em mim, uma empreendedora que começou praticamente sem dinheiro, na lista da *Forbes* das Mulheres Empreendedoras MAIS RICAS! Porque, quando vemos que algo é possível, é muito mais fácil imaginar que também pode acontecer conosco. Ver o que Oprah faz na sua carreira, por exemplo, me ajudou a acreditar, durante toda a minha vida, que eu também poderia realizar sonhos ambiciosos.

Para criar uma verdadeira mudança cultural, é necessário que exemplos desse tipo alcancem mais meninas e mulheres. Trabalhei mais de cem horas por semana durante dez anos, abastecida por garra e oração, e passei incontáveis noites dormindo no camarim do QVC, fazendo mais de duzentos programas ao vivo por ano. Fui bombardeada por rejeições de todos os lados durante anos. Isso me obrigou a manter minha fé mais forte do que o meu medo, e a não deixar que eu traduzisse cada *não* após *não* em insegurança sobre mim mesma, o que me ajudou, por fim, a transformar cada *não* em um *sim*. Mulheres vendo outras mulheres se tornando milionárias, bilionárias, tem um poder gigantesco. Por que eu estava minimizando isso? Por que estava escondendo? Por que estava ofuscando a minha própria luz? Por que não percebi que poderia ajudar a iluminar um caminho de possibilidades para outras mulheres?

Quando eu disse à repórter da *Forbes* que não comentaria sobre o meu patrimônio líquido, ela mencionou que muitas das outras mulheres que estavam na lista também não quiseram comentar, e que isso era um contraste gritante com a reação dos homens quando descobrem que estão na lista. Quando perguntei o que queria dizer, ela explicou que, em geral, os homens não apenas *querem* estar na lista, como, muitas vezes, reclamam que o valor dos seus patrimônios líquidos deveria ser ainda *mais alto* do que o número divulgado. Com frequência, vão a extremos para fornecer registros financeiros e comprovar que merecem — chegando mesmo a exigir — uma errata, com a publicação de um patrimônio líquido e de uma classificação mais alta na lista. A diferença é uma loucura, não é mesmo? Ou não! Por muito tempo, as mulheres foram ensinadas a se encolher (literalmente) e a achar que precisam ser bonitas e simpáticas para caber no ideal de sucesso da sociedade. Também são ensinadas que não podem ser mais bem-sucedidas profissional ou financeiramente do que seus parceiros, pois essa dinâmica destruiria o relacionamento. Da mesma forma, os homens são ensinados a medir o seu sucesso com base, puramente, nos seus desempenhos financeiros. Também são ensinados a serem os provedores. Mesmo que, no nosso consciente, saibamos que tais crenças são antiquadas e limitantes, a nossa mente subconsciente ainda pode confundir essas crenças com verdades. A sociedade, incluindo aí bem-intencionadas famílias, muitas vezes as propaga como verdadeiras.

Pense nisso: até mesmo no Instagram, uma plataforma moderna repleta de pessoas de todas as gerações, mas principalmente da geração Y ou mais jovens, as imagens mais vistas e comuns do que seria uma mulher desejável tendem a se basear no corpo ou na aparência, ou induzem a alcançar a perfeição desempenhando o papel de mãe; enquanto isso, os homens são mostrados diante de conquistas financeiras ou profissionais, e imagens de sucesso e riqueza: carros legais, aviões, ou em ação no trabalho. Mesmo quando vemos algumas empreendedoras bem-sucedidas, em especial no mundo do entretenimento, muitas vezes elas ainda se retraem. Já vi fotos de casais poderosos de Hollywood em que a mulher, em geral muito mais bem-sucedida nos negócios do que o namorado ou marido, está posando de biquíni, enquanto o cara está em uma posição fisicamente superior à dela, vestido, na frente de um avião, com os braços cruzados. Todos nós deveríamos ser livres para postar o que quisermos, vestindo o que quisermos, expressando as nossas identidades da maneira que quisermos — sem julgamentos aqui —, mas o que está ausente do panorama, em especial das plataformas de mídias sociais mais populares, são imagens de mulheres alcançando sucesso financeiro, empresarial e de liderança. Quando foi a última vez que você rolou o seu *feed* de mídia social e viu uma foto de uma mulher em frente à sua mesa de trabalho, ou liderando uma sala de reuniões, ou usando um terninho de negócios, que tenha se tornado viral ou recebido milhões de curtidas?

Cada um de nós escolhe quem vai aparecer no *feed* de mídia social e tem livre-arbítrio para seguir quem quiser. Mas, quando começamos a seguir um perfil, isso também significa que estamos escolhendo alimentar a nossa energia com o que aquela pessoa advoga, desde o que ela acha engraçado até o modo como define sucesso e valor. Com relação àqueles que você segue para buscar inspiração ou motivação nos negócios, considere o seguinte: siga nas redes sociais quem tenha realizado o que você deseja realizar. Não quem é bom apenas em falar sobre isso. De vez em quando, gosto de rever quem estou seguindo; aproveito para fazer uma breve pausa e me perguntar como estou me sentindo depois de analisar o conteúdo postado por essas pessoas. É algo que me inspira, me estimula e preenche a minha alma? Ou faz com que eu me sinta inadequada, esvaziada ou desmerecida? Faça isso às vezes, a fim de selecionar o tipo de energia e de impacto que entra na sua vida. Isso também ajuda a proteger a sua paz, a sua positividade e o seu potencial!

Siga nas redes sociais quem tenha realizado o que você deseja realizar. Não quem é bom apenas em falar sobre isso

Para mudar a cultura e parar de perpetuar padrões obsoletos, é muito importante que meninas e mulheres sejam expostas a uma nova imagem de sucesso. E os homens também. Para mim, esse é o poder de estar na lista da *Forbes* das Mulheres Empreendedoras Mais Ricas dos Estados Unidos! Imagine como será poderoso quando todos nós, e especialmente a próxima geração, estivermos tão confortáveis com o conceito de uma mulher de negócios bem-sucedida, que dicas de negócios se espalhem mais rapidamente do que as dietas mais comentadas. Cheguei à conclusão de que listas como essa nos ajudam a chegar lá.

Embora eu ainda não divulgue nem faça comentários sobre o meu real patrimônio líquido pessoal, hoje não escondo mais que estou na lista da *Forbes* das Mulheres Empreendedoras Mais Ricas. Compartilhar vitórias, conquistas e, até mesmo, pequenas realizações pode parecer um contrassenso. Eu entendo. Mulheres aprendem a ser modestas e internalizam que divulgar vitórias é sinônimo de ostentação e deselegância. Aprendem a minimizar quaisquer vitórias. Aprendem a esconder talentos e habilidades. Desde a escola primária, lembro-me de não levantar a mão apesar de saber a resposta. Quando fui premiada como a “Maior Procrastinadora” no ensino médio, não contei a ninguém que, enquanto procrastinava na escola, tinha três empregos e havia economizado o suficiente para comprar um carro. Quando fui aprovada para a equipe de dança na faculdade, e uma das minhas melhores amigas não, eu lhe disse que os jurados tinham cometido um enorme erro e que eu devia apenas ter tido sorte.

Mulheres criam vínculos ao falar sobre ganhar peso, fugir das dietas, sobre como alguém as tratou mal ou como uma foto com filtro (ou seja, falsa) parece ótima nas redes sociais. Sejamos sinceros: imagine o que acontece com uma jovem que chega no grupo e diz coisas como: "Eu sou magra desde sempre, não importa o que eu coma. É maravilhoso"; "Meu casamento está indo muito bem; o meu marido fez todas as tarefas domésticas hoje e ainda me escreveu uma carta de amor"; ou até algo menos pessoal, como: "Hoje, a melhor vaga de estacionamento surgiu bem na frente da cafeteria assim que cheguei, e ainda havia crédito extra no parquímetro!". Mulheres são socializadas para reagir a isso com pensamentos de que a outra está se gabando. Aprendem que, quando compartilham sobre não conseguir fechar a calça jeans naquela semana, ou sobre como a casa está bagunçada, outras mulheres se identificam e se conectam imediatamente. Mesmo que você acredite ser uma defensora das mulheres, muitas vezes ainda é dessa forma que elas criam vínculos. Em torno de fraquezas e problemas detectados, e não em torno de vitórias. Esse medo, de que o compartilhamento das vitórias equivale a se vangloriar e pode desconectar e alienar umas às outras, precisa acabar! Por outro lado, às vezes, quando vejo mulheres fazendo isso, também fico imaginando que seja para enviar o sinal de que não são uma ameaça competitiva umas para as outras. É ridículo que tenhamos de nos preocupar com isso. Que m#%&W (desculpe, vovó, mas que m#%&W!)! Os homens são socializados de forma muito diferente. Eles aprendem a recompensar e a celebrar uns aos outros pelos sucessos, seja por estarem felizes em ganhar músculos na academia, seja por conseguirem uma ótima vaga de estacionamento com crédito gratuito no parquímetro. Com que frequência os homens são recompensados por se menosprezarem?

Pelo bem de nós mesmas, das nossas irmãs, mães, tias, madrastas, avós, bisavós, filhas, netas e por todas as mulheres, precisamos mudar isso. Precisamos celebrar as nossas vitórias umas com as outras e celebrá-las como se fossem nossas. Lembra-se da ideia de escassez — de que, se *ela* ocupa um lugar à mesa da diretoria, isso significa que eu não o consegui? Pensamos que, se ela vencer, de alguma forma significa que eu perdi. Na verdade, é o oposto. Quanto mais ela tiver sucesso, mais espaço e oportunidade haverá para mim. Quanto mais celebrarmos as nossas vitórias e as das outras, mais exemplos existirão para que outras meninas e mulheres vejam e se inspirem! Precisamos mudar isso! Vamos começar com você e comigo. Agora mesmo. Combinado? Não vai ser fácil, mas precisa acontecer. Para que possamos criar, efetivamente, uma mudança e transformar a cultura em torno disso, é muito importante acreditar que a *sua* vitória é a vitória *dela*! *Sua* força é a força *dela*! E, às vezes, alguém precisa ver a *sua* conquista para acreditar que é possível para si mesma.

Da próxima vez que você se sair vitoriosa ou algo excepcional acontecer com você, algo grande ou pequeno, compartilhe e celebre com outras pessoas. Se você se sentir estranha fazendo isso, releia este capítulo! Compartilhe e celebre a sua conquista, grande ou pequena. Faça isso de forma corajosa e confiante. Não se sinta impelida a guardá-la para você só para não fazer as outras pessoas se sentirem mal, desconfortáveis ou inferiores. Elas podem reagir desse jeito, mas tudo bem. Quando quiser revelar algo e isso lhe parecer arrogante, ou se desejar compartilhar uma conquista e se preocupar se as pessoas ficarão incomodadas ou não gostarão de você, eu entendo. Fomos criadas para nos sentir assim. Às vezes, quando compartilha algo excepcional que aconteceu com você ou que conquistou, outras pessoas ficarão *mesmo* desconfortáveis ou inseguras, ou acharão que é convencida. Na maioria das vezes, isso acontece porque fomos educadas para sermos comedidas e simpáticas, para agradar as pessoas. Mas pense bem sobre isso, agradar as pessoas, que, à primeira vista, pode parecer gentil e amável; pode ser interpretado como uma forma de mantê-la numa posição de subserviência. De que maneira chegar ao topo se está sempre se puxando para baixo? Isso pode fazer *algumas* pessoas se sentirem mais confortáveis, mas não tem a ver com elas. Então, não deixe de contar sua história, não prive quem precisa de inspiração apenas para deixar alguém mais confortável. Uma coisa que me ajuda quando começo a sentir que vou entrar nesse modo de comedimento é lembrar que *não* tem a ver comigo, que qualquer conquista pode ser um momento de inspiração e libertação para outra mulher, e, com essa intenção, compartilho a minha vitória.

Não se trata apenas de ajudar e inspirar meninas e mulheres, mas também de fazer isso por si mesma, pela versão mais jovem de si mesma que vive dentro de você. Quando você era pequena, talvez tivesse medo e não soubesse quem era nem quem estava se tornando. Agora é o momento, como mulher, de retornar à sua versão mais jovem e estender a sua mão... para aquela menina que aprendeu a duvidar da força que existe dentro dela, da própria beleza, a menina que aprendeu a ficar quieta quando sabia a resposta, que foi menosprezada por ser quem é e que começou a acreditar naquelas palavras ofensivas. Volte até aquela menina, pegue a mão dela e diga: "Venha comigo, agora somos mais fortes. Você não está sozinha e é linda. Deus a fez com uma luz dentro de você, que está destinada a brilhar. Você é digna de usar a sua voz, de saber a resposta, de resplandecer a sua luz tão intensamente a ponto de iluminar o mundo." Não ofusque a sua luz. Nunca! Porque, ao fazer isso, também ofusca a luz dessa menina! Acredite no poder de deixar a sua luz brilhar. O futuro *dela*, e o seu, depende disso!

CAPÍTULO DEZESSEIS

Acredite em milagres... e na Oprah

"Você sempre teve o poder, minha querida,
só teve de aprender por si mesma."

— GLINDA, A BRUXA BOA, O MÁGICO DE OZ

DESDE QUE ME ENTENDO POR GENTE, sempre acreditei que conheceria Oprah. Quando eu era uma garotinha, ela foi a minha mentora na TV. Quando estava sozinha em casa, o que era bastante comum, Oprah era como uma irmã, amiga, mentora, tia e professora favorita. Por meio do seu programa, e pela vulnerabilidade e coragem de compartilhar suas lutas, inseguranças, fé, alegrias, vitórias e dores, aprendi que não estava sozinha. Ela também desempenhou esse papel para muitas das minhas amigas. Quando Natasha estava crescendo, Oprah foi uma das poucas mulheres na TV que se parecia com ela e que usava o cabelo cacheado. Para Natasha, vê-la todos os dias na TV a ajudou a acreditar que, um dia, ela também poderia ter o próprio programa e usar o cabelo cacheado. Ela fez ambas as coisas! E, ainda que todas as minhas amigas e eu fôssemos nos tornando adultas, como é o caso de muitas mulheres que conheço, o papel de Oprah como professora e mentora nunca se alterou. Acredito que ela é uma das maiores professoras vivas do mundo.

Claro, como quase todo mundo que eu conhecia, sonhava conhecer Oprah. Mas, ao contrário de todo mundo que eu conhecia, realmente acreditava que a conheceria. Nunca sonhei que ela resolveria todos os meus problemas ou pagaria minhas contas, mesmo que, na maior parte da minha vida, eu mal tenha conseguido pagá-las. Nunca sonhei que ela me daria um carro. Eu apenas sentia que estávamos conectadas de alguma forma. E, se você é um telespectador fiel como eu, se lembrará daquele momento na entrevista a Barbara Walters, em 1988, quando Oprah disse: "Eu sempre soube que faria algo grandioso na vida." Lembro-me de ser uma garotinha, com apenas 11 anos, assistindo ao programa e sabendo que, no fundo, eu tinha uma sensação muito semelhante. Oprah recebeu muitas críticas na imprensa por dizer isso, o que não é surpreendente — as pessoas não estão acostumadas a mulheres que falam sobre si mesmas com esse grau de confiança. Sempre que uma mulher faz resplandecer intensamente a sua luz, a sociedade reage.

SE VOCÊ É FÃ de Oprah, deve se lembrar da ação judicial do hambúrguer, na qual ela foi processada por pecuaristas por dizer que nunca mais comeria hambúrguer. E, veja, não importa como você se sente sobre o assunto, para mim, essa é a parte menos relevante. Eu me lembro de estar com 19 anos na época e pensar: *O QUÊ? Isso é IMENSO! TÃO imenso em tantos níveis.* Uma mulher ter conquistado tanta influência a ponto de ser processada, simplesmente por expressar a sua opinião? E não apenas uma mulher, mas uma mulher negra. Recordo-me de sentir o quanto isso foi significativo, e o quanto aquela vitória foi grande para todas nós, mulheres! E você se lembra de quando ela foi atacada na imprensa pelo quadro que lançou, chamado *Remembering Your Spirit* [Lembrando-se do seu espírito, em tradução livre]? A imprensa disse que ela estava se tornando muito religiosa — isso foi antes de as pautas sobre espiritualidade e atenção plena se tornarem tão populares quanto são hoje em dia. Oprah sempre esteve à frente do seu tempo e nunca se deixou levar pelo que outros programas de entrevistas ou seus apresentadores faziam, mesmo durante os períodos em que estes estavam ganhando na audiência. Tenho certeza de que, desde aquela época, esses exemplos foram sementes para a minha abordagem na IT Cosmetics. Sempre disse aos colaboradores para ficarem indiferentes e ignorarem o que os concorrentes faziam. E falava que o maior risco para o nosso sucesso seria nos distrairmos com a concorrência ou deixar que o sucesso deles nos incitasse a enfraquecer nossa missão e nosso ingrediente secreto. O exemplo de Oprah me ensinou a instalar essa lição na minha empresa. Sei, até hoje, que, se alguma vez tivéssemos nos distraído e focado o que os concorrentes estavam fazendo, nunca teríamos crescido até o ponto de nos tornarmos uma marca de 1 bilhão de dólares.

Bem, a esta altura, você já entendeu o tamanho do impacto de Oprah na minha vida, mesmo que eu não a tivesse conhecido. Então, está pronto para isso? Eu não fazia a menor ideia de que, de um modo inesperado, num dia em que estava esgotada e exausta, e nem sequer havia tomado banho, eu CONHECERIA OPRAH!!! Vamos a como aconteceu. E ao que aconteceu depois do que aconteceu — o que é ainda mais louco. Ou não. Quer dizer, no ponto em que estamos, o que mais pode ser chamado de louco?

Meu aniversário de 40 anos estava se aproximando, e eu estava trabalhando muito. Ouvi falar de um evento das SuperSoul Sessions, apresentado por Oprah, que aconteceria em Los Angeles, e comprei ingressos para mim e algumas amigas. Eu estaria em Los Angeles a trabalho, e o cronograma se encaixava perfeitamente. Já tinha ido a outro evento dela, em um estádio na Flórida, durante a turnê de Viva a Sua Melhor Vida. Estava abarrotado, com milhares de pessoas, e foi muito divertido. Aquele evento em Los Angeles aconteceria em um teatro no campus da UCLA, e Oprah receberia no palco vários palestrantes convidados para entrevistar. Na manhã do evento, a empolgação estava quase suplantando a exaustão. Coloquei o meu vestido verde favorito e calcei sapatos baixos, deixando os saltos altos na bolsa para trocar depois — sempre usava saltos altos na TV e na maioria das reuniões de negócios. Queria garantir que eles estivessem à mão, por via das dúvidas. Fiz um coque e coloquei o meu anel e a minha pulseira favoritos, ambos gravados com "Ela acreditou que conseguiria, e então foi lá e fez". Sempre acreditei em espalhar lembretes à minha volta, para me inspirar. Naquela manhã, Zega mencionou que havia entrado em contato com uma amiga, também assistente, que tinha conseguido assentos melhores do que os que eu havia comprado para nós, e que os nossos ingressos seriam trocados. Eu *não* tinha ideia do que estava prestes a acontecer comigo.

Chegamos ao evento e fomos procurar os nossos assentos. Eram, realmente ótimos — na quinta fila e ao centro, ao longo da ala esquerda. Eu estava muito grata por Zega ter conseguido aquela troca. Quando estávamos nos acomodando, uma jovem loira veio até Zega para cumprimentá-la e depois se apresentou a mim. Ela disse:

— Oi, eu sou a Amy, chefe de equipe da Oprah. Esses assentos em que vocês estão sentadas são dela, e voltarei no intervalo do almoço para levá-las para conhecê-la."

— O QUÊ???

Olhei para ela, e esta foi a única palavra que consegui proferir. Eu estava sonhando? Olhei para Zega, que estava com os olhos marejados.

— Você não sabia? — perguntou Amy.

— Saber o quê? — respondi.

Ela olhou para Zega e disse:

— Vou deixar você contar para ela.

Zega explicou que tinha escrito uma carta para a chefe de equipe da Oprah. Eu não sei que mágica minha amiga fez, mas, de alguma forma, Amy leu aquela carta e a compartilhou com Oprah. E, também de alguma forma, Oprah decidiu me convidar para conhecê-la naquele dia. Até hoje, Zega não me contou o que escreveu na carta. Mas disse que mencionou uma história que aconteceu na sua primeira semana de trabalho comigo, quando fomos pegar o café em um *drive-thru* do Starbucks, e os copos de papel vieram com capinhas com citações de Oprah. Comecei a lhe contar sobre o impacto que a apresentadora teve na minha vida, como uma mentora à distância. Então, Zega me disse que não era uma fã. *O quê?* Fiquei chocada. Diga que não é verdade! Continuei a falar entusiasticamente sobre todas as maneiras pelas quais Oprah é uma das maiores professoras vivas deste mundo, e Zega acabou desenvolvendo um apreço por ela. Parece que ela compartilhou aquela história na carta e também deve ter contado um pouco sobre a minha história e o que já fiz por outras pessoas, e como conhecer Oprah seria o maior presente do mundo. Zega tinha muitas amigas que eram assistentes, mas ela não conhecia ninguém na equipe de Oprah. Mesmo assim, de algum jeito, a sua carta havia se destacado.

Veja bem: só na IT Cosmetics, recebíamos um fluxo ininterrupto de milhares e milhares de cartas, histórias, e-mails e mensagens diretas nas redes sociais. Mesmo que eu passasse 24 horas por dia, 7 dias por semana lendo essas mensagens, não teria conseguido analisar nem 1% de todas elas.

Era coisa de mais. Então, imagine Oprah. Ela é um milhão de vezes mais conhecida do que a minha empresa, e deve receber 1 milhão de vezes mais e-mails, cartas e mensagens nas redes sociais. Além disso, recebia material de todos os países do mundo. Eu sabia que aquilo não estava acontecendo por ser uma CEO bem-sucedida; há milhões delas por aí, muitas são muito mais bem-sucedidas do que eu, e a maioria nunca teve a oportunidade de conhecer Oprah. Quais são as chances de um único e-mail da minha assistente, sem conhecer ninguém da equipe, ser recebido e lido não só pela equipe, mas por *ela*? É como uma chance em um bilhão. Então, quando um e-mail é lido, quais são as chances de ele ser encaminhado para ela? Uma chance em um milhão. Então, dentre os incontáveis e-mails dos quais ela realmente toma ciência, quais são as chances de decidir responder? Eu sabia, com todo o meu ser, que havia uma razão maior do que eu mesma para que aquilo estivesse acontecendo. E sabia que Deus estava envolvido nisso.

NA PLATEIA DO evento, fiquei hipnotizada com a profundidade dos palestrantes naquele dia. Gary Zukav fez a mais bela analogia de como saber quando você está indo na direção certa na vida. Ele descreveu a cena como se fôssemos um barco sobre a água. Podemos sentir quando estamos navegando contra a corrente, e isso significa que não estamos indo em uma direção alinhada com a nossa alma. Como se estivéssemos seguindo no sentido oposto ao do fluxo. Ele disse: "À medida que você passa a seguir sua noção de significado, começa a navegar na mesma direção que a sua *nave-mãe* deseja navegar." Também tive a oportunidade de ouvir a poderosa Angela Manuel-Davis falar sobre o poder das palavras que dizemos a nós mesmos sobre nós mesmos. Enquanto eu fazia tudo o que podia para estar presente e absorver todas aquelas palavras inspiradoras, também estava *TOTALMENTE ALTERADA*, pois estava prestes a conhecer Oprah!

Viva pelos momentos que não podem ser descritos com palavras.

— ANÔNIMO

—

Uma amiga minha, certa vez, conheceu Oprah em um evento parecido com aquele em que conheci Michelle Obama. Pensei em me preparar para o mesmo processo. Provavelmente, eu teria apenas dois segundos para dizer alguma coisa, depois sorrir, tirar uma foto e ir embora. Para ser sincera, conforme o intervalo do almoço se aproximava, a iminência do momento foi me deixando em dúvida sobre se eu conseguiria lidar com tudo aquilo. Eu ficava me lembrando do que Natasha sempre diz: "Não coloque ninguém em um pedestal, exceto Deus." A verdade é que, na minha jornada de construção da IT Cosmetics, já tinha conhecido muitas celebridades de primeira linha e quase nunca fiquei nervosa. Nunca me senti como fã. Sempre estive aberta a conhecer cada pessoa da mesma forma e com a mesma afetuosidade que tenho ao conhecer alguém na fila do Starbucks. Somos todos humanos e temos os mesmos sentimentos, pensamentos, emoções, inseguranças e necessidades. Mas era a OPRAH! Ela foi minha mentora desde sempre, sem que a gente se conhecesse. E eu iria conhecê-la.

Então, o momento chegou! A plateia foi dispensada para o almoço, e a chefe de equipe, Amy, foi até nós para nos levar aos bastidores. Se havia uma hora para colocar saltos altos, a hora era aquela.. Mas, por alguma razão, decidi deixá-los na bolsa e permanecer de sapatilhas. Não consigo explicar; no meu coração, parecia apenas a coisa certa a fazer. Talvez fosse uma maneira de deixar para trás qualquer coisa que se parecesse com um figurino e mostrar o meu eu autêntico.

No caminho até os bastidores, comecei a respirar fundo e a orar. Eu não conseguia manter a calma. Olhei para a frente procurando uma longa fila, mas não a encontrei. Não existia uma. Em vez disso, chegamos a uma porta e Amy disse:

— Este é o camarim dela. Ela está aí dentro. Você está pronta?

ESPERA AÍ, COMO ASSIM???

— O que você quer dizer? — perguntei. — Você quer dizer que ela está aí dentro e este é o camarim dela?

— Sim — respondeu Amy, com um grande sorriso.

"Querido Deus, por favor, me dê as palavras certas para dizer, para que eu possa impactar Oprah de alguma forma, como ela me impactou ao longo de toda a minha vida, e que a Sua vontade perfeita seja feita, em nome de Jesus. Amém", orei para mim mesma, enquanto o meu coração disparava.

Perguntei a Amy se havia algum problema que as minhas amigas se juntassem a mim, pois sabia que isso também poderia ser um momento único na vida delas, e queria que elas vivenciassem a mesma dádiva de estarmos assim tão próximas. Ela concordou.

Uma das minhas coisas favoritas na vida, sempre que tenho a oportunidade de presenciar um acontecimento importante, é levar pelo menos outra mulher comigo quando posso. Trabalhei muito para chegar aonde estou, e houve momentos em que recebi a graça de ser convidada para muitas reuniões de negócios incríveis; então, sempre que possível, peço mais um convite, a fim de levar outra mulher a quem eu esteja oferecendo mentoria ou que esteja em ascensão profissional. Não fui criada sendo exposta a oportunidades extraordinárias e sei que, muitas vezes, estar perto delas já constitui um verdadeiro poder. Por isso, sempre que receber uma bênção, considere pedir um convite a mais e leve alguém com você. Para uma reunião de negócios, um evento bacana, uma reunião de amigos, ou, nesse caso, PARA CONHECER A OPRAH!

Estou revivendo tudo fisicamente enquanto compartilho com você. Meu coração está saindo pela boca de novo. Está bem, voltando à história. Amy abriu a porta, e eu entrei. Nos minutos seguintes, senti como se estivesse mergulhando em um sonho. Ao entrar no camarim, vi Oprah, sozinha, sentada num sofá.

— Senhora Kern — disse ela do outro lado da sala, e tudo o que consegui pensar foi: *Meu Deus do céu, ela sabe o meu nome.*

Fui até ela, cumprimentei-a e dei um abraço bem apertado. Então, fiquei ali, olhando para Oprah, que colocou as mãos no meu rosto. Acho que ela podia sentir que eu estava quase levitando. Tenho certeza de que essa reação não era nada nova para ela. Oprah foi gentil e graciosa, e tiramos algumas fotos juntas e com as minhas amigas. A única coisa que me lembro de dizer foi: "Avise se, um dia, eu puder ser útil para você de alguma forma." Nesse momento, ela olhou para mim, talvez com um pouquinho de surpresa, e respondeu: "Aviso, sim."

Saímos do camarim após alguns minutos, e eu não conseguia compreender o que havia acabado de acontecer. Sentei-me na plateia para acompanhar o restante do evento, que ainda se estenderia até o fim do dia, e adivinhe o que fiz? Sim, reproduzi aqueles minutos várias e várias vezes na minha cabeça e comecei a duvidar de tudo o que fiz e disse (o nosso crítico interior não é divertido?).

NO DIA SEGUINTE, acordei eufórica, e depois fiquei muito, muito triste. Não fazia o menor sentido, mas fiquei pensando: “E se aquela tivesse sido a minha única chance, e só consegui dizer aquilo?” Orei a respeito disso, pois não queria que a insegurança roubasse a alegria por algo que foi MUITO INCRÍVEL. Então, para a minha surpresa, uma sensação me alertou que aquela não seria a última vez que nos encontraríamos.

Sabendo que eu não havia compartilhado com ela nem mesmo uma parte da minha história, ou, a bem da verdade, nada; sabendo que fiquei tão alterada, que estava praticamente levitando, decidi arriscar tudo o que eu tinha.

Fiz uma viagem de fim de semana para Sedona, Arizona, um lugar conhecido por seus vórtices de energia curativa, com o objetivo de escrever um e-mail de agradecimento para Oprah. Agradeci a ela pelo seu tempo e por me receber, e também compartilhei um pouco da minha verdadeira história. Eu sentia que talvez tivesse, no máximo, uma chance ao escrever aquilo. Porque, mesmo àquela altura, as probabilidades de a chefe de equipe ver aquele e-mail, quanto mais lê-lo e encaminhá-lo para ela, poderiam ser novamente muito, muito remotas.

Dei entrada em um spa cujas acomodações eram chalés ao ar livre, literalmente com a única intenção de processar o que tinha acontecido e escrever aquele e-mail. Quando cheguei à frente do chalé, notei que um cervo estava deitado bem embaixo do terraço do meu quarto. Ele estava deitado com parte do corpo sob a sombra do terraço, mas com o rosto e o pescoço desfrutando a luz do sol, olhando para mim. Ele ficou lá a maior parte do dia. Embora eu normalmente não acredite nessas coisas, comecei a me perguntar se a presença daquele cervo era algum sinal ou se ele era o meu animal espiritual. Fiz uma pesquisa no Google sobre o “significado espiritual do cervo”, e a primeira coisa que apareceu foi: “O cervo, como animal totêmico, pertence àqueles que lançam luz para que os outros encontrem o seu caminho de casa.” Uau. Com isso em mente, orei para encontrar as palavras certas. Estou compartilhando com você porque, se eu estivesse lendo este livro, estaria pensando: “O que ela escreveu para Oprah?” Não tenho certeza se o e-mail teve algo a ver com o que aconteceu depois, mas, só para o caso de ter, aqui está um trecho:

De: Jamie Kern Lima
Para: Chefe de Equipe de Oprah (encaminhar para Oprah)
Assunto: Oprah — De Jamie Kern Lima (IT Cosmetics)

Querida Oprah,

Obrigada. Sei como seu tempo e sua energia são preciosos. Obrigada por me receber no seu camarim para nos encontrarmos pela primeira vez. Também sei que você é abençoada por não precisar fazer nada que não queira e, embora eu esteja cheia de gratidão (que surpresa incrível!), também acredito que não foi por acidente que você escolheu dizer sim ao nosso encontro. Com gratidão e ousadia, quero compartilhar isto com você (estou mentalmente cantando *Surrender all*, enquanto escrevo estas linhas). Minha intenção é que isso ocupe um novo espaço no seu coração e que tenha um grande significado para você, já que as nossas jornadas são paralelas sob vários aspectos.

A forma como você explica que estava conectada com *A cor púrpura* antes mesmo de receber a ligação de Steven Spielberg é a melhor maneira pela qual posso explicar essa avassaladora força energética para o bem que existe dentro de mim, e é a certeza que tenho de precisar compartilhá-la com você. Não com as inúmeras pessoas que conheço e que administram a minha empresa. Nem com mais ninguém. Apenas com você. Sempre soube disso, mas não sabia por quê. Até que tive um momento de descoberta esta semana no evento do SuperSoul Sessions. Oprah, acredito que as nossas naves-mães navegam juntas (como diria Gary Z), e eis aqui os motivos:

- Somos ambas mulheres e CEOs que construíram empresas incríveis e temos centenas de colaboradores sob a nossa responsabilidade.
- Descobri que os meus pais estiveram juntos apenas uma vez, em Santa Bárbara, Califórnia, e nunca mais se viram. Fui entregue para adoção no dia em que nasci. É um milagre que você e eu estejamos aqui. Um esperma, um óvulo, e BOOM!, aqui estamos!

- Comecei a minha carreira como âncora de um noticiário de TV, mas não sentia que aquele era o meu lugar.
- Enquanto fazia a minha empresa crescer, perdi a conta de quantos "nãos" ouvi, da Sephora, da ULTA e do QVC. Mas estava sendo guiada por uma força e uma missão maiores do que eu mesma. Hoje, somos uma marca de destaque em todos esses três distribuidores.
- Sou a única pessoa da minha família a ter esse tipo de sucesso (...) e, inclusive, a pensar do jeito que penso. Nenhum de nós cresceu tendo um exemplo ou com a expectativa de fazer o que estamos fazendo.
- Nas palavras da Dra. Maya Angelou, somos ambas Mulheres Fenomenais.
- Uso saltos altos todos os dias no trabalho, mas usei sapatilhas para encontrá-la. Isso faz muito sentido no meu coração.
- Como devo administrar o grau de intimidade a ser estabelecido com as colaboradoras que cuidam do meu dia a dia profissional e pessoal? O que devo evitar?
- Neste exato momento, a TV está me usando enquanto ainda sou diretora da minha empresa (o QVC para ganhar dinheiro; os infomerciais para vender produtos etc.), mas estou trabalhando para inverter essa lógica, por meio de uma conexão autêntica e vulnerável com as mulheres. Porém, não sinto que tenha chegado nem perto de aproveitar essa imensa força criativa que existe dentro de mim e tenho grandes ideias sobre como usar a minha visibilidade para inspirar mulheres a viver as suas mais conscientes, plenas, inspiradas e autênticas vidas.
- Certa vez, você disse que nasceu destinada a fazer algo grandioso, e eu entendo o que quis dizer, porque sinto exatamente a mesma coisa.
- Minha cor favorita é verde.

Calcada, sacudida, transbordante... No meu trabalho mais recente, como fundadora da empresa de beleza IT Cosmetics, acredito que mudei a forma como milhões de mulheres se veem no espelho, e usei a minha própria vulnerabilidade e os meus problemas (literalmente mostrando a minha rosácea vermelha e as sobrancelhas ralas) como um veículo para que as mulheres fossem confrontadas com uma imagem diferente de beleza. Nos últimos anos, fui ao QVC centenas de vezes por ano, e a minha missão é fazer com que cada mulher, até aquelas com problemas como os meus, se sinta linda e valorizada. Eu tiro a minha maquiagem para demonstrar coragem e dizer a todas as mulheres que está tudo bem e que estamos todas juntas nisso! Claro que os nossos produtos são incríveis, mas foram essa missão e essa mensagem autênticas que resultaram no sucesso da empresa. Diariamente, ouço de inúmeras clientes, de todas as idades, o quanto se sentem bonitas pela primeira vez, ou pela primeira vez em muito tempo. Dei início à empresa na minha sala de estar, e ela cresceu para se tornar, hoje, a quinta maior empresa de maquiagem de prestígio do país. Há apenas alguns meses, eu a vendi para a L'Oréal. Ainda que a L'Oréal tenha mais de 86 mil colaboradores, eles me transformaram na primeira mulher a ocupar o cargo de CEO em seus 107 anos de história. É um conto de fadas, mas é verdadeiro. Assim como você, não preciso mais trabalhar nem um dia sequer. No entanto, sei que o meu trabalho e o meu chamado estão apenas começando! Essa avassaladora força energética para o bem está dentro de mim, e ela foi *calcada*, *sacudida* e está apenas começando a *transbordar*!

Sei que o próximo passo na minha jornada é me conectar com milhões de mulheres, para que elas possam desenvolver vidas melhores e serem quem nasceram para ser na expressão mais plena de si mesmas, de uma maneira muito maior do que estou fazendo agora. Acredito que posso ser um veículo para melhorar a vida das mulheres e ajudá-las a viver o seu máximo, e estou disposta a ser vulnerável o suficiente para fazer as perguntas, assumir os riscos e enfrentar os medos por elas, a fim de que se conectem com o melhor de si mesmas e mudem a sua percepção do que é possível! E acredito que cada passo na minha jornada me levou a isso.

Oprah, eu me sinto atraída a me conectar com você, da mesma forma que você explica como foi atraída por *A cor púrpura*. Até orei para que Deus me libertasse disso, porque parece muito avassalador. Quando a sua chefe de equipe, Amy, se aproximou de mim na quinta-feira passada e disse: "Você vai conhecer a Oprah hoje", foi como se alguém tivesse vindo até a esteira em que eu estava correndo e falasse que Steven Spielberg estava ao telefone. Quando nos encontramos, eu realmente queria respeitar a sua energia e o seu espaço dentro do camarim, então, em vez de compartilhar tudo isso naquele momento, orei para que fosse apenas a primeira vez de muitas em que me encontraria com você! Sei que isso é uma coisa ousada de se dizer, mas você criou o aplicativo Bold Moves, então me entenderá! Por isso, quando nos encontramos, simplesmente escolhi dizer: "Avise quando souber como eu posso ser útil para você." Porque acredito que isso será verdadeiro. Porque acredito que as nossas naves-mães navegam juntas, então sei que, inevitavelmente, ocuparei um espaço no seu coração que lhe será de grande valor e significado.

Eu ficaria muito grata pela oportunidade de me encontrar com você novamente. E tenho fé de que você saberá a resposta sobre quando/por que/como isso poderá acontecer.

Com uma fartura de gratidão, amor, alegria, ousadia e alma,

Sua irmã de nave-mãe,

Jamie

Esse foi o e-mail que jorrou de mim, para ela, naquele dia. E anexei duas fotos ao fim, pouco antes de orar e clicar em enviar.

POUCOS MESES DEPOIS, o meu telefone tocou. Era Amy, a chefe de equipe, ligando para me convidar para almoçar na casa da Oprah.

— O QUÊ? — disse eu.

— Oprah gostaria de convidá-la para almoçar na casa dela — respondeu Amy.

Aquilo parecia algo incrível *demais* para eu lidar. Como se tivesse de ser coisa de Deus, e eu estivesse recebendo aquele presente por algum motivo. Como se, talvez, tudo aquilo tivesse sido orquestrado por Ele enquanto uma preparação para algo que eu deveria fazer, ou enquanto uma maneira de ser útil a ela ou a outras pessoas, mas que ainda estava além da minha imaginação. Eu não fazia ideia. Parecia que eu estava sonhando, e que era incrível demais para eu processar.

Quando se é convidado à casa de alguém, é sempre bom levar um pequeno presente, como uma garrafa de vinho. Mas o que você leva para Oprah? Fico constrangida em revelar quantas horas passei me preocupando e orando sobre esse assunto. Depois, fiquei brava comigo mesma porque, como você sabe, uma das minhas citações favoritas é uma do rapper 50 Cent: "Ou você ora, ou você se preocupa, mas não faça os dois." Mas, dessa vez, acabei fazendo os dois, até que finalmente, me senti em paz sobre o que levaria. Bem, na verdade, decidi levar dois presentes. Primeiro, um pequeno pé de carvalho. Certa vez, fiz uma leitura espiritual com um xamã que me disse que eu tinha uma força dentro de mim que podia ser descrita como um carvalho. Ele explicou que eu nunca seria feliz na vida a não ser que fosse como um carvalho com grandes ramos, abrigando várias outras pessoas sob eles. Desde aquele dia, essa árvore se tornou especial para mim. Eu sabia que Oprah também as adorava. Então, comprei um pequeno pé de carvalho de 1,20 m, plantado num vaso. Não me pergunte o quanto foi difícil encontrar essa árvore, nem como consegui, porque, quando soube que ela estava em Brentwood, Califórnia, presumi que fosse Brentwood em Los Angeles, só para descobrir, no dia anterior ao almoço, que a árvore estava na cidade de Brentwood, que fica no norte da Califórnia. Por fim, um dos meus colaboradores, junto com um motorista de Uber, ajudou a trazer a árvore, em uma viagem de seis horas de duração.

Algum palpite sobre qual foi o segundo presente? Talvez isto o surpreenda. Lembra-se do pôster daquele esquilo destemido que Natasha encontrou? Aquele que, ao longo dos anos, ela e eu acabamos mentalizando como o nosso alter ego destemido? Pois é, o meu segundo presente para Oprah foi uma fotografia emoldurada daquele esquilo. Oferecer-lhe tal presente parecia tão errado e tão certo ao mesmo tempo, porque, se existe alguém que descobriu como triunfar sobre o medo e nos ensinou como fazer isso, esse alguém é Oprah. Além disso, se aquela era a minha única chance de realmente conhecê-la, eu queria que ela visse o meu eu verdadeiro e autêntico. É embaraçoso admitir quantas molduras diferentes comprei e experimentei até encontrar aquela que me parecesse mais perfeita para lhe dar. No dia anterior ao almoço, a mesa da minha cozinha deve ter ficado abarrotada, com mais de uma dúzia de molduras verdes. Ou não. Mas sem julgamentos, está bem?

Para mim, Oprah exemplifica a força de caráter que é possível alcançarmos na nossa vida. Antes de conhecê-la, ela já era a melhor professora que eu já tivera. E vou me atrever a adivinhar que sou a única aluna a ter presenteado esta professora com uma foto de um esquilo com testículos enormes.

Deus pode sonhar um sonho maior para você do que você jamais poderia sonhar para si mesmo. E o seu papel na Terra é conectar-se a essa força divina e se deixar levar por ela.

— OPRAH WINFREY

Oprah deixou de ser a minha mentora à distância para ser uma mentora na vida real. Por esse motivo, como acontece com todos os meus amigos e todas as pessoas que conheço, zelo muito pela privacidade. Portanto, não vou revelar quaisquer detalhes sobre o que aconteceu na casa dela naquele almoço.

Apenas vou contar que passamos algumas horas juntas, só nós duas. Não acredito que foi aleatório ou um acidente. Acredito que, de alguma forma, eu esteja predestinada a ser útil na vida dela. Ainda não sei como. O que sei é que, naquele dia, fui presenteada com a oportunidade de ver um exemplo do ser humano que me esforço para ser. Naquele dia, tive um contato direto com o tipo de força que busco ter. Conheci um exemplo real de uma mulher que sabe quem é. Que superou o desejo de agradar as pessoas e não pede desculpas por fazer tão somente o que deseja. Vi um exemplo de força de caráter multifacetada, que irá inspirar a me tornar tudo o que nasci para ser. Por isso, serei eternamente grata. E farei o meu melhor para retribuir, sempre que puder.

Naquele dia, enquanto nos despedíamos, Oprah me deu o seu número de celular e o seu e-mail. Desde então, trocamos mensagens virtuais, e ela até já chegou a fazer comentários francos e honestos sobre algumas das minhas entrevistas e aparições diurnas na TV. Até hoje, quando envio alguma mensagem de texto e vejo aqueles três pontinhos que aparecem na tela do celular, indicando que ela está respondendo, ainda fico nervosa.

Ainda acho que é a melhor coisa do mundo. Às vezes, faço até capturas de tela daqueles três pontinhos em ação, só para lembrar que aquele momento realmente está acontecendo. E ainda não consigo acreditar que está acontecendo. Todas as vezes.

VEZ POR OUTRA, olho para as coisas que aconteceram na minha vida e penso: "Não dá para inventar essas coisas. É como um filme. Não pode ser real." E, em outras ocasiões, sinto sobre a saúde os efeitos das centenas de horas de trabalho por semana durante anos e das cicatrizes da exaustão, e penso: "Sim, eu me esforcei muito para conquistar cada parte disso." Mas a verdade é que Deus colocou sonhos no meu coração, e a coisa mais certa que fiz foi ouvir e, depois, decidir acreditar que era possível.

Desde que eu era uma garotinha, sempre sonhei em conhecer Oprah. E decidi acreditar que, um dia, aconteceria. Quando temos grandes sonhos, uma das coisas mais fáceis que podemos fazer é nos convencer do contrário. Passamos a acreditar que milagres não existem. Começamos a sonhar menos e a nos acomodar mais. Decidimos que, se não tivermos muitas expectativas, não nos decepcionaremos. Se este for o seu caso, talvez hoje seja o dia de começar a sonhar novamente. De sonhar sonhos impossíveis. De sonhar sonhos do tamanho de Deus. Porque, afinal de contas, nas próprias palavras de Oprah: "Você se torna aquilo em que acredita."

CAPÍTULO DEZESSETE

Acredite em um poder maior do que você mesmo

Quando o medo bater à porta, deixe a fé atender.

— ROBIN ROBERTS

JÁ SENTIU UMA presença maior e mais poderosa do que você mesmo? Isso me aconteceu pela primeira vez enquanto eu trabalhava como repórter de TV, apurando uma matéria sobre um rancho de cavalos em Oregon. Passei três dias lá e nunca vou esquecer. Tratava-se de um rancho que recebia crianças e adolescentes que haviam sofrido abusos inimagináveis, e a maioria deles não falava sobre seus passados traumáticos. O rancho juntava as crianças com cavalos resgatados, e cada um também havia sido vítima de abusos e negligência. Depois que os trabalhadores do rancho apresentavam uma criança a um cavalo, eles se afastavam e deixavam os dois juntos. À distância, testemunhei crianças abrindo seus corações pela primeira vez e compartilhando suas dores com os cavalos. Havia crianças chorando enquanto abraçavam os animais, como se eles se entendessem por meio de um encantamento tácito e de uma completa união. Aquelas crianças que não falavam com adultos estavam conversando com cavalos em voz alta, em absoluta confiança. Um dos cavalos foi colocado com uma adolescente chamada Gloria. Eles tinham um vínculo tão forte, que, quando o cavalo se deitava no pasto, ela se deitava sobre dele e apoiava a cabeça na sua barriga. Eu nunca tinha visto nada parecido na vida. Ondas de sentimentos de estar conectada a uma presença muito maior tomaram conta de mim. Comecei a chorar. Deus estava ali. Ao ar livre, em um rancho de cavalos. Foi a primeira vez que percebi que Ele não precisa de uma igreja nem de um prédio específico para se manifestar. Deus é amor e está em todos os lugares.

No início deste livro, prometi compartilhar com você a história por trás da história. Aquela cujas manchetes não geram cliques. A jornada verdadeira, real, que você ama ou odeia, sobre como aprendi a acreditar em mim mesma, superar uma dor profunda, desenvolver uma empresa bilionária, conhecer algumas pessoas incríveis ao longo do caminho e construir a melhor vida possível no processo. Portanto, deixar de fora essa parte seria como separar o café do *latte*. Se estou certa de uma coisa, é do poder que tenho dentro de mim.

Quando se trata de fé, não estou aqui para mudar como você se sente. Independentemente disso, eu o convido para comer massa de biscoito direto da tigela comigo, beber vinho em canecas de café e ficar à vontade em nossos pijamas ou em macacões felpudos de animaizinhos, rindo à beça. Vou amar você, não importa o que a fé e a oração representem para você, ou, até mesmo, se nenhuma delas fizer parte da sua vida. Mas eu estaria privando-o da minha verdade se não compartilhasse o papel que a fé desempenhou na pavimentação da minha jornada. Durante muitos anos, confiei apenas em mim mesma para controlar o volante. Recorria a Deus apenas quando um pneu furava, e eu precisava de um sobressalente. Por muito tempo, não confiei Nele para assumir o volante e, em muitas ocasiões, nem acreditava que Ele existisse. Tudo mudou quando me libertei e confiei que Deus poderia assumir o volante. Juntos, já dirigimos para lugares muito além do que eu poderia imaginar.

Fui criada frequentando uma igreja luterana; íamos aos cultos quase todos os domingos. Talvez fosse apenas pelo fato de eu ser uma criança imatura, mas nada do que o pastor dizia ressoava em mim. Não conseguia me relacionar com aquilo e não compreendia muitas das palavras, ou a forma como as palavras eram usadas quando a Bíblia foi escrita. Durante a minha infância, os meus pais me obrigavam a sentar e ouvir o sermão completo todo domingo, mas não consigo me lembrar de uma única pregação que eu tenha entendido, ou que tenha tocado o meu coração. Normalmente, passava o tempo vasculhando os bancos da igreja em busca de garotos bonitos e contando os minutos para aquilo acabar.

Então, à medida que os anos foram passando, comecei a duvidar da existência de Deus. Já lhe contei como a Dra. Z me desafiou a desafiá-lo. Ela disse: "O que a faz pensar que Deus não consegue lidar com a dúvida?" e me encorajou a falar que eu duvidava Dele e a pedir uma contraprova. Esse conselho foi um dos mais poderosos que já recebi. Desde aquele dia, perdi a conta dos exemplos em que determinadas coisas transformaram a minha jornada e disseram em voz alta que eram coisas de Deus. Algumas delas, efetivamente, declararam isso em voz alta mesmo.

Lembra-se da apresentadora do QVC que descobriu o meu produto numa grande feira de beleza e disse à compradora do canal para me dar uma chance? Ela estava na emissora havia 17 anos e, logo depois que lancei a IT Cosmetics no QVC, deixou o emprego. Mantive contato com ela ao longo de vários anos. Um dia, do nada, liguei para saber como ela estava e para contar que éramos a maior marca de beleza da história do QVC. Agradeci-lhe por amar tanto o nosso corretivo a ponto de pedir à compradora para nos dar uma chance. Ela disse: "Querida, o seu corretivo é ótimo. Eu o uso todos os dias, mas não foi por isso que eu o mostrei à compradora do QVC." Ela continuou: "Eu estava caminhando pela enorme feira, e Deus me instruiu a ir até você naquele momento. Falou que eu precisava ajudar você, e foi isso que fiz. Ele me disse para fazer isso, e tudo o que fiz foi ouvir."

Uau! A resposta dela me provocou arrepios por todo o corpo. Acho que Deus estava ouvindo quando pedi para me *mostrar* que Ele existia. Aquele dia em que ela entregou o nosso corretivo para a compradora do QVC mudou o curso da minha vida para sempre.

Outro exemplo: quando recebi um envelope da FedEx e, dentro, havia uma carta da pastora Victoria Osteen. Na época, tinha me encontrado com ela apenas uma vez, brevemente, nos bastidores de um evento Noite da Esperança do qual participei, junto com dezenas de milhares de pessoas, para ouvir a própria Victoria e o seu marido, o pastor Joel Osteen, falarem. Muitos meses depois, para a minha surpresa, recebi essa carta. Era um lindo convite, perguntando se ela poderia me entrevistar no palco, como convidada especial da sua Conferência Anual de Mulheres, na Igreja Lakewood. Mais de 6 mil mulheres estariam presentes. Não fazia ideia de que ela se lembrava do meu nome e de que sabia que eu havia lançado uma empresa chamada IT

Cosmetics. Naquele momento, ainda éramos uma empresa muito pequena, eu não tinha nenhuma projeção pública e não era tão conhecida assim, nem mesmo no mundo da beleza. Além disso, nunca havia feito nenhuma doação para a Igreja Lakewood. Por e-mail, marcamos um horário para conversar ao telefone. Perguntei a Victoria por que ela estava me convidando.

Ela respondeu: "Deus colocou no meu coração a tarefa de entrar em contato com você e chamá-la para ser a minha convidada."

Assistir às mensagens e aos sermões dos pastores Victoria e Joel ao longo dos anos na TV me ajudou sobremaneira a enfrentar alguns dos momentos mais difíceis na IT Cosmetics e na vida. Mas eu nunca havia compartilhado isso com ninguém e, além disso, sempre percebi uma pressão implícita para manter reservadas, no mundo profissional, as minhas opiniões sobre fé. Senti uma ansiedade instantânea quando ela me convidou, porque eu nunca havia compartilhado em público nada tão pessoal como a minha fé. Tinha tanto respeito por Victoria e estava tão honrada com o convite, que precisei ser sincera com ela. Quer dizer, fui extremamente sincera. Disse que falar no palco da Igreja Lakewood, ao lado dela era algo que eu achava que apenas "uma cristã muito, muito boa ou perfeita" deveria fazer, e que eu não tinha certeza se estava qualificada para tanto.

Ela começou a rir, mas continuou me ouvindo gentilmente.

— Victoria, preciso lhe dizer a verdade: nunca li a Bíblia inteira — confessei. — E acho que as 6 mil mulheres que assistirão à conferência prefeririam ouvir alguém que já leu. Alguém que seja uma cristã muito melhor ou mais evoluída do que eu.

— Deus colocou no meu coração a tarefa de convidá-la por uma razão. As mulheres da minha plateia não querem apenas ouvir cristãs perfeitas, elas querem se inspirar em todos os tipos de mulheres — respondeu Victoria, calorosamente.

Embora eu estivesse com um pouco de medo, essa sensação logo se transformou em uma intuição de que eu deveria aceitar o convite. Então, concordei em participar. Quando coloquei os pés no palco, fui eu mesma, para o bem ou para o mal. Compartilhei a minha jornada em torno da fé — incluindo como havia duvidado daquilo tudo, enquanto ainda tentava estar aberta para que Deus se mostrasse de maneiras diferentes na minha vida.

Nunca esquecerei o momento em que, no meio da nossa conversa no palco, olhei para a plateia e vi, sentadas lá embaixo, chorando, várias amigas que eu havia convidado para o evento. Há muitas pessoas cujas lágrimas simplesmente fluem quando sentem a presença de Deus. Nem todas as amigas que levei naquele dia compartilhavam as mesmas crenças que eu, mas todas se emocionaram. Foi uma das experiências mais memoráveis da minha vida e, especialmente, da minha jornada no desenvolvimento da fé. Eu senti, em cada fibra do meu ser, que Deus não precisa que nos mostremos perfeitos, Ele só precisa que nos mostremos. Para Ele. E Ele fará o resto.

Aprendi mais de uma vez, especialmente na minha jornada de construção da IT Cosmetics, a verdade das famosas palavras de Oprah: "Deus pode sonhar um sonho maior para nós do que jamais poderíamos sonhar para nós mesmos." Sendo uma pessoa que enfrentou montanhas de rejeição e subestimação, povoadas por pessoas que não acreditavam em mim, mal consigo expressar as palavras seguintes sem me engasgar. Em 2020, logo após concluir o meu compromisso de permanecer três anos com a L'Oréal e me afastar do meu papel na empresa para começar o próximo capítulo da minha jornada, a IT Cosmetics se tornou, oficialmente, a empresa de maquiagem de luxo NÚMERO UM do país, de acordo com dados da NPD.[5] Isso significa que a minha marca se tornou maior do que muitas que admirei a vida toda, como MAC, Lancôme, Estée Lauder, Chanel e Clinique. Quando eu era garçonete no Denny's, costumava economizar o dinheiro das gorjetas para comprar batons da MAC e delineadores da Lancôme! E, anos depois, a empresa de maquiagem que criei na sala da minha casa era a mais vendida do país! COMO ASSIM?! Aquela pequena locomotiva, pilotada por uma mulher com um sonho, havia ultrapassado todas as outras. Tenho certeza de que, quando dizem que conquistei tudo isso sozinha, sei que é apenas uma parte da verdade. De fato, conquistei tudo isso em parte sozinha, mas sou feita principalmente por Deus. Assumi o compromisso de trabalhar mais do que eu poderia imaginar e de manter a fé. Deus fez todo o resto... o auxílio, as portas abertas, as portas fechadas, as conexões inesperadas, a graça para além da compreensão.

Se conquistei tudo sozinha? De fato, conquistei em parte sozinha, mas sou feita principalmente por Deus.

5 The NPD Group, empresa norte-americana de pesquisa de mercado e opinião pública. [*N. do T.*]

À MEDIDA QUE A MINHA JORNADA de fé foi evoluindo, comecei a me sintonizar cada vez mais com o que parecia certo para mim e consegui prestar mais atenção aos momentos em que Deus estava falando comigo. Não literalmente — eu nunca ouvi Deus falar de verdade. Mas eu descreveria como uma espécie de conhecimento interno. Como a voz calma e suave da nossa intuição e dos nossos instintos, que estão sempre certos. Senti a Sua presença dentro das igrejas que frequentei, como a Igreja Lakewood em Houston, Texas; a Igreja Mosaic em Hollywood, Califórnia; e outras. Senti a Sua presença nos ambientes mais simples, na natureza ou no brilho vindo dos olhos de outra pessoa. Conforme fui prestando mais atenção, passei a acreditar que Deus está verdadeiramente ao nosso redor, esperando que O vejamos e nos voltemos para Ele.

Já contei a história do quanto foi poderosa a presença divina ao longo da parceria com uma barriga de aluguel e a chegada da minha filha, Wonder. E como, embora inicialmente eu estivesse com muito medo, Deus deu a mim e a Paulo uma sensação de paz quando encontramos a mãe de aluguel, o seu marido e a sua família pela primeira vez. Por meio dessa jornada, ela e eu sentimos, de verdade, que trazer uma criança ao mundo juntas foi algo divinamente orquestrado.

Um ano após o nascimento de Wonder, continuamos a fazer parte da vida uns dos outros. Então, um dia, do nada, ela entrou em contato comigo e disse que, se quiséssemos ter outro bebê, adoraria repetir o processo. E que não conseguia se imaginar fazendo isso para mais ninguém. Depois de chorar como um bebê, Paulo e eu concordamos em tentar mais uma vez. E, um ano depois, conseguimos. Ao longo dos altos e baixos da gravidez, todos nós sentíamos a paz de saber que Deus estava no controle. Oramos juntos (especialmente para que, daquela vez, o médico realmente chegasse ao hospital a tempo de fazer o parto!) e nos consideramos muito abençoados por estarmos juntos naquela bela e pouco convencional jornada. Juntos, recebemos o nosso segundo filho neste mundo, o nosso Wilder. Ele é um menino muito doce, muito carinhoso e tem perninhas e bracinhos rechonchudos que não acabam mais, bem ao estilo do homem dos pneus Michelin!

AINDA HÁ QUESTÕES para as quais venho buscando uma firme orientação. Depois de vendermos a empresa que tínhamos passado anos construindo,

Paulo e eu tivemos de lidar com o preço que isso cobrou do nosso casamento, que foi colocado em segundo plano por mais de uma década. O vício no trabalho e a correria, assim como outras formas de dependência, nos anestesiam e nos afastam de nós mesmos. Eles acabam nos privando de realmente sentir, viver e experimentar emoções reais e autênticas. Percebemos que cada um tinha colocado toda a energia na empresa e que precisávamos reiniciar a jornada de descobrir quem éramos, como indivíduos e como casal. Hoje, nos damos conta de que perdemos o contato um com o outro enquanto construíamos a IT. Todos os dias, peço a Deus que nos guie nesse caminho de redescoberta e de cura.

O vício no trabalho, como qualquer outra forma de dependência, anestesia e afasta você de si mesmo.

Até hoje, mesmo tendo me tornado mãe, a minha tendência, muitas vezes, é priorizar o trabalho em detrimento da família. Quando recebo um telefonema de uma das muitas mulheres a quem ofereço mentoria, com um convite empolgante para dar uma palestra onde sei que posso servir e causar grande impacto, ou quando tenho uma reunião do conselho ou uma ligação de negócios, quero atender a essas coisas primeiro, mesmo que isso signifique perder um evento familiar importante — até hoje, *ainda*. Então, oro por orientação e correção, e peço que Deus me dê força também nesse aspecto. Agora que sou mãe, sinto ainda mais admiração pela força necessária para ser mãe. Claro que é um estado repleto de muitas bênçãos e tudo vale a pena, mas o que posso afirmar, com certeza, é que fui CEO de uma empresa bilionária e sou mãe — e posso afirmar que ser mãe é mais difícil.

Fui CEO de uma empresa bilionária e sou mãe. Ser mãe é mais difícil.

E, FALANDO EM PARENTALIDADE, aprendi que, quanto mais eu peço a Deus que se manifeste para mim, mais Ele se manifesta. Às vezes, das maneiras mais potentes e inesperadas. Por exemplo, eu ainda não sei quem ele é. Mas também sei. O que quero dizer é algo muito pessoal, mas talvez, assim como eu, você também não saiba quem é o seu pai biológico. Ou, talvez, não goste de quem é o seu pai. Ou, ainda, não tenha um pai ou uma mãe amorosa. Ou tenha um pai que o magoou. Ou que não mereça ser o seu pai. Ou haja algum ponto de interrogação ou lacuna na sua vida que você não sabe como preencher. Não saber quem é o meu pai doeu por muitos e muitos anos. Foi difícil conhecer a minha mãe biológica e entender que ela não poderia me ajudar a encontrá-lo. Eu pensava: "Como assim, você não se lembra do nome dele? Como isso é possível?" Passei anos, mesmo depois de tê-la conhecido, fazendo buscas on-line por ele, usando todas as informações possíveis que ela compartilhasse comigo. Voltei à biblioteca da UCSB para pesquisar nos anuários, só para o caso de encontrar algum rapaz que se parecesse minimamente comigo. Sempre que aparecia um homem na TV com características que lembravam as minhas, eu pesquisava a sua história no Google para descobrir se ele tinha frequentado a UCSB. Como diz a expressão popularizada por Troy Dunn, eu sentia que nunca teria paz até juntar todas as peças. Cheguei até a enviar a minha saliva para aquelas empresas de correspondência de parentesco por coleta de DNA, como 23andMe e Ancestry, mas ainda não encontrei nenhuma correspondência para o meu pai biológico nem para os seus parentes diretos. Passei inúmeras noites procurando por ele. Às vezes, ainda faço isso.

Uma noite, ficou tão angustiante, que solucei de tanto chorar. Orei a Deus para me livrar daquela obsessão, porque, após todo aquele tempo, ela estava me causando muito sofrimento. Então, foi como se Deus tivesse aparecido para mim e me atingido em cheio. De repente, tudo fez sentido para mim. Eu já conhecia o meu pai. Deus é o meu pai. Posso não saber quem é o meu pai nesta Terra, mas sei quem é o meu VERDADEIRO pai. Naquele momento, soube que não havia sido esquecida. Naquele momento, soube que Deus havia me criado de propósito. E que, embora eu fosse apenas uma doce menininha entregue para adoção, o meu criador, o meu VERDADEIRO pai, sabia quem eu era. Ele havia colocado a Sua marca em mim: marcada para a grandiosidade. Marcada como valiosa. Marcada como merecedora (a propósito, Ele colocou essa mesma marca em você também!). De repente, eu soube e senti tudo isso. E, naquele momento, comecei a me curar.

Talvez ainda não conheça todas as partes que fazem de mim aquilo que eu sou, mas sei DE QUEM eu sou. Sei quem é o meu verdadeiro pai. Sei que Ele me criou *de* propósito e me preencheu *com* um propósito. Sei que não sou perfeita e cometi muitos erros na vida, mas não acredito que Deus queira se manifestar para pessoas perfeitas. Acredito que Deus se manifesta para as pessoas imperfeitas que O amam e O buscam. E, por fim, embora ainda não tivesse juntado todas as peças, finalmente eu tinha encontrado a paz.

SE VOCÊ SE SENTE como me senti por muitos anos, se duvida de Deus ou da existência de um poder maior e se isso é algo que você quer mudar ou com o qual não se sente bem, então talvez você queira tentar o que eu tentei. Diga a Deus que está duvidando da existência Dele e peça que Ele prove que você está errado. Em seguida, esteja aberto a vê-Lo das formas mais inesperadas. Algumas grandes, e outras bastante simples e sutis. Embora isso possa não acontecer da noite para o dia, prepare-se para assistir ao que acontecerá na sua vida quando começar a procurar por uma manifestação de Deus. Se for a primeira vez, ou a primeira vez em muito tempo, que estiver se abrindo para avaliar o papel da fé na sua vida, tenha um pouco de boa vontade consigo mesmo. Como diz Tony Robbins: "A fé não utilizada não se expande, ela encolhe", e a boa notícia é que, independentemente do seu ponto de partida, você logo estará entrando numa temporada de expansão.

Abrir a sua mente e o seu coração para um poder maior pode assumir configurações diferentes para pessoas diferentes. Algumas meditam ou mantêm uma prática espiritual, oram em silêncio ou dançam e oram em voz alta. Acredito que não haja uma maneira certa ou errada de orar; a maneira certa é a que for certa para você. Quando algo lhe parecer certo, seria possível optar por transformar isso em uma prática regular. Quase todos os dias, eu oro para que Deus traga as pessoas certas para a minha vida e afaste as erradas. Confiar nisso ajudou a aliviar a dor pela perda de alguns colaboradores para concorrentes. Em todos os casos, mesmo que eu estivesse preocupada por não saber o que fazer sem eles, acabamos encontrando alguém ainda mais forte para desempenhar as suas funções. Essa pode ser uma excelente oração se você estiver no mundo dos encontros amorosos, procurando novos amigos ou avaliando as pessoas de quem pretende se cercar. "Deus, por favor, traga as pessoas certas para a minha vida, e afaste as erradas." É uma oração muito simples, mas tem sido uma das mais poderosas para mim. Outra que adoro é "Que a Sua vontade perfeita seja feita". Especialmente quando as coisas não estão indo do jeito que quero, aprendi o quanto é importante confiar no tempo de Deus, tanto nos momentos em que as portas estão abertas quanto nos momentos em que estão fechadas. Quanto mais me sintonizo para confiar Nele, mais forte e mais precisa fica a minha intuição.

Pare de esperar por um plano; apenas ame a todos.

— BOB GOFF

Se estiver apenas dando início à jornada do desenvolvimento da fé na sua vida, ou, quem sabe, reiniciando essa jornada, o meu melhor conselho é que você saberá o que é certo para si mesmo quando sentir que é o certo. Lembre-se de que não dá para fingir autenticidade. Não tenha medo e não se preocupe com a possibilidade de se confundir. Você pode tentar ler livros diferentes, incorporar uma prática espiritual ou visitar diferentes igrejas. Você saberá, no fundo da alma, se aquilo lhe parecer certo. Mas, aonde quer que chegue, acredito que ter fé em um poder maior — pode chamá-lo de Deus, Amor, Criador ou o Universo; para mim, esse nome é Jesus — é a única maneira de realmente nos sentirmos conectados como seres humanos a toda a humanidade, a única maneira de saber que nossa vida é divinamente orquestrada. E acredito que, se não tivermos uma base espiritual para nos apoiar, podemos nos perder com facilidade. Se eu não tivesse descoberto isso, nenhum dos meus sucessos teria acontecido da maneira como aconteceu, e não me sentiria conectada à vida e aos outros (a você) como me sinto.

Entenda: eu não tenho todas as respostas. A definição geral de fé, *acreditar em algo que não se pode ver*, significa que nenhum de nós tem as respostas. Mas tenho um profundo entendimento de que Deus nos ama como somos, e de que não precisamos mudar para sermos amados por Ele. Tenho mais falhas do que sou capaz de contar. Tenho uma fé sólida, mas também falo palavrões (em alguns dias, como um marinheiro). Às vezes, eu me desvio do caminho e passo dias, semanas ou até meses sem orar. Às vezes, a dúvida ainda invade a minha mente. Ainda não li a Bíblia inteira. E, mesmo assim, sei, no fundo da alma, que Deus me ama. Dentro do meu coração, acredito que Deus nos ama, sejamos jovens ou velhos, gays ou heterossexuais, ou qualquer outra coisa. Acredito que Ele nos ama, independentemente de onde estejamos no espectro de gênero. Acredito que Ele nos ama apesar de como nos sentimos em relação ao último debate político, ou da nossa posição nas questões mais controversas. Ele está pronto para nos amar, não importando erros passados ou se O encontramos dentro de um prédio, numa trilha ou no brilho dos olhos de um bebê.

Se Deus quisesse que todos nós fôssemos iguais, ou que todos nos encaixássemos em alguma definição de perfeição, teria nos criado todos iguais e perfeitos. Mas Ele não fez isso. Acredito que fomos criados com a intenção de vivermos uma jornada de descoberta, de crescimento, de superação de adversidades, aprendendo a servir aos outros, aprendendo que estamos todos conectados, aprendendo a nos desfazer de julgamentos, aprendendo a amar uns aos outros incondicionalmente e a confiar Nele. Talvez você seja como fui durante muito tempo e sinta que é muito imperfeito ou que cometeu muitos erros para ser digno de ter um relacionamento com Deus, ou para ser digno de orar e pedir a Ele que se manifeste na sua vida. Se você se sente assim, quero que saiba que não está sozinho. E nunca é tarde demais. Repito: não acredito que Deus se manifeste apenas para as pessoas "perfeitas"; acredito que Ele se alegra mais em se manifestar para as pessoas imperfeitas que O amam e O buscam.

Deus se manifesta para as pessoas imperfeitas que O amam e O buscam.

"Você foi rejeitada." "Você foi demitida." "Seu corpo não é bonito." "Você não é o que estamos buscando." "Isso é um NÃO. É um NÃO. NÃO NÃO NÃO NÃO NÃÃÃÃÃÃÃÃÃÃO!" Estas foram as palavras que inúmeras pessoas me disseram. Mas estas não são as palavras que Deus diz sobre mim. Nem sobre você. Não deixe que ninguém lhe diga quem você é. Isso é entre você e Deus. Peça força nos dias em que se sentir assoberbado de dúvidas ou de ansiedade. Então, lembre-se de que você foi feito com toda a força de que precisa. Peça amor nos dias em que se sentir sozinho. E lembre-se de que Ele o criou para que você seja amado e digno e merecedor de um amor abundante. Quando estiver inseguro sobre o seu corpo, peça que o ajude a confiar nesse corpo com a mesma confiança que Ele teve ao criá-lo. Acredito que Ele lhe dirá que o fez perfeitamente, nas proporções exatas, e que tem orgulho dos furinhos nas nossas coxas tanto quanto nos orgulhamos das covinhas nos rostos dos nossos filhos.

Acredito que Deus está olhando para você neste momento, dizendo: "Uau, ela é linda. Minha perfeita criação. Eu lhe dei todas essas coisas que ela percebe como falhas, mas gostaria que ela soubesse que foi feita à minha imagem." Como um pai orgulhoso que se alegra com os talentos e os dons do filho, Ele vê cada movimento que você faz como um passo na direção de quem você foi criado para ser. Na verdade, acredito que Ele está radiante de orgulho porque VOCÊ é a menina dos olhos Dele. Acredito que Deus está vendo você ler este livro, observando-a se desafiar a se tornar a mulher que Ele a convocou para ser, e Deus está com o maior sorriso no rosto, assim como os pais sorriem quando veem o bebê dar os primeiros passos. Acredito que Ele lhe dirá que não comete erros. Que nos fez à imagem e semelhança. Que nos fez a partir do amor, no amor e por amor.

Você pode ter sido subestimado repetidamente pelos outros, e inclusive por si mesmo, mas até nos momentos em que diz "Não sou suficiente", acredito que, se perguntar a Deus, Ele lhe dirá que você é *mais do que suficiente*, e que já possui tudo de que precisa dentro de si. Independentemente de como você encare a fé, as palavras a seguir tiveram um papel transformador sempre que me senti tentada a me subestimar ou a me desqualificar. Se você fica inseguro ou se considera desqualificado para ir atrás do seu sonho ou do seu chamado, estas célebres palavras podem ter um efeito transformador para você também: "Deus não chama os qualificados... Ele qualifica os chamados."

Se você tem um sonho no seu coração do qual não consegue abrir mão, para mim isso é um chamado. E, se tem um chamado, acredito que a frase "Deus não chama os qualificados... Ele qualifica os chamados" significa, portanto, que você já está qualificado. Já nasceu com tudo de que precisa dentro de você. E acredito que uma das nossas maiores jornadas nesta vida é aprender a acreditar nisso por nós mesmos.

CAPÍTULO DEZOITO

Acredite que você é suficiente...

A viagem mais longa que o ser humano pode fazer tem apenas 45 cm, e é aquela que vai da cabeça até o coração.

— ANÔNIMO

OPRAH TINHA ME dado seu número de celular pessoal e me convidado a ligar para ela há quase três anos. Eu não liguei uma única vez. Nós trocamos mensagens de texto e e-mails, mas nunca realmente liguei para ela. Você deve estar pensando: "Como assim? Por que não? Você é louca!" Bem, quer saber por quê? Demorei um tempo para entender a razão, mas, quando entendi, não fiquei nem um pouco orgulhosa.

Não liguei porque, lá no fundo, ainda existem partes de mim que não acham que sou suficiente e merecedora de verdade. Ainda não consigo receber plenamente. E, mesmo que eu saiba, com todo o meu ser, que ela, ou qualquer outra pessoa, seria muito abençoada em ser minha amiga (sou uma amiga muito protetora, leal, gentil, empática, generosa e incrível, o tipo de pessoa que genuinamente quer o melhor para os outros), ainda há algo no meu âmago que não está convencido de que sou digna o suficiente de ligar para ela. Ainda não sinto que a minha vibração seja alta o bastante para estar no mesmo ambiente que o dela. É uma narrativa interna que, de alguma forma, inventei e que preciso resolver. Porque sei que não é verdade. No entanto, ao mesmo tempo que sei, ainda não aceitei. Não ligar para Oprah é apenas um sintoma de um problema maior. Esse profundo sentimento de não ser suficiente também se manifesta em outras áreas da minha vida, incluindo a batalha contra o peso e a alimentação emocional. Confessar que ainda luto contra o sentimento de não ser suficiente talvez seja profundamente surpreendente vindo de uma CEO e/ou de uma autora que escreveu um livro cuja temática é a necessidade de acreditar em si mesma. Embora eu tenha conseguido superar várias crenças limitantes em muitas áreas da vida, algumas ainda persistem. Quero compartilhar isso, caso você se enxergue na minha história. Se for o caso, espero que ambos estejamos em uma jornada de cura. A jornada para a verdadeira constatação de que somos suficientes exatamente como somos.

A melhor descrição dessa autodepreciação e dessa luta contra a autoconfiança é que todos nós temos uma crença profunda sobre o nosso valor e, sempre que alcançamos algo que esteja *acima* do que achamos que merecemos, tendemos a sabotar essa conquista. Da mesma forma, sempre que nos é dado algo que esteja *abaixo* do que acreditamos merecer, encontramos uma maneira de valorizar isso. Muitos professores e líderes inovadores usam uma interessante analogia: imagine um cenário em que todos nós tivéssemos um termostato automático. Pense em como funciona um termostato — imagine um cômodo na sua casa, com um termostato que você configura para 23 °C. Quando o cômodo fica muito quente — digamos que a temperatura suba para 26 °C —, aquele termostato entra em ação e o ar-condicionado é ligado, fazendo com que a temperatura volte para 23 °C. Se o cômodo ficar muito frio — digamos que a temperatura caia para 20 °C —, o termostato também entra em ação: o aquecedor é ligado e a temperatura sobe novamente para 23 °C. Aquele número que você definiu no termostato é o que mantém a temperatura do cômodo no nível estabelecido por você.

Agora, imagine que a sua autovalorização, ou aquilo de que acredita ser merecedor e digno, funcione como um termostato. Você o configurou em um determinado número, percebendo isso ou não. Aquele número é o nível que você estabeleceu subconscientemente como o seu valor. Então, digamos, por exemplo, que você se sinta confortável com 24 °C. Aí, coisas maravilhosas começam a acontecer, como seguir um plano de alimentação saudável e entrar em forma, ou tirar um A em um trabalho escolar (quando você se define como um aluno C), ou sair com uma pessoa que trata você muito bem. Vamos dizer que o que está acontecendo faz você se sentir a 29 °C, mas você se sente desconfortável nessa temperatura, pois ela está fora do padrão e do que você acredita ser o seu valor; sendo assim, você se sente compelido a maneirar a situação e trazê-la de volta para 24 °C. Retorna aos hábitos não saudáveis. Tira um C no trabalho escolar seguinte. Decide ver aquela pessoa legal apenas como um amigo.

O oposto também é verdadeiro. Talvez um caos completo irrompa em determinada área da sua vida, ou você deixe de frequentar a academia por algumas semanas, indo contra um hábito diário e bebendo, por alguns dias seguidos, muito mais do que o habitual. Ou talvez se veja espalhando fofocas sobre alguém e se sinta mal por isso. Em todos esses casos, sente a temperatura despencar e sabe que merece ser melhor. Então, o seu termostato entra em ação. Você para de se comportar nessa zona mais baixa de temperatura. Corrige o erro, aumentando a temperatura da sua autovalorização e da sua vida novamente, fazendo-a voltar ao patamar que você acredita que lhe é devido. Você consegue se ver em alguma dessas situações?

Identificar essa tendência, juntamente com todas as lições e aprendizados que compartilhei com você neste livro, me possibilitou, muitas vezes, equalizar a minha própria autovalorização. Isso me permitiu aumentar e operar em uma temperatura ou em uma vibração mais altas em várias áreas da vida e de forma permanente. Nas belas palavras do futurista, especialista em criatividade e autor Erwin Raphael McManus: "É menos importante saber quem você é do que saber quem você está se tornando."

Manter promessas para mim mesma, bem como o árduo trabalho de me conscientizar do meu crítico interior e silenciá-lo, também têm sido fundamentais. Sabe aquela voz de autodepreciação dentro da nossa cabeça que basicamente nos conta mentiras o dia todo, dizendo que não somos suficientes? Aquela voz que diz coisas como: "Você é uma mãe ruim", "Você não é inteligente o suficiente", "O seu corpo não é bonito o suficiente", "Você não merece coisa melhor do que ele", "Se for embora, vai acabar sozinha", ou "Você não é talentosa o suficiente para pedir uma promoção ou um aumento". Se não detivermos o crítico interior a tempo, começaremos a acreditar nas mentiras que ele diz. E, quando essas mentiras se enraízam como crenças sobre nós mesmos, elas podem destruir a nossa autoconfiança e afetar verdadeiramente todas as áreas da nossa vida. Para muitos de nós, o relacionamento com esse crítico interior é o mais tóxico que teremos na vida. Precisamos controlá-lo. Nossa narrativa interna, especialmente no que diz respeito ao que dizemos a nós mesmos sobre nós mesmos, precisa ser a nossa maior aliada, porque, no fim das contas, somos quem dizemos a nós mesmos que somos.

Quando penso sobre a minha jornada até aqui, sei que essa profunda sensação de não ser suficiente foi a razão pela qual fiz coisas como permanecer em alguns relacionamentos tóxicos por muito mais tempo do que deveria. Tive de me empenhar para mudar isso. Foi por isso que, no passado, mantive certas amigas ao meu redor, mesmo que elas se dedicassem a fofocas ou não fossem generosas. Trabalhei duro para elevar a minha própria temperatura e fazer novas amizades. Ter estabelecido uma temperatura baixa na área do abandono me ajuda a entender por que sempre fui tão lenta para demitir colaboradores tóxicos. Também trabalhei arduamente para superar e mudar isso.

Tento interromper os meus pensamentos a tempo e controlá-los. Fazer essas coisas, juntamente com uma boa dose de boa vontade, determinação e fé em Deus, me permitiu estar aberta a receber coisas incríveis. Mudei a minha perspectiva sobre a rosácea. Deixei de ser insegura quanto a isso, passando a elevar a minha própria temperatura e a acreditar que era uma dádiva que eu havia recebido. Acredito, de forma efetiva e verdadeira, que a minha rosácea é bonita, além de um presente capaz de empoderar outras pessoas. Mudar o que eu pensava sobre o assunto e me inspirar a mudar o modo como outras mulheres enxergam a própria beleza transformou a minha vida. Isso despertou a ideia para a minha empresa, uma linha de maquiagem prática, fácil de usar, que se assemelhava a uma pele real nos dias em que a utilizamos... e com a mensagem de que o seu verdadeiro eu continua bonito nos dias em que não se tem vontade de usar maquiagem. Acredito mesmo nisso, e foi por isso que funcionou. Acreditar que eu merecia pertencer às prateleiras da Sephora, da ULTA Beauty e do QVC foi como consegui me levantar todas as vezes depois de ouvir um *não* que me derrubou. Decidir e acreditar que eu era digna de criar uma empresa bilionária teve um papel preponderante no fato de ter conseguido realizar isso.

Mas, enquanto escrevo estas linhas, ainda tenho um longo caminho a percorrer. Cada dia é um processo em que me esforço para continuar elevando a temperatura do meu termostato nesta jornada para me tornar a pessoa que Deus me criou para ser.

Eu ainda luto diariamente para aumentar essa temperatura em algumas áreas. Foi por isso que larguei todos os planos de alimentação saudável que comecei. É por isso que recorro à comida todas as vezes em que não estou disposta a encarar meus sentimentos. É por isso que ainda luto para amar e aceitar o meu corpo. Uma das minhas inúmeras metas é usar um biquíni em público, exibir o meu corpo enquanto mostro orgulhosamente as minhas celulites, sem que isso se transforme em mais um motivo de hesitação. Mas ainda não cheguei lá, e isso me deixa irritada. Quer dizer, como posso ser a CEO de uma marca que inspira mulheres e, ainda assim, ter inseguranças sobre usar biquíni? Eu sou a *última* pessoa no mundo que *jamais* julgaria, ou se importaria, ou até notaria a aparência de outra pessoa em um traje de banho e, mesmo assim, estou me julgando por isso, em vez de focar as lições que quero ensinar à minha filha sobre autoconfiança e de me concentrar em como sou abençoada por ter um corpo saudável e com mobilidade. Quer dizer, é sério, isso precisa acabar! A vida é curta demais!

Aprendi que é preciso abrir mão de certas coisas e estou careca de saber o quanto essas coisas podem parecer ridículas, mas também aprendi que a única maneira de mudá-las é elevar a minha temperatura interna para acreditar que sou suficiente e valorosa exatamente como sou. A única maneira de mudá-las é mudar o que acredito ser verdade sobre cada uma delas e me esforçar para vencer o meu crítico interior. Estou me dedicando de verdade a isso e sei que terei sucesso. Conforme for obtendo uma compreensão mais profunda de como mudar essas crenças limitantes sobre mim mesma, prometo que continuarei compartilhando o que está funcionando na minha jornada.

Embora ainda não tenha conseguido ligar para Oprah, eu enviei-lhe uma mensagem de texto (enquanto orava como louca) para informá-la de que havia escrito o primeiro rascunho do meu livro, perguntando se ela se incomodaria de lê-lo e me dar a sua opinião sincera. E ELA DISSE SIM!!! (Não consigo nem explicar quantas vezes reli a resposta dela. Talvez eu a transforme, até, em um grande pôster para colocar na parede… será exagero?) Entreguei o manuscrito e, alguns meses depois, ela me enviou comentários e observações por escrito. Isso foi tão útil, e me deu uma grande paz receber o aval dela sobre as histórias que compartilhei a respeito dela neste livro. Também fiquei muito feliz em saber que Oprah achou superengraçadas as inúmeras molduras de esquilos destemidos sobre a minha mesa. Então... estou no seguinte ponto: um dia, *ligarei* para Oprah e, quando fizer isso, espero não ficar surpresa quando ela atender. Mas o meu objetivo final é chegar a esse dia sabendo que, mesmo que ela não atenda, não importa o que aconteça, isso não abalará em nada a crença de que sou suficiente.

ESTE LIVRO NÃO É uma história de puro sucesso, mas é uma história real. Sou um trabalho em andamento. Embora ainda não seja o ser humano que quero ser, já percorri um longo caminho e continuo me esforçando para me tornar essa pessoa todos os dias.

Antes de você terminar de ler, gostaria que tentasse uma coisa comigo. Primeiro, reserve alguns momentos para pensar sobre todos os obstáculos que superou para chegar aonde está agora. Todas as dificuldades que venceu. As batalhas que enfrentou e as cicatrizes que adquiriu. Histórias de amores perdidos e conquistados, histórias de sofrimento e de bênçãos. Pense nas vitórias, nos momentos em que encontrou força para superar o medo e naqueles em que escolheu o amor. Pense no quanto chegou longe e no quanto é forte. Tudo isso é prova de que você é um milagre em movimento. Agora, coloque a mão sobre o coração e agradeça-o por bater por você ao longo de todos esses anos. Sinta-o batendo por você agora e agradeça. Neste exato momento, ele está se manifestando. Novamente e novamente. Ele suportou mágoas durante os seus piores momentos e se acelerou durante os seus melhores momentos. Ele continua batendo por você, dando-lhe uma chance após a outra para se preencher e preencher o mundo com amor. Ele nunca falhou com você. Ele sempre se manifesta. Reserve um momento para agradecer ao seu coração que bate e agradecer à sua alma que o guia. Em seguida, olhe para o céu com um grande sorriso no rosto. Então, ainda sorrindo, feche os olhos. Visualize a sensação de energia total e de alegria absoluta enquanto faz circular, por todo o seu corpo, a verdadeira crença em si mesmo. Sinta isso por alguns minutos. Você pode chamar isso de meditação ou de oração, o que lhe parecer mais correto. Reserve alguns minutos para se acalmar e continue a expressar apreço pelo tanto que caminhou, pelos desafios que enfrentou e pelos obstáculos que transpôs. Acredito nas célebres palavras: "O que você aprecia, aprecia você de volta." Por isso, aprecie a SI MESMO. Você é um milagre da vida real e uma força que vive para o bem. O poder de acreditar sempre esteve dentro de você — acreditar não apenas em si, mas também no poder dos seus sonhos mais loucos. Deus colocou esses sonhos dentro de você e o criou com tudo de que precisa para atender a esse chamado. Está tudo dentro de você. Imagine, verdadeiramente... e se, neste momento, você já tiver tudo de que precisa para realizar os seus sonhos mais loucos? Tendo ou não, imagine o que aconteceria se, de qualquer maneira, você acreditasse?

Imagine o que aconteceria se, de qualquer maneira, você acreditasse.

MUITAS PESSOAS ME perguntam como iniciei um negócio com apenas uma ideia, com quase nenhum dinheiro, na minha sala de estar, e o fiz crescer até se tornar uma empresa bilionária. Trabalhei muito, muito mesmo, e não desisti, mas a coisa mais importante que fiz... foi acreditar que conseguiria. Decidi acreditar nisso, independentemente do que os outros dissessem e de quantas vezes os especialistas duvidavam. Decidi acreditar que pertenço — às lojas de beleza, à indústria da beleza, às páginas das revistas, ao cargo de CEO, à TV, e à minha própria pele — e, mesmo que, ao nascer, eu tenha sido entregue para adoção, decidi acreditar que fui colocada nesta Terra de propósito e com um propósito. A rejeição vem sob inúmeras formas, e quase sempre dói quando acontece, mas acredito que a rejeição foi a maneira que Deus encontrou de nos tornar fortes o suficiente para, um dia, podermos lidar com o peso dos nossos maiores sonhos se tornando realidade.

Trabalhei muito, muito mesmo, e não desisti, mas a coisa mais importante que fiz... foi acreditar que conseguiria.

Então, digo que está na hora. Está na hora de acreditarmos em nós mesmos da mesma maneira que Deus acredita em nós. Da mesma maneira que acreditamos nos nossos bebês quando estão prestes a dar seus primeiros passos. É hora de pegar essa fé, essa confiança e essa alegria desinibidas que ofertamos com facilidade aos outros e oferecer tudo isso a nós mesmos.

Foi, verdadeiramente, uma honra compartilhar com você algumas das maiores lições da minha vida neste livro. Lições que aprendi às vezes do jeito mais difícil. Acreditar no poder da própria intuição. Acreditar que você é mais poderoso do que os seus oponentes, incluindo as meninas malvadas, e que o equilíbrio é uma mentira. Acreditar no poder do próprio microfone, em saber como utilizá-lo, a quem entregá-lo e o volume quais pessoas é necessário diminuir. Acreditar no poder do seu PORQUÊ e lembrar que a autenticidade é o seu superpoder. Acreditar nas outros quando mostram quem realmente são, ser corajoso e saber que os *haters* são apenas apoiadores confusos. Acreditar no poder de vivenciar os seus valores e valorizar o poder de pedir aquilo de que precisa. Acreditar que a vida não foi feita para ser vivida sozinha, e saber que o lugar de onde você vem não determina para onde você vai. Acreditar em dar o que mais precisa e, então, assistir maravilhado ao modo como isso chega até você com toda a força. Acreditar em milagres, acreditar que você é mais do que suficiente e, claro, acreditar na Oprah! Acreditar no poder de deixar a sua luz brilhar e, mais do que tudo, acreditar que um poder maior do que você já lhe deu tudo de que precisa, e está dentro de você.

Ficam aqui a minha oração e o meu desafio para que você ouça o que, lá no fundo, já sabe ser verdade sobre quem é e quem nasceu para ser. Então, de todo o coração, sem inventar desculpas, com uma entrega imensa, ousada e indomada, e com cada parte do seu ser, que você comece a acreditar plenamente no poder que está em você, que é seu e que é VOCÊ. Estamos todos juntos nisso, e é uma honra compartilhar esta vida em comunhão com você. Eu amo você. Você é digno das suas maiores esperanças, dos sonhos mais loucos e de todo o amor incondicional do mundo. **Acredite nisso.**

Amor e bênçãos,

Sua irmã (de alma… embora, tecnicamente, isso ainda esteja para ser definido).

Jamie

AGRADECIMENTOS

A criação deste livro não teria sido possível sem o amor, a contribuição e o estímulo de muitas pessoas. Paulo, obrigada por todo o seu apoio, especialmente nos dias em que comi Lucky Charms descontroladamente, chorando enquanto escrevia a minha história pela primeira vez. Obrigada por ser o meu parceiro no amor e na vida... Uau, que jornada até agora! A Wonder e Wilder, oro para que cresçam acreditando na potência bela e autêntica que vocês são, exatamente como Deus os criou. Agradeço a amigos e familiares, mencionados nas histórias deste livro, e muitos, muitos outros que não foram citados, mas que também merecem agradecimento por fazer parte da minha história, da minha força, do meu caráter e do meu coração. Valorizo cada um de vocês e sou grata por ter a dádiva de compartilhar a vida ao lado de vocês. Obrigada por me amarem. Eu amo vocês.

Este livro é o resultado de muitas pessoas que demonstraram sua crença em mim por meio do presente mais precioso que eu poderia pedir: um pouco do seu tempo. Gostaria de agradecer, especificamente, às seguintes pessoas pela mentoria, liderança, amizade e torcida por mim e pelo meu desejo de que esta obra toque o maior número possível de vidas: obrigada, Brendon Burchard. Eu poderia escrever um livro inteiro apenas sobre as maneiras pelas quais você me ofereceu apoio, sabedoria e encorajamento. Obrigada, Oprah Winfrey, pela bênção do seu tempo, pelos seus comentários sempre sinceros e pela sua inestimável orientação. Um agradecimento especial a Bob e Maria Goff, Erwin e Kim McManus, Glennon Doyle, Robin Roberts, Victoria e Joel Osteen, David Bach, Sara Blakely, Chrissy Metz, Mel Robbins, Ellen DeGeneres, John Maxwell, Tony e Sage Robbins, Dean e Lisa Graziosi, Jenna Kutcher, Jay Shetty, Jon Gordon, Joel Marion, Trent Shelton, Natalie Ellis, Danielle Canty, Jim Kwik, Randy Garn, Mel Abraham, Lisa e Tom Bilyeu, Craig Clemens, Sarah Anne Stewart, Christy Wright,

Mally Roncal, Miles Adcox, Rory e AJ Vaden, Margaret Riley King, Lewis Howes, Russell Brunson, Lori Harder, Amy Porterfield, Gloria Williams, Donald Miller, Lisa Bevere, Alison Prince, Alli Webb, Anthony Trucks, Pete Vargas, Prince EA, Evan Carmichael e todos os meus amigos incríveis da The PR Beach Gang, que apoiaram este livro de maneiras que eu nunca poderia imaginar. E um agradecimento especial à minha matilha: Jacquie, Lia, Des, Dana, Denise e Natasha. Aos muitos, muitos outros amigos que são numerosos demais para listar aqui, e que me apoiaram enquanto eu escrevia este livro, obrigada por incentivarem e compartilharem ideias, inspiração, contatos, conselhos, endossos, orações e, acima de tudo, obrigada por acreditar em mim.

A criação e o lançamento deste livro só foram possíveis graças a uma verdadeira equipe dos sonhos. Obrigada a Dupree Miller, especialmente Jan, Nena, Lacy e Shannon, por terem me sugerido, há muitos anos, escrever um livro. Obrigada por acreditarem, já naquela época. Obrigada, Sarah Witt e Holly Quillen, por se desdobrarem e por apoiarem a mim e a este livro de infindáveis maneiras. Obrigada, Hilary Liftin, por seu talento abundante e pela parceria. Obrigada, Daniel Decker, pelo aconselhamento e por sua experiência.

Obrigada à minha editora, Lauren Spiegel, por suas intuições, pela visão, liderança e parceria, e por seu talento. Obrigada a toda a equipe da Gallery Books e da Simon & Schuster pela crença em mim e neste livro, incluindo Jen Bergstrom, Aimee Bell, Jen Long, Sally Marvin, Jessica Roth, Bianca Salvant, Eliza Hanson, Caroline Pallotta, Alysha Bullock, Davina Mock-Maniscalco, Mike Kwan, Lisa Litwack, John Vairo, Susan Fissell, Rebecca Strobel, Edward Klaris e Chelsea McGuckin.

Obrigada à minha família da IT Cosmetics. Há muitos de vocês para nomear individualmente, mas essa empresa não teria sido possível sem cada um. Não passa um dia em que eu não pense em como sou abençoada por ter uma equipe muito mais inteligente e talentosa do que eu, e com um coração tão grande. Nos primeiros anos, vários de vocês deixaram empregos muito mais seguros para se arriscar nesta pequena empresa com grandes sonhos de impactar vidas em todo o mundo. E nós conseguimos! Vocês conseguiram! Obrigada pela paixão, pelo compromisso, pelo talento e pela construção de algo muito maior do que nós mesmos. O que começou como um sonho e o nome "IT", que significava Tecnologia Inovadora, passou a significar muito mais para nossos milhões de IT Girls e IT Boys ao redor do mundo. Um agradecimento especial a todos da minha família e da família de Paulo, pelos anos em que entraram em cada loja perguntando ao gerente se tinham produtos da IT Cosmetics, mesmo sabendo que não tinha, pedindo-lhes para começar a vendê-los! Vocês também são membros originais da equipe IT! Obrigada a Virginia Lima e a toda a família de Paulo, pelo amor e apoio à nossa jornada. Um fato divertido e um agradecimento especial a dois membros honorários da família IT Cosmetics, Ricardo Lima e Ilana Zylberman, já que foi enquanto Paulo e eu estávamos hospedados na casa deles em Nova York, para uma reunião (pois não tínhamos condições de pagar um hotel na época), que, certa noite, sentados ao redor da mesa da cozinha, Ilana sugeriu o nome "IT". Desde o momento em que ela disse isso, nós soubemos que estava certo.

Um agradecimento especial à nossa equipe IT no Canadá e, especialmente, a Sonya Butler, que acreditou em mim e em Paulo, ajudando a construir a IT lá desde o começo. Nunca vou esquecer a primeira vez, muitos anos depois, quando lucramos 1 milhão de dólares em um dia, e você não conseguiu parar de chorar. De todas as imagens, é a melhor que guardo de você! Obrigada à nossa equipe do The Shopping Channel Canada e às modelos, que são como uma família. Vocês têm o meu coração até hoje. Eu amo vocês.

Obrigada a TSG Consumer Partners, especialmente Chuck, Blythe e Diane, por acreditarem em nós quando ainda administrávamos o negócio da nossa casa. Eu disse a vocês na época que seríamos o investimento mais bem-sucedido na história da TSG. Obrigada por acreditarem em mim, obrigada pela incrível parceria e, agora, pela amizade para a vida toda. Obrigada à equipe da Guthy-Renker e, especialmente, a Bill e Greg, por perceberem a nossa visão de produto muito antes de ela existir, e por sua parceria e amizade. Obrigada, Bob Caudill e sua equipe incrível. Obrigada à L'Oréal por acreditar na nossa visão e por ajudar a espalhar ao redor do mundo a nossa mensagem de beleza autêntica e inclusiva. Obrigada a todas as incríveis equipes da L'Oréal, tanto nos Estados Unidos quanto globalmente, pela paixão e pelo compromisso com a IT Cosmetics e os nossos clientes.

Obrigada aos muitos parceiros e fabricantes que acreditaram em nós, inclusive nos primeiros anos, em especial Michael, Ian e Sunny. Michael, obrigada por ter criado gratuitamente as nossas primeiras amostras de embalagem de produtos, que as esbocei no verso de um pedaço de papel e explicado o sonho que eu tinha. Sua crença em mim, sem nenhuma razão aparente, foi uma verdadeira graça.

Obrigada aos muitos e incríveis parceiros de varejo, que ajudaram a levar os nossos produtos e a nossa mensagem a mulheres e homens em todos os lugares. Obrigada a toda a equipe e aos talentosos apresentadores do QVC, especialmente a Allen Burke, Mike George e Lisa Mason. Allen, você sempre esteve certo quando disse *não* — olhando para trás, percebo que os seus *nãos* foram as maiores bênçãos. E você também estava certo quando disse *sim*. Obrigada por estar certo, em todas as ocasiões. E obrigada pelo aconselhamento, pela mentoria e amizade inestimáveis. Lisa, obrigada por ouvir àquela voz interior, calma e suave. Obrigada à equipe da ULTA Beauty, incluindo Mary, Dave, Kecia e Tara, por acreditar em nós, lançando nossa marca em lojas de varejo em todo o país, e por uma parceria incrível. E obrigada pelos muitos eventos que fizemos juntos e pelas muitas lágrimas que derramamos ao lado dos clientes, enquanto compartilhamos histórias de confiança. Obrigada à equipe da Sephora, incluindo Artemis, Priya e Alison, por acreditar em mim e na IT Cosmetics. Ainda fico nervosa cada vez que entro em uma Sephora e vejo a IT nas prateleiras. Ainda preciso me beliscar para acreditar. Obrigada aos muitos varejistas e suas equipes, pelo amor e apoio, e por mudar a vida dos nossos incríveis clientes a cada dia.

Obrigada às muitas pessoas e amigos fantásticos que nos ajudaram a construir a IT nos primeiros anos, tanto em Seattle quanto em Los Angeles, antes que conseguíssemos pagar um escritório de verdade. David Van Maren, obrigada por todo o seu apoio desde o início.

E, mais importante ainda, no que diz respeito à história da IT Cosmetics, agradeço aos milhões de clientes, também conhecidos como Família IT, que compartilharam suas histórias e espalharam a palavra sobre a marca. Obrigada pelas recomendações, pelas fotos, por fazerem parte dessa jornada de beleza autêntica e por todo o carinho de vocês. Obrigada, acima de tudo, por lembrar a cada pessoa que ela é bonita e que pertence a este mundo exatamente como é.

Obrigada, do fundo do meu coração, a cada pessoa que fez parte da minha jornada até aqui. E um agradecimento especial à minha mãe, Nina. Obrigada por me mostrar o que é ser uma verdadeira super-heroína na vida real. Obrigada pelos cafés da manhã com panquecas na lanchonete, antes do trabalho e da creche. Obrigada por sempre me fazer sentir a sua pessoa favorita no mundo. Obrigada por me amar tanto, a ponto de você continuar sendo, até hoje, a primeira pessoa para quem quero ligar, em qualquer situação. Acima de tudo, obrigada por me ensinar a acreditar que todas as coisas são possíveis, uma crença que, agora, tenho a bênção de ensinar a Wonder, a Wilder e a qualquer outra pessoa que queira ouvir. Eu amo você. Obrigada por me amar. E por me escolher. Agora eu posso escolher você também. E faço isso todos os dias. Para sempre.

Este livro foi composto na tipografia Adobe Garamond Pro,
em corpo 11,75/15, e impresso em papel off-white
no Sistema Cameron da Divisão Gráfica
da Distribuidora Record.